Уильям М. Тодд III

•

Социология литературы:
идеология, институты, нарратив

Academic Studies Press
БиблиоРоссика
Бостон / Санкт-Петербург
2020

УДК 82.02
ББК 83.3(2Рос=Рус)
Т50

Перевод с английского А. Д. Степанова

Серийное оформление и оформление обложки Ивана Граве

Тодд У. М.
Т50 Социология литературы: институты, идеология, нарратив / Уильям М. Тодд III; [пер. с англ. А. Степанова]. — СПб.: Academic Studies Press / БиблиоРоссика, 2020. — 352 с. — (Серия «Современная западная русистика» = «Contemporary Western Rusistika»).

ISBN 978-1-6446930-3-2 (Academic Studies Press)
ISBN 978-5-6043579-5-8 (БиблиоРоссика)

Статьи, собранные в этой книге, являются результатом многолетних исследований русской культуры в целом и русского романа XIX века в частности. Соединяя метод пристального чтения и изучение культурных, социальных, литературных контекстов, в которых порождались и существовали эти произведения, автор помогает нам лучше понять не только историю, но и современность.

УДК 82.02
ББК 83.3(2Рос=Рус)

ISBN 978-1-6446930-3-2
ISBN 978-5-6043579-5-8

© W. M. Todd III, 2020, text
© А. Д. Степанов, перевод с английского, 2020
© Оформление и макет, ООО «БиблиоРоссика», 2020
© Academic Studies Press, 2020

Предисловие

Гарвардский университет

Статьи, собранные в этой книге, — результат моих занятий русской культурой в течение шестидесяти лет. В них нашло отражение мое увлечение русским романом, который пережил подъем в первой половине XIX века и достиг расцвета во второй половине того же столетия. Как заметно по статьям, я являюсь приверженцем метода пристального чтения художественных текстов наряду с изучением литературных, общекультурных и социальных контекстов, в которых эти тексты создавались, публиковались, цензурировались, читались и изучались.

Я начинал свое университетское обучение с математики и к изучению русского языка первоначально обратился для того, чтобы читать математические трактаты. Однако американская система высшего образования позволяет легко менять специализации, а русская литература, культура и история вскоре показались мне гораздо интереснее математики. В то время — в начале 1960-х годов — русская культура, несмотря на холодную войну, пользовалась огромным авторитетом в Соединенных Штатах. Романы Набокова, Солженицына и Пастернака становились бестселлерами. Самая оживленная литературная полемика в Америке велась между Набоковым и Эдмундом Уилсоном относительно переводов «Евгения Онегина». Самым успешным балетмейстером-новатором был Джордж Баланчин, который перенес в Новый Свет традиции воспитавшей его петербургской балетной школы. Уроженец Ораниенбаума Игорь Стравинский считался ведущим американским композитором в сфере классической музыки. Современное искусство невозможно было представить без вклада Казимира Малевича, Василия Кандинского и Марка Шагала (последний из них в 1960-е годы еще здравствовал, был бодр и много работал).

В области литературоведения американцы открывали для себя наследие русских формалистов и пражских структуралистов; в скором времени мы обратились к трудам Бахтина и Московско-тартуской семиотической школы. Это расширяло наш кругозор в области литературы и литературной теории, где в то время господствовала англо-американская Новая критика — направление, практиковавшее пристальное чтение художественных текстов и стремившееся проследить огромное количество тонких взаимодействий между их отдельными элементами. Этот англо-американский способ анализа текста был весьма схож (хотя и без прямой зависимости) со знаменитым замечанием Льва Толстого о «лабиринте сцеплений», который представляет собой роман «Анна Каренина»; еще более существенной была связь этого метода с теорией и практикой раннего формализма и Московско-тартуской школы. Роман Якобсон, внесший важнейший вклад как в русскую формальную школу, так и в труды Пражского лингвистического кружка, занимал должности профессора Гарвардского университета и Массачусетского технологического института и во многом способствовал тому, что западные ученые обратили внимание на достижения славянской теоретической мысли. Несколько позднее, в 1970-е годы, стали известны и работы, указавшие путь преодоления узких рамок Новой критики: среди них были написанные в 1920-е годы работы формалистов по социологии литературы, труды Ю. М. Лотмана и Б. А. Успенского о литературе как одной из систем культуры, книги и статьи М. М. Бахтина о карнавале и полифонизме. Все они широко цитировались западными учеными и включались в учебные планы наших университетов.

В послесталинское время начались академические обмены между СССР и западными странами, что дало молодым ученым моего поколения возможность работать в советских архивах и консультироваться с ведущими учеными, в том числе с такими, как Лидия Яковлевна Гинзбург, которая сформировалась как ученый в плодотворной научной и литературной атмосфере 1920-х годов. Как и другие участники этих академических обменов, я вскоре осознал, что под видимой ровной поверхностью «эпохи застоя» протекает живая — хотя и неофициальная и потому часто лишенная возможности публикаций — литературная жизнь. Как и некоторые из наших советских коллег, мы изучали литературу и литературную теорию неформально, в «кухонных беседах», характерных для этого культурного андеграунда.

Обучение сравнительному литературоведению дало мне знания многих теоретических направлений, развивавшихся во Франции, Германии, Италии и США. Статьи, собранные в этой книге, обнаруживают и эти подходы, связывая их с российскими литературоведческими теориями для того, чтобы прояснить особенности развития истории русской литературы. Особенно важными оказываются три понятия, которые постоянно возникают в этих статьях: идеология, институты, нарратив. Они помогают читателям, оторванным во времени и пространстве от России XIX века, понять те ценности, надежды и практики, которые читатели и писатели привносили в литературный процесс (идеология); те средства, которыми направлялась литературная жизнь (институты); а также сложную внутреннюю организацию самих художественных текстов (нарратив).

Понятие «идеология» иногда используют для обозначения мировоззрения или философии, а иногда — тактики, которая фальсифицирует историю и материальные условия жизни для того, чтобы поддержать и легитимировать интересы доминирующей в обществе социальной группы. Я пользуюсь этим термином в значении, которое отстоит от обеих этих крайностей, хотя в некоторых случаях может приближаться к значению одного из них. В этой книге идеология составляет ряд практик, ориентацию в мире, приводящую к тому миропониманию, которое мы осмысляем как «здравый смысл», и направляющую движение отдельной личности в рамках такого миропонимания.

В этом смысле идеология помогает людям понимать самих себя и других, признавать одних членов общества близкими себе, отвергать других, а также делать стилистический выбор. Примером могут служить ценности, идеи и образцы поведения образованного европеизированного дворянства, становлению самосознания которого способствовали такие писатели начала XIX века, как Николай Карамзин, Александр Пушкин, а также — в коммерчески успешных периодических изданиях — Осип Сенковский и Фаддей Булгарин.

Под «институтами» понимаются объективированные и устойчивые виды социальной деятельности, в рамках которых установлены определенные роли и функции: правительство, церковь, образование, семья, а также сам язык. Я уже писал (в книге «Литература и общество в эпоху Пушкина», 1986) о том, что язык в качестве живого дискурса, обладающего кодами, конвенциями, адресантами и адресатами, способен функционировать в качестве модели, в соответствии с которой можно анализировать другие институты, и в том числе литературу. Институты становятся наиболее интересны для анализа либо в моменты своего основания, либо когда попадают под внешнее давление, либо когда клонятся к закату. Россия XIX века, в которой модерная профессионализация в области секуляризованной литературы развивалась наряду и в соперничестве со старомодным литературным меценатством и любительством, связанным с литературными кружками и салонами, является плодотворной почвой для изучения тех литературных институтов или «литературно-бытовых систем», как назвал это явление Б. М. Эйхенбаум в новаторской литературно-социологической книге «Мой временник» (1929). Позднее французский социолог Пьер Бурдьё проанализировал такие конфликты и переходные процессы в важной работе, которая учитывала в том числе и опыт формалистов: «Les Régles de l'art» (1992). Великие русские романисты XIX века часто писали об институциональных возможностях своего времени и принимали активное участие в развитии и критике литературного процесса. «Евгения Онегина» Пушкина можно считать или не считать «энциклопедией русской жизни» (знаменитое определение Белинского), однако этот роман несомненно содержит критику русской литературной и культурной жизни. «Мертвые души» Гоголя, напротив, исследуют доступные русскому писателю ограниченные материальные и институциональные возможности. Достоевский и Салтыков-Щедрин, каждый по-своему, создавали великую художественную прозу на границе между искусством и публицистикой, используя ресурсы толстых журналов и превращая последние в наиболее мощный культурный институт в России середины XIX столетия. Позднее Чехов и Толстой будут создавать произведения искусства для новых читательских аудиторий в новых средствах информации — газетах и дешевых изданиях, предназначенных для недавно обучившегося грамоте массового читателя.

«Нарратив», понимаемый не только как история, но и как описание этой истории с одной или нескольких точек зрения, объединяет концептуальные рамки, задаваемые идеологиями и институтами. Нарратив может способствовать и часто способствует рефлексии читателя или слушателя о различных верованиях, ценностях и конвенциях. Роман, по утверждению Бахтина, является особо емкой формой нарратива, поскольку способен охватить множество противоречащих друг другу жанров, идеологий и точек зрения. Романы XIX столетия, печатавшиеся с середины века в толстых журналах, соперничали с нефикциональными (юридическими, медицинскими, научными, историческими, философскими, теологическими) текстами, которые публиковались в этих журналах наряду с выходившими по частям романами.

Произведения Достоевского, и в особенности «Братья Карамазовы», дают множество примеров подобного столкновения дискурсов и идеологий, в особенности в изображении суда, где приводятся показания свидетелей и речи юристов — обвинителя и защитника. В этих чрезвычайно искусно построенных в повествовательном отношении романных текстах глубоко исследованы силы, которые не позволяют нарративу представить «истину».

Романы, которые анализируются в этой книге, остаются живыми и влиятельными произведениями русской и мировой литературы в силу того, что воображение их авторов предложило мастерские решения в области художественной формы, а также в силу того, что поднятые в них культурные, социальные и политические вопросы никуда не исчезли. Эти тексты и контексты являются не только частью нашего прошлого, они принадлежат и к нашему настоящему, и я надеюсь, что представленные здесь литературоведческие подходы и интерпретации внесут свой вклад в наше понимание как прошлого, так и настоящего.

Кембридж, Массачусетс
Ноябрь 2019 г.

Русский контрапункт в истории романа[1]

> История русской литературы со времени Пушкина не только представляет много примеров такого отступления от европейской формы, но не дает даже ни одного примера противного. Начиная от «Мертвых душ» Гоголя и до «Мертвого Дома» Достоевского, в новом периоде русской литературы нет ни одного художественного прозаического произведения, немного выходящего из посредственности, которое бы вполне укладывалось в форму романа, поэмы или повести.
>
> *Л. Н. Толстой*. Несколько слов по поводу книги «Война и мир»

«...лишен европейского вкуса и метода...»

«Русский роман», несомненно, весьма влиятельное понятие. С конца XIX века читатели в Европе, Азии, западном полушарии могли наблюдать его повсеместное распространение и ощутить его всепобеждающую силу, едва ли уступающую силам магическим и сакральным. Первый крупный зарубежный исследователь русской литературы Э.-М. де Вогюэ, который осуждал натурализм в своей родной Франции столь же ревностно, насколько превозносил русский реализм (который выводил в первую очередь из творчества Н. В. Гоголя, И. С. Тургенева, Ф. М. Достоевского и Л. Н. Толстого), вознес русской литературе хвалу в словах, до сих пор во многом определяющих отношение к ней иностранцев:

> Русская литература создает и совершенствует инструмент, способный выполнить поставленные перед ней задачи, — реализм. Пока Запад все еще колеблется, воспользоваться этим инструментом или нет, русская литература успешно применяет его для изучения как внешнего мира, так и человеческой души.

---

[1] The Ruse of the Russian Novel // The Novel. Ed. by Franco Moretti. Princeton and Oxford: Princeton UP, 2006. Vol. 1: History, Geography, and Culture. P. 401–423.

> Этот реализм часто лишен европейского вкуса и метода; он в одно и то же время плохо организован и проницателен, но он всегда естественен и искренен. А важнее всего то, что он облагорожен моральным чувством, озабочен Божественным и исполнен сострадания к людям. Ни один из упомянутых русских романистов не преследует исключительно литературные цели, их труд подчинен стремлению к двойной цели — истине и справедливости.

Леса, степи, крестьяне, а также изящные описания Исаакиевского собора, украшенного цветными витражами с изображениями Христа, — все это служит де Вогюэ декорациями для демонстрации русского романа и будущего «великого слова», которое предстоит сказать славянам [Vogüe 1886: 341–343]. В похвалах и предсказаниях, которые рассыпает де Вогюэ, знакомые с русской литературой читатели легко различат отголоски гоголевских отступлений-предсказаний из «Мертвых душ» (лишенные, однако, контрастной противопоставленности менее вдохновляющим фрагментам, которыми изобилует гоголевский роман), а также пророчеств из публицистических статей Достоевского и настойчивых требований «радикальных» русских критиков.

Важнейшими понятиями здесь становятся реализм, духовность, сочувствие, отличие от Запада, искренность (проявляющаяся, в частности, в предполагаемом отсутствии «вкуса» и «метода») и нежелание создавать просто «литературу», когда необходимо служить справедливости и возможно провозглашать великие истины. Влиятельные западные критики и литературоведы по-разному вторили этой характеристике. Эрик Ауэрбах в «Мимесисе», Гарри Левин в «Воротах из рога», Дьёрдь Лукач в «Теории романа» (достаточно привести эти три примера) обращались к великим русским писателям, находя у них, соответственно, «непредвзятую, безграничную широту и особую страстность», «противоядие... против смертоносных эпидемий, опустошающих человеческий дух» и возможность ухода от «века полнейшей греховности» [Ауэрбах 1976: 513; Levin 1966: 39; Lukács 1971: 153]. В каждом из этих авторитетных высказываний подчеркивается то или иное отсутствие: буржуазности западного романа, скученности западного общества, условностей, принятых в западной литературе.

Иногда отсутствие воспринимается как антитеза, и русский роман превращается в средство критики западного общества и искусства после эпохи Просвещения, причем эта критика возникает тогда, когда европейски ориентированное общество и искусство сформировались в самой России. Однако обе теоретические конструкции — отсутствие и антитеза — затемняют тот факт, что русские писатели, заинтересовавшие Европу в период господства натурализма, опирались на определенные тенденции — романтические, исповедальные, мелодраматические, эстетически осознаваемые, готические, — которые были опробованы и отвергнуты Западом в первые десятилетия XIX века. Владимир Набоков мыслил глубже, чем может показаться, когда в своих «Лекциях по русской литературе» обвинял Достоевского в причастности к перечисленным выше тенденциям. Однако он мог бы с той же легкостью приклеить эти ярлыки другим известным русским романистам XIX столетия: все они были воспитаны на сочинениях Лоуренса Стерна, Анны Радклиф, Джорджа Гордона Байрона, Вальтера Скотта, Чарльза Диккенса, Иоганна Вольфганга фон Гёте, Фридриха Шиллера, Эрнста Теодора Амадея Гофмана, Эдгара По, Жан-Жака Руссо, Оноре де Бальзака, Эжена Сю, Жорж Санд и Виктора Гюго. Всех этих авторов в России можно было прочесть и в оригинале, и в многочисленных переводах.

Парадоксальная неспособность европейских критиков и литературоведов осознать, что «инаковость» русской литературы есть в большой степени их собственное литературное прошлое, — это всего лишь один из ряда парадоксов, которые становятся очевидны при внимательном изучении русских писателей, читателей, критиков, издателей и цензоров. В этой статье я постараюсь показать, что именно институциональные обстоятельства бытования русского романа отличают его, например, от английского, французского или американского романа того же времени. Под «институциональными» я имею в виду роли и прецеденты, имевшие значение для существования и развития русской художественной литературы. В оригинальном названии этой работы («The Ruse of the Russian Novel») я выбрал слово «ruse» (уловка, хитрость) вместо обычного «rise» (подъем, расцвет), чтобы подчеркнуть непрочность русской литературной жизни, которая тем не менее привела к появлению ряда романов, сумевших произвести неизгладимое впечатление в России и за рубежом как на писателей, так и на читателей.

Рассматриваемый временной отрезок начинается с публикации романа в стихах «Евгений Онегин» А. С. Пушкина, печатавшегося отдельными выпусками в 1825–1832 годах, и заканчивается публикацией «Братьев Карамазовых» Ф. М. Достоевского, выходившего по частям в журнале в 1879–1880 годах. Начальные и конечные точки определяют историю интересующего нас явления; почему же выбраны именно эти рамки? Начнем с того, что именно данный промежуток времени охватывает канонические романы, которые до сего дня присутствуют в школьной программе и которые уже на рубеже XIX–XX веков стали признанной классикой русской литературы. Как раз в это время церковь, государство и интеллигенция боролись за право определять, каким именно образом Россия будет учиться грамоте: ведь при переписи 1897 года выяснилось, что только 21 % населения империи умеет читать [Brooks 1985: 3; Brooks 1981: 315–334]. Разумеется, романы в России писали и до 1825 года, однако имена ранних романистов сейчас остались в основном только в памяти филологов-эрудитов. Федор Эмин (1735?–1770), Михаил Чулков (1743?–1792) и Матвей Комаров (1730?–1812) были авторами приключенческих, эпистолярных и плутовских романов. Вопросительный знак, стоящий после дат их рождений, свидетельствует об их темном происхождении и о второстепенных ролях, которые они играли на литературной сцене в век господства имперского покровительства и привнесенной из Западной Европы литературы. Из них троих только Комаров сохранил некоторое значение до XX века: его «Повесть о приключениях английского милорда Георга» (1782) охотно приобретали торговцы лубочными изданиями, и эта книга получила широкое распространение — правда, только в совершенно чуждой художественной литературе среде. Впоследствии комаровская история о том, как герой воссоединился с «бранденбургской маркграфиней Фридерикой-Луизой» оказалась, как и следовало ожидать, несовместима с догмами марксизма-ленинизма и с приходом советской власти исчезла с книжных прилавков [Шкловский 1929][2].

Авторы, читатели, цензоры, критики

Оставив в стороне вопрос о ранних попытках распространения в России нецерковной прозы, обратимся к периоду 1820–80-х годов и зададимся вопросом: кто из писателей в это время добился наибольшего успеха? На протяжении семидесяти лет положение сильно менялось. Поначалу большинство читателей и писателей принадлежало к образованному западно ориентированному дворянству. Затем их круг расширился: в него вошли чиновники, возведенные в дворянское звание благодаря продвижению по государственной службе; выходцы из среды духовенства, стремившиеся получить образование и сделаться юристами, врачами и учителями; просвещенное купечество, почувствовавшее интерес к новой культуре; и, наконец, в гораздо меньшей степени, получившие свободу крепостные и их дети. В 1863 году, по оценке Достоевского, только один русский из пятисот имел доступ к новой литературной культуре [Достоевский 1972–1990: V: 51]. Цифры тиражей и продаж свидетельствуют о том, что точнее было бы сказать «один из тысячи». При характеристике этой новой культурной элиты надо с крайней осторожностью пользоваться такими понятиями, как «буржуазия» или «средний класс»: нельзя забывать, что Россия оставалась по преимуществу аграрной страной.

---

[2] Библиографический обзор русского романа XVIII века см. в работе [Сиповский 1909–1910]; Дэвид Гасперетти предложил глубокое прочтение Эмина, Чулкова и Комарова [Gasperetti 1998]; Юрий Штридтер проанализировал раннюю традицию плутовского романа [Striedter 1961].

Кем же были эти писатели? Если под словом «профессионал» подразумевать человека, который постоянно занят некой работой и поддерживает свое существование, получая деньги за ее выполнение, а также подчиняется кодексу этических правил, выработанных элитой определенной профессиональной группы, то лишь очень немногих русских авторов можно будет назвать «профессиональными литераторами». Большинство писателей оставались помещиками, чиновниками и офицерами, получая значительную часть дохода благодаря этим занятиям. Из первого поколения русских романистов, оставшихся в дальнейшем в культурной памяти, смелее и яснее других оспаривал аристократические предрассудки относительно писательского «ремесла» Александр Пушкин (1799–1837). Однако и ему, несмотря на ранний успех его байронических «южных поэм», не удалось добиться финансовой независимости благодаря литературе; и он оставил после себя чудовищные долги. Роман в стихах «Евгений Онегин» принес Пушкину значительный, но все же недостаточный доход, а исторический роман «Капитанская дочка» (1836) дал совсем мало. Младшие современники Пушкина Михаил Лермонтов (1814–1841) и Николай Гоголь (1809–1852) сделали большой шаг вперед в профессионализации литературной деятельности, однако Лермонтову помогала его богатая родня, а Гоголю — семья, друзья и императорские субсидии. Писатели, получившие известность в середине столетия, получали более высокие гонорары, однако почти все они — за исключением Федора Достоевского (1821–1881), который рано ушел в отставку, а затем отдал свою долю отцовского имения за тысячу рублей, — почти все они не полагались исключительно на литературные доходы. Лев Толстой (1828–1910) унаследовал большое имение (приблизительно 800 облагаемых податями мужских «душ»). Иван Тургенев (1818–1883) владел на паях с братом роскошным имением, за которым числилось четыре тысячи крепостных. Иван Гончаров (1812–1891) и Михаил Салтыков-Щедрин (1826–1889) принадлежали к богатым семьям, и при этом оба сделали значительную карьеру на государственной службе. Салтыков-Щедрин, как и работавший в более раннюю эпоху автор авантюрных романов Фаддей Булгарин (1789–1859), получал больше дохода от редактирования периодических изданий, чем от собственных сочинений.

Ближе к концу рассматриваемого периода, в 1876 году, радикальный публицист С. С. Шашков детально исследовал вопрос о литературном труде в России. В своей работе он утверждал, что в стране полным ходом идет процесс профессионализации литературы — как в смысле ее превращения в постоянное занятие, так и в финансовом отношении. Однако увеличение числа литераторов привело к снижению гонорарных ставок. Литературные гонорары не поспевали за инфляцией, и только немногие писатели с высоким и средним доходом поднимались над уровнем выживания (две тысячи рублей в год для семейных людей) [Шашков 1876: 3–48]. Третий (этический) смысл «профессионализации», по мнению Шашкова, в русском литературном сообществе, к сожалению, отсутствовал. Он припоминает трогательные истории о писателях, которых обманывали издатели, и о писателях, которые жили в бедности и не получали никакой помощи от своих коллег. Шашков мог бы добавить к этому истории и о том, как писатели обманывали издателей — например, забирая вперед авансы и не выполняя оговоренной работы.

Однако в действительности писатели в это время предпринимали некоторые шаги для развития профессиональной этики. Когда Гончаров обвинил Тургенева в краже сюжета своего романа «Обрыв», Тургенев не вызвал его на дуэль, как, вероятно, поступил бы дворянин в предшествующее десятилетие, а потребовал, чтобы дело разобрал третейский суд, состоящий из коллег-литераторов, который в конечном итоге принял безоговорочное решение в пользу Тургенева. Литература, по крайней мере в данном случае, воспринималась как профессиональная сфера, в которой сложные вопросы должны решаться теми, кто в них хорошо разбирается.

Следующий шаг в направлении профессионализации писательства также был сделан с участием великих русских романистов. Литератор Александр Дружинин (1824–1864), узнав, что

Тургенев посетил ежегодный обед, устраиваемый английским Королевским литературным фондом, попросил его описать эту встречу для своего журнала. После этого группа русских писателей составила проект устава аналогичного российского общества, которое получило название Литературного фонда (официальное название — «Общество для пособия нуждающимся литераторам и ученым»); его устав был высочайше утвержден в 1859 году. Общество, как следует из его названия, поддерживало писателей, ученых и их семьи посредством ссуд, пособий и пенсий. Оно собирало пожертвования, а также получало процент с писательских гонораров и платы за публичные чтения, концерты и спектакли. Достоевский и Тургенев были весьма активными членами Литературного фонда и до самой смерти принимали участие в мероприятиях, доходы от которых отчислялись в его пользу.

Однако, несмотря на значимость этих двух событий, профессиональный статус русского писателя в XIX веке оставался шатким. Издатели и литераторы соперничали за немногочисленных читателей, а щедрые гонорары, плативщиеся лучшим и наиболее популярным авторам, часто шли во вред начинающим талантам. Литературный гонорар, вошедший в обиход в 1820-е годы (однако получивший распространение только в 1840-е), выплачивался за печатный лист — число знаков, умещавшихся на одной стороне большого типографского бумажного листа. За печатный лист платили от 500 рублей (ставка Льва Толстого) до нескольких рублей (ставка переводчиков европейских романов). О высоких гонорарах обычно становилось известно публике, и романисты (подобно современным спортсменам) приравнивали ставку гонорара к общественному признанию. Достоевский, который был в наибольшей степени «профессионалом» среди писателей, отличался особой чувствительностью к подобным градациям. Его гонорары в 1860–1870-е годы колебались от 150 до 300 рублей за печатный лист: больше, чем у Тургенева, но меньше, чем у Толстого, и приблизительно на одном уровне с Салтыковым-Щедриным, Гончаровым, Надеждой Хвощинской (наиболее известной женщиной-писательницей того времени;

1824–1889) и Алексеем Писемским (1821–1881). Публикация «Подростка» Достоевского в 1875 году хорошо иллюстрирует эти вопросы. Писатель дал согласие на публикацию романа по частям в «Отечественных записках» в обмен на щедрый аванс и гонорар в 250 рублей за лист. «Русский вестник», где Достоевский обычно печатался, в это же время заключил договор с Толстым на издание «Анны Карениной» по ставке 500 рублей за лист. Однако «Русский вестник», не желая терять ценного сотрудника, вскоре предложил Достоевскому компромисс, который, впрочем, вряд ли польстил его писательскому самолюбию: он мог получить дополнительную плату за новый роман при условии хранить об этом молчание, чтобы другие литераторы не запросили более высоких ставок. Достоевский резко отверг это предложение и вернулся в катковский журнал уже только для публикации романа «Братья Карамазовы», за который получал 300 рублей за лист [Рейтблат 2009: 83–100][3].

Такая ситуация оказывала прямое воздействие на российское «романное производство». Ни один из русских романистов первого ряда не мог похвастаться количественными показателями, которые демонстрировали европейские коллеги: Оноре де Бальзак, Жорж Санд, Эмиль Золя, Чарльз Диккенс, Энтони Троллоп и Томас Харди. За 25-летнюю творческую деятельность (не считая каторги и ссылки) Достоевский опубликовал только семь больших романов; Тургенев — шесть романов за сорок лет; Толстой — только три за шестьдесят лет; Гончаров — три за двадцать лет. Большинство книг Салтыкова-Щедрина трудно назвать романами, так как они представляют собой циклы очерков. Заметим, что первое поколение русских романистов было еще менее продуктивным: Пушкин написал два романа, Гоголь и Лермонтов — по одному.

С формальной точки зрения это означает, что русские романисты не могли набрать тот творческий темп, которым отличались их современники в Европе. Только тургеневские романы

---

[3] К информации, сообщаемой А. И. Рейтблатом, нужно относиться с осторожностью, поскольку она не совпадает с данными отдельных договоров. О предложении «Русского вестника» Достоевскому см. [Любимов 1874].

схожи с теми масштабными проектами, которые осуществляли Бальзак, Золя или Троллоп, выпуская серии взаимосвязанных романов. В случае Тургенева это была беллетризованная история интеллигенции середины века, начиная с гегельянцев 1840-х и далее к нигилистам 1860-х и народникам 1870-х годов. Хотя романы Тургенева похожи друг на друга принципами сюжетосложения, характеристик персонажей и описаний, различия здесь более существенны, чем сходства, поскольку каждое из этих произведений открывает нечто новое в области формы и демонстрирует новые возможности жанра.

Сделаем отступление, чтобы продемонстрировать один из таких случаев «борьбы с жанром». Даже беглая характеристика литературной ситуации 1879 года, когда начали печататься «Братья Карамазовы», показывает слабость художественной литературы как института в «золотой век русского романа», как назвал эту эпоху наиболее влиятельный англоязычный историк русской литературы Д. П. Святополк-Мирский [Mirsky 1949].

Помимо последнего романа Достоевского, повестей и рассказов Николая Лескова и Всеволода Гаршина, а также некоторых очерков Салтыкова-Щедрина, «улов» русской прозы в этом году был совсем не богат. За весь год только 13 писателей удостоились рецензий. Из этих замеченных критиками авторов в культурной памяти впоследствии остались только Яков Полонский и Надежда Хвощинская, однако и они не входят в канон русского романа: первый из них — поэт, а вторая была забыта вплоть до недавнего времени, когда среди ученых (по преимуществу на Западе) стал проявляться интерес к ее тонким и умным сочинениям. Остальные одиннадцать — и среди них четыре женщины — остались только в узкоспециальных академических комментариях и в литературных энциклопедиях [Todd 1991: 296–297].

Другие институциональные факторы литературного процесса оставались в России столь же нестабильными, в особенности роль читающей публики. Растущая коммерциализация русской литературы начала приводить к тому «безжалостному разводу» читателя и писателя, который Ролан Барт считал характерной чертой современной литературы, и уже в 1835 году Гоголь задавался вопросом: «На какой степени образования стоит русская публика и что такое русская публика?» [Гоголь 1937–1952: VIII: 172]. О публике, читавшей художественную литературу, мы можем сказать, что она была невелика, если судить по тиражам отдельных изданий (на протяжении всего обсуждаемого периода они обычно не превышали 1200–2000 экземпляров) и по ограниченному числу подписчиков толстых журналов, в которых печаталась художественная литература (в редких случаях больше 8000, в то время как — если верить Достоевскому — при тираже менее 2500 экземпляров журнал прогорал). Ежегодные отчеты Императорской Публичной библиотеки предоставляют информацию о ее посетителях. Мы можем судить о социальном статусе и благосостоянии читателей по высоким ценам на книги и на подписку в тех библиотеках, где можно было брать книги на дом (наиболее известная из них, библиотека А. Ф. Смирдина, брала 50 рублей в год, что составляло примерно 5 % годового жалованья чиновника средней руки). Случается, что в архивах обнаруживается дневник или переписка, свидетельствующие о читательских привычках современников наших романистов, но такие документы чрезвычайно редки. Один из наиболее ярких примеров такого рода — дневник князя В. Н. Голицына (1847–1932), где нашла отражение реакция этого чиновника (преимущественно по моральным и социальным вопросам) на фрагменты романа «Анна Каренина» по мере их появления в журнале «Русский вестник». Эти записи показывают среди прочего, насколько серьезно адюльтер Анны (и толстовский «реализм» в его изображении) нарушал литературные приличия своего времени [Голицын 1875–1877]. Современники обращались к известным писателям за личным советом, что указывает на внеэстетическую роль художественной литературы в трактовке социальных и психологических проблем, однако читательские письма, многие из которых сохранились в российских архивах, мало говорят о том, как именно происходил сам процесс чтения текущей художественной литературы.

Два специфических типа читателей — цензоры и критики, — напротив, оставили массу материала, по которому можно судить о практиках чтения в XIX веке. Цензоры, обязанные по цензурным уставам 1804 и 1828 годов защищать религиозные догмы, правительство, нравственность и честь отдельных лиц, были далеко не самыми большими злодеями в литературном процессе. Обычно эту роль исполняли сами литераторы — критики, поэты, преподаватели литературы, а также известные романисты, такие как И. А. Гончаров и С. Т. Аксаков (1791–1859). Один из цензоров, А. В. Никитенко (1804–1877), оставил ценный дневник, охватывающий почти весь период, рассматриваемый в данной статье. Соответственно, эти люди не сильно отличались по своим идеям и вкусам от остальной образованной публики. Как заметил Дональд Фангер, они обычно читали то же, что и интеллигенция, предполагая при этом, что отношения между литературой и действительностью в конечном счете никак не опосредованы литературными условностями или воображением автора [Fanger 1978: 74]. На самом деле официальная цензура практически не касалась художественной литературы, сосредотачиваясь по преимуществу на критиках, публицистах и журналах в целом. Случалось, она даже оказывала писателю неожиданную услугу: так, Достоевский жаловался брату на то, что цензура вычеркнула из «Записок из подполья» пассаж о необходимости веры. По словам самого автора, этот кусок мог сильно ослабить повесть, сделав собственные умозаключения читателя менее обязательными.

Правительство жило в постоянном страхе перед теми качествами печатного слова, которые император Александр II задолго до Мишеля Фуко называл неуправляемостью и крайностями[4]. Но оно жило также и надеждой на то, что печатное слово начнет служить его целям, пропагандируя официальную доктрину «православия, самодержавия и народности». Предпринимая дополнительные меры по сдерживанию печати и пытаясь приручить этих рыскающих в поисках добычи словесных чудовищ, правительство вредило профессионализации литературы гораздо больше, чем цензура. К примеру, в 1750–1854 годы частные

---

[4] См. об этом [Ruud 1986: 186].

типографии то разрешались, то запрещались, то снова разрешались; двусмысленные пассажи в текстах сначала трактовались не в пользу автора, потом пропускались, потом де-факто снова прочитывались не в его пользу; ввоз иностранных книг сначала запрещался, потом сделался свободным, потом был резко сокращен. Осуществлявшие цензуру ведомства множились, и часто их решения противоречили друг другу; к концу описываемого периода их насчитывалось не менее двенадцати. Однако этот неблагоприятный и быстро меняющийся политический климат не был сам по себе главной проблемой, с которой сталкивались писатели, читатели и издатели. Законы, как бы быстро они ни менялись, позволяли писателям, издателям и цензорам предугадывать последствия своих действий. Некоторые из законов могли быть даже благотворными: закон об авторском праве 1828 года, например, давал российскому автору права, которые превращали сочинительство в устойчивое в финансовом отношении занятие. Однако главной проблемой для литераторов была непредсказуемость и случайность решений правительства, «защитный» характер действий всех представителей власти, от императора до любого департаментского чиновника. Цензор Никитенко — сам критик и издатель — имел все основания сетовать на то, что «на земле русской нет и тени законности» [Никитенко 1955: 95].

Трудно подобрать лучший пример подобной случайности, чем ряд действий правительства, предпринятых в 1863 году, когда умеренный журнал Достоевского «Время» был закрыт из-за сравнительно безобидной статьи по польскому вопросу одного из постоянных авторов. Это произошло как раз в тот момент, когда Н. Г. Чернышевскому позволили напечатать в гораздо более радикальном журнале «Современник» написанный в крепости роман «Что делать?». Достоевский — русский националист, изображавший чуть ли не во всех своих романах несимпатичных персонажей-поляков, был вынужден влезть в огромные долги из-за закрытия журнала, в то время как роман Чернышевского стал кодексом правил поведения, если не библией для радикально настроенной молодежи, в том числе и для В. И. Ленина.

Относительное — но только относительное — освобождение художественной литературы от государственного давления в описываемый период позволил роману занять привилегированное положение в культуре России XIX века, и второе поколение интересующихся именно романами читателей и критиков вскоре вывело обсуждение романов на центральное место в формировавшейся российской публичной сфере — пространстве, где можно было обсуждать насущные социальные и культурные проблемы не так, как предписывало правительство. В одной из первых рецензий на «Евгения Онегина» было высказано суждение, часто потом применявшееся к роману вообще: «Что есть роман? Роман есть теория жизни человеческой» [Зелинский 1887: 97]. Если не считать нескольких романтически настроенных эссеистов, относившихся к литературе как к форме искусства, то можно смело сказать, что большинство рецензентов видело в писателе своего рода лаборанта, собирающего материал для исследователей, который они потом смогут преобразовать в критику российской культуры и общества. Знаменитое определение В. Г. Белинским «Евгения Онегина» как «энциклопедии русской жизни» показывает предел, до которого доходили критики в своем отношении к романам как к справочной литературе, помогающей им в их собственных исследованиях [Белинский 1976–1982: VI: 425]. Результаты этих исследований, в свою очередь, становились предметом полемических разборов, и тогда критики в пылу спора «переписывали» рецензируемое произведение. Под пером Дмитрия Писарева трагический герой романа «Отцы и дети» Тургенева приобретает длинную биографию, его деятельность становится более плодотворной, успех у женщин более значительным — по мере того как критик использует рассказ о герое в качестве повода преподать радикально настроенным молодым читателям уроки правильного поведения и необходимых для жизни навыков. Впрочем, при этом Тургенев называется «великим художником и честным гражданином России» [Писарев 1981: I: 281]. Н. Г. Чернышевский и Н. А. Добролюбов использовали литературную критику, чтобы выделить типы человеческих характеров и типические ситуации, необходимые для критического анализа. Однако нельзя сказать, что все эти знаменитые и влиятельные критики были полностью слепы по отношению к литературной форме и новаторству: Писарев сделал ряд блестящих наблюдений над структурой тургеневского романа, а Чернышевский написал глубокую статью об открытой Толстым технике внутреннего монолога. Но, как часто замечалось, литературная критика давала этим авторам лучшую и часто единственную возможность заняться социальной критикой. И тем жанром, который предоставлял им наибольшее количество материала, был роман.

Толстый журнал

В период 1840–1880-х годов объединяющим русских романистов, читателей, критиков и цензоров началом были в первую очередь толстые журналы. Других форм публикации было совсем немного. В России романы печатались и в газетах: множество таких романов-фельетонов, в особенности переведенных с французского, стало появляться после 1860-х годов, когда возросло число газет. Однако романы печатались там очень короткими выпусками, и это отталкивало лучших романистов. Что касается того способа публикации, которым пользовались Диккенс, Троллоп и другие британские писатели, — выпуск романа в виде отдельных иллюстрированных брошюр, раскупавшихся читателями без предварительной подписки, — то он вообще не практиковался в России, если не считать пушкинского «Евгения Онегина». Такие издания были возможны при условии наличия у писателя большого числа поклонников, серьезного развития издательского дела и эффективности системы распространения: все это в России отсутствовало. Очень немногие примечательные произведения были опубликованы вне толстых журналов: выручка за публиковавшиеся в них по частям романы могла в десять раз превышать доход, получаемый за отдельные издания. Наиболее известным исключением стал гоголевский роман «Мертвые души»: автор противился выпуску по частям из опасения, что такая публикация ослабит ожидаемое им воздействие на читающую публику. В тех стесненных условиях, связанных с малочисленностью читателей и непостоянством правительственной политики, журналы давали русским писателям нечто схожее с той стабильностью, которую в Англии обеспечивали известные публичные библиотеки (такие как библиотека Мьюди), способные приобрести права на огромные романы и гарантировать постоянный доход как издателям, так и авторам [Sutherland 1976: 9–40]. Во время пребывания Достоевского за границей в 1867–1871 годах авансы от редакции «Русского вестника» служили ему чем-то вроде постоянного жалованья.

Ведущее место на литературном рынке занимали немногие журналы, такие как «Библиотека для чтения» (1834–1864), «Современник» (1837–1866), «Отечественные записки» (1839–1884), «Русский вестник» (1856–1906), «Русское слово» (1859–1866), «Время» (1861–1863), «Вестник Европы» (1866–1918) и «Русское богатство» (1876–1918); здесь перечислены только те периодические издания, которые публиковали художественную прозу, интересующую нас в данной статье. Шесть из этих восьми журналов были закрыты по инициативе сверху: в четырех случаях — по распоряжениям царского, а в двух — советского правительства. Строго говоря, эти журналы не были чисто литературными, как, скажем, диккенсовский «Круглый год». Фрагменты печатавшихся по частям романов, завершения которых читатели могли ожидать в течение года, оказывались «зажаты» между литературно-критическими статьями и статьями, посвященными естественным наукам, технике, социальным вопросам, истории. Освещали журналы и текущие события, хотя они уже не могли соперничать в этом с газетами, число которых постоянно росло после Крымской войны. Многие из нелитературных публикаций также выходили по частям.

Современных читателей, привыкших четко различать художественную литературу и публицистику и знакомящихся с романами только посредством отдельных книжных изданий, опыт чтения романа в журнале по выпускам из-за подобной разноголосицы мог бы даже ошеломить, поскольку журналы бок о бок с романами помещали произведения самых разных жанров. Наверное, неслучайно, что М. М. Бахтин — теоретик романа, лучше всех изучивший вопросы включения романного слова в другие жанры и дискурсы и его взаимодействия с ними, — был русским, который рос в эпоху заката толстых журналов. Он застал время, когда рецензенты писали о романах, публикация которых продолжалась, и отзывались о них как о части того, что напечатано в данном журнале, а не как об отдельном эстетически завершенном целом. В памяти Бахтина могли сохраниться случаи, когда журнальный рецензент занимал критическую позицию по отношению к роману, печатавшемуся в том же самом журнале (так было с «Анной Карениной» в «Русском вестнике»), или когда роман вступал в спор с мнениями, созвучными фундаментальным политическим убеждениям редактора или издателя. Последнее также случилось с «Анной Карениной»: заключительная часть этого романа крайне негативно трактовала участие России в войне на Балканах, что вызвало гнев ура-патриотически настроенного редактора журнала, в результате чего он отказался печатать эту часть, и Толстой был вынужден издать ее отдельной брошюрой. Бывали и случаи, когда два романа, появлявшиеся в одном и том же журнале, выражали разное отношение к какой-то теме. Так произошло в 1866 году, когда в «Русском вестнике» печатались одновременно «Преступление и наказание» и «Война и мир» — романы, авторы которых одинаково критически, но с существенными нюансами истолковывали наследие Наполеона. Или же роман мог вызвать бурю различных нарративных интерпретаций — так произошло с книгой «Русский инок» из «Братьев Карамазовых», за которой в «Русском вестнике» последовала публикация трех различных биографий монахов[5].

---

[5] О бахтинском понимании разноречия см. его работу «Слово в романе» [Бахтин 1975]. Ни в этой работе, ни в «Проблемах поэтики Достоевского» [Бахтин 1963] автор не обращается прямо к проблеме печатания романов в журналах по частям и сопутствующему вопросу о романах, которые не были завершены в момент начала такой публикации. О «соревнующихся» с Достоевским биографиях монахов см. [Todd 1994].

Первая волна: Пушкин, Лермонтов, Гоголь

Отмеченные нами институциональные черты русской литературы: слабо развитый институт профессионального писательства, нестабильная читательская аудитория, непрочное положение книгоиздания и особая роль периодической печати — проявлялись в течение всех рассматриваемых в этой статье семидесяти лет, и потому в разное время на первый план выходили разные проблемы. Романисты на них реагировали по-своему, хотя и оглядывались на то, как действовали другие. Чтобы провести сравнительный анализ и показать некоторые особенности этой эволюции, я разделю весь изучаемый период на три части: первые попытки создания романов; расцвет социального романа; век серийных изданий.

Первые классические русские романы — «Евгений Онегин» А. С. Пушкина, «Герой нашего времени» М. Ю. Лермонтова и «Мертвые души» Н. В. Гоголя — писались для узкого круга читателей, способных распознать отзвуки произведений Байрона, Руссо, Вальтера Скотта, Стерна и других современных европейских авторов, но мало знакомых с отечественными сочинениями, превышавшими по объему рассказ. Эти читатели едва ли знали о существовании литературы, о которой не говорили при дворе или в хорошем обществе, и, скорее всего, вообще не были знакомы с современной русской художественной прозой. Поэтому неудивительно, что Пушкин, Лермонтов и Гоголь делали предметом изображения в своих романах сам процесс написания этих романов. Они не могли положиться на проницательных критиков, способных разъяснить их произведения публике. Соответственно писатели играли в собственных романах роль критиков, объяснявших читателям такие элементарные понятия, как «ирония» (Лермонтов), «красота» (Гоголь) и «роман» (Пушкин). Подобными разъяснениями занимается в той или иной степени любой автор, однако ранние русские романисты делали это особенно настойчиво. Татьяна, героиня пушкинского романа, по мере развития сюжета начинает лучше разбираться в литературе и становится для автора-рассказчика «идеалом» читателя и культурно развитого человека. Два авторских предисловия к лермонтовскому роману используют прием отрицательных предположений, чтобы воспитать читателя, непохожего на «провинциала». А Гоголь в предисловии ко второму изданию «Мертвых душ» отчаянно призывает своих читателей творчески посодействовать ему, так как содействия близкого окружения ему уже недостаточно.

Каждый из этих романов одновременно делает открытия в области формы и исследует особенности своих персонажей и природу их окружения. В «Евгении Онегине» Пушкин действует сразу на двух пересекающихся нарративных уровнях: на фикциональном уровне, где герои действуют сами, и на уровне создания вымышленного текста, где этих героев заставляет действовать рефлексирующий автор. Начиная с провокативного жанрового подзаголовка («роман в стихах») и заканчивая финальной метафорой («роман жизни») «Евгений Онегин» поднимает вопросы отношений между литературой и жизнью общества, которая приобрела эстетические качества в рамках дворянских представлений о «хорошем обществе». На каждом из этих уровней автор исследует ограничения, налагаемые на общественно значимые действия и художественно значимое выражение синкретической российской культуры с помощью социальных условностей, моды и традиций. Сбивая с толку читателя, автор-рассказчик сам вступает в этот вымышленный мир, превращаясь в «приятеля» Онегина. Муза рассказчика постепенно превращается в Татьяну. Татьяна, Евгений и Ленский пытаются действовать, следуя моделям прочитанной ими литературы — сентименталистских романов, Байрона и Констана, немецкой романтической поэзии. Как Евгений (денди), так и Татьяна (хозяйка салона) играют роли, объединяющие социальное и эстетическое начала. Тем временем автор-рассказчик с помощью изобретенной им сложной строфы из четырнадцати стихов пунктиром обозначает развитие своей творческой биографии в направлении «суровой прозы» и жанра романа. Роман, писавшийся более восьми лет, охватывающий шесть лет жизни персонажей и публиковавшийся частями в течение семи лет, использует течение времени, чтобы показать взросление своих героев и в том числе самого автора как процесс совершения выбора при дальнейшем столкновении с его последствиями. Начав роман задолго до того, как стал ясен финал, Пушкин сумел изобразить этот процесс открытым или, по крайней мере, случайным — но не предопределенным заранее. В итоге ему удалось внедрить в текст различные реакции на события, происходившие в это время в русской литературе и общественной жизни.

«Герой нашего времени» Лермонтова был единственным из этих трех романов, появившихся в журнале «Отечественные записки» (1839–1840). Однако он не печатался как обычный «роман с продолжением»: публикация включала только три повести из пяти и не содержала обоих предисловий, вошедших в полную версию произведения (1842). Если понадобилось бы указать только на одно произведение, подходящее под вынесенное в эпиграф к этой статье толстовское определение, то лучше всего подошел бы именно лермонтовский текст. Пять повестей являют собой различные прозаические жанры или их смешение: путевые записки и авантюрная повесть («Бэла»), физиогномическое описание («Максим Максимыч»), повесть о сверхъестественном страхе («Тамань»), исповедальный рассказ и светская повесть («Княжна Мэри»), философский рассказ («Фаталист»). Как заметил уже Белинский при появлении этих частей, они необыкновенно изящно соединены в тематическом и психологическом отношении ради постепенного раскрытия сознания героя: рассказ внешнего наблюдателя, далекого от Печорина в культурном отношении, — рассказ гораздо более близкого к герою путешествующего офицера — три рассказа от лица самого Печорина, которые позволяют все глубже проникать в его внутренний мир по мере того, как он отказывается от театрализованных приличий хорошего общества. Лермонтов сводит множество показанных в пушкинском романе культурных возможностей к минимуму, конструируя каждую из романных социальных ситуаций как небольшую сцену и оставляя герою лишь малую долю морального сознания, достаточную для того, чтобы он избегал участия в царящей в обществе всеобщей «соревновательности». Дьёрдь Лукач различал два типа романа: первый, в котором герой «шире», чем мир, в котором он действует, и второй — где герой оказывается «уже» этого мира [Lukács 1971: 97]. «Герой нашего времени» самим своим названием как бы призывает читателя судить о себе по этим критериям. Однако за полтора века критики и литературоведы так и не смогли точно определить его принадлежность к той или иной категории.

Гоголь дал своему великому комическому роману подзаголовок «поэма» (имея в виду нарративную, эпическую поэму), что явно подразумевало противопоставление «роману в стихах» Пушкина. Именно Пушкин, по заверениям Гоголя, подарил ему сюжет «Мертвых душ» — чудовищный замысел Чичикова заложить не вычеркнутых из ревизских сказок крепостных, умерших в период между двумя ревизиями. На первый и очень поверхностный взгляд «Мертвые души» могут показаться возвращением к европейской традиции XVIII столетия — плутовскому роману и развившемуся после Филдинга несколько более сложному комическому роману. Гоголевское повествование действительно напоминает историю приключений бездомного сироты (в данном случае это посещения гротескных обитателей деревенских усадеб и провинциального города), в ходе которых прибывший извне герой знакомится с миром мертвых ценностей и пустых форм и в конечном итоге обретает свое место в этом мире. Однако если и считать «Мертвые души» пикареской, то многомерной — как бы сборником множества связанных друг с другом произведений плутовского жанра, с биографиями умерших крепостных и «поэмой» о разбойнике Копейкине. Все это придает описанию путешествия Чичикова особую культурную и идейную остроту и выразительность. Сюжетную линию Чичикова можно рассматривать как двойную пикареску: в финале автор-рассказчик, для того чтобы «припрячь подлеца», добавляет к первым десяти главам, посвященным путешествиям героя и начинавшимся in medias res, еще одну, довольно традиционную биографию плута. В результате начальные эпизоды посещения имений, отличавшиеся открытостью и допускавшие возможность расширения, оказываются отчасти «закрыты» также открытым и дающим возможность продолжения заключением, где герой, рассказчик и читатель продолжают движение все по той же дороге. Впрочем, развитие плутовской линии в «Мертвых душах» уже выходит за пределы эпизодов, где герой представляет себе биографии умерших крестьян, а рассказчик обращается к прошлому героя. В середине романа сам рассказчик предстает бездомным и чуждым этому миру скитальцем — сначала ребенком, одаренным живым восприятием и воображением, а затем утомленным и равнодушным взрослым. По мере разворачивания этих взаимосвязанных повествований роман представляет не только персонажей и местами рассказчика, действующих в разобщенном и эгоистичном мире, но также и своего вымышленного читателя. Комический взрыв, происходящий в последних главах, когда жители города пытаются понять чичиковский обман, разрывает связь между означающим и означаемым, уничтожает социальные условности и культурные надежды воображающего себя просвещенным общества.

В поисках большой формы: социальный роман середины века

Первый золотой век русской прозы закончился так же внезапно, как и начался. Пушкин и Лермонтов умерли молодыми, а Гоголь посвятил все последнее десятилетие своей жизни попыткам продолжить «Мертвые души» таким образом, чтобы получилось что-то вроде перехода от дантовского «Ада» (опубликованного первого тома) к «Чистилищу» и «Раю», надеясь добиться искупления не только для своего полиморфного героя, но и для себя самого. Второй том «Мертвых душ» Гоголь сжег незадолго до смерти. Несколько сохранившихся глав показывают, что он двигался к новому, более реалистическому стилю и к большей психологической разработке характеров персонажей.

Следующее поколение романистов не игнорировало наследие Пушкина, Лермонтова и Гоголя. Герои и положения новых произведений часто представляли собой заимствования, приспособленные для выполнения определенных функций в других литературных структурах и для участия в других культурных спорах. «Евгений Онегин», действие которого происходит в Петербурге, деревне и Москве, задал воображаемую географию русской прозы, хотя Толстой, например, в романах «Война и мир» и «Анна Каренина» переоценил культурное значение, приписанное Пушкиным Петербургу как месту пустой «формы», а не «содержания». В размышлениях Достоевского о русской культуре пушкинская Татьяна, оторванная от своего институционального, идеологического и фикционального окружения, представляется воплощением русской женственности и образцом для создания образов сильных женщин в романах Тургенева. Онегин и Печорин вошли в галерею персонажей, названных критиками и писателями «лишними людьми»; при этом было забыто об участии пушкинского и лермонтовского героев в принятых в обществе ритуалах и состязаниях. Чичиков по мере развития новых экономических отношений стал интерпретироваться как капиталист, типичный представитель эпохи первоначального накопления. Имена гоголевских помещиков — Манилова, Коробочки, Ноздрева, Собакевича, Плюшкина — сделались синонимами определенных отрицательных человеческих черт, и эти нарицательные наименования используются по сей день.

К середине 1840-х годов критики уже считали, что произведения Пушкина и Лермонтова устарели; к 1847 году Белинский пришел к выводу об отличиях Гоголя от писателей «натуральной школы», которые, по его мысли, продолжали линию гоголевских произведений [Белинский 1976–1982: IX: 682]. Эти новые писатели, отвечая на потребность в больших текстах, взяли за образец роман и «Петербургские повести» Гоголя, игнорируя при этом его гротескный юмор, в котором смешивались воедино черты людей, животных и даже неодушевленных предметов. Вместо этого писатели переняли патетические интонации гоголевских рассказчиков и его критическое отношение к раздробленной, лишенной органической целостности современности.

Лучшие из этих писателей-обличителей опирались на немецкую идеалистическую философию и французский социально окрашенный романтизм, к которому принадлежал и утопический социализм. Они начали публиковать художественную прозу в толстых журналах, создав прецедент для великих романов 1860–1870-х годов.

Автором, создавшим первый полномасштабный социальный роман, был не кто иной, как 24-летний Достоевский. Его «Бедные люди» (1845) были написаны вскоре после выхода его же перевода «Евгении Гранде» Бальзака. Используя эпистолярную форму, чтобы показать отношения между бедным чиновником и провинциальной девушкой, Достоевский не столько упрощал Гоголя — как поступало большинство писателей его времени, — сколько полемизировал с ним, поскольку его бедный чиновник, в отличие от гоголевского переписчика в «Шинели», достаточно «человечен», чтобы сочинять письма, а не только копировать их, и способен влюбиться (пусть и безрезультатно) уже не в шинель, а в женщину. Однако вскоре Достоевского опередили другие молодые авторы. Тургенев начал публиковать потрясающие рассказы, составившие впоследствии цикл «Записки охотника». Круг персонажей повести Александра Герцена «Кто виноват?» (1847) оказался гораздо шире, чем в «Бедных людях». Роман Гончарова «Обыкновенная история» (1847) вызвал одобрение критики противопоставлением наивного романтизма и практической жизни. Дмитрий Григорович необыкновенно подробно описал крестьянскую жизнь в двух повестях — «Деревня» (1846) и «Антон-Горемыка» (1847). Александр Дружинин сказал новое слово в литературе (по крайней мере, русской), обратившись к теме эмансипированной женщины в «Полиньке Сакс» (1847). Но все же лучшая проза 1830–1840-х годов относилась к малым формам: физиологическим очеркам, фантастическим рассказам, а также сборникам рассказов.

В 1840–1850-е годы авторы мемуаров, автобиографий и беллетризованных автобиографий часто предлагали своим читателям тексты, написанные более образным и складным языком, чем романы того же времени, вроде интересно построенного романа в стихах и прозе Каролины Павловой «Двойная жизнь» (1848). Ряд таких историй сочинил Сергей Аксаков: «Семейная хроника» (отдельное издание 1856 года) и «Детские годы Багрова-внука» (отдельное издание 1858 года). Оба произведения печатались по частям в целом ряде журналов, и поэтому нельзя сказать, что они функционировали как связные повествования до выхода отдельных изданий. Первыми большими произведениями Льва Толстого были три части его псевдоавтобиографической трилогии «Детство. Отрочество. Юность», публиковавшиеся в «Современнике» в течение целых пяти лет (1852, 1854 и 1857-й соответственно). Эти тексты, как убедительно показал Эндрю Вахтель, создавали миф о счастливом детстве, который другие авторы будут повторять и в XX веке [Wachtel 1990]. Более важно, однако, то, что предметом изображения в них стала уже не жизнь современного города, а сельская помещичья жизнь. В течение следующих десятилетий лучшие русские романисты будут оспаривать «пасторальный» взгляд на деревню или дотошно исследовать те аспекты жизни города и деревни, которые авторы подобных произведений игнорировали. Михаил Салтыков-Щедрин выступит с язвительной пародией на них в своем лучшем произведении — романе «Господа Головлевы» (печатался по частям в 1875–1881 годах в «Отечественных записках»), где он превратил патриархальность в матриархат, любовь — в ненависть, плодородное имение — в бессмысленное производство, счастливое детство — в настоящий кошмар, религиозную веру — в предлог для присвоения чужой собственности и соблазнения.

Через несколько лет Достоевский придал совсем другой импульс беллетризованным воспоминаниям в своих «Записках из Мертвого дома» (выходившим по частям в период цензурных послаблений в журнале «Время» в 1861–1862 годах). Из его произведений именно оно имело наибольший успех. Современники решили, что Достоевский изображает в беллетризованной форме собственный опыт пребывания на каторге, и игнорировали элементы вымысла, в особенности мастерски разработанную рамочную конструкцию, призванную показать разрушительное воздействие заключения на преступника после его освобождения. Достоевский, в ранних произведениях отдавший дань утопическому социализму и представлениям о том, что преступление обусловлено воздействием социальной «среды», в «Записках» воплотил свое новое понимание преступности. Хотя он и не отбрасывал полностью обстоятельства жизни каторжников (а большинство из них не принадлежало к числу образованных дворян), но истолковывал преступность как явление, которое могло иметь своим истоком любой психологический аспект личности — разум, волю, инстинкт. Более того, он понял, что простые люди рассматривают преступление как «несчастье», но при этом считают, что преступник должен понести за него наказание. Религиозные представления, давшие Достоевскому ключ к пониманию преступления, стали основой для психологизма его романов и особенного «реализма», который он попытается определить через несколько лет следующим образом: «...при полном реализме найти в человеке человека. Это — русская черта по преимуществу, и в этом смысле я, конечно, народен (ибо направление мое истекает из глубин христианского духа народного)... <...> Меня зовут психологом: неправда, я лишь реалист в высшем смысле, то есть изображаю все глубины души человеческой» [Достоевский 1972–1990: XXVII: 65].

Имплицитная полемика Достоевского со своими прежними взглядами и с более материалистической версией социализма, с которой он познакомился после возвращения в Петербург в 1859 году, относилась уже к третьей «волне» художественной литературы, когда толстые журналы стали полностью доминировать и когда одной из важнейших тем стала тема развития русской интеллигенции. Русские романисты, в особенности Тургенев, Толстой и Достоевский, научились воплощать в своих произведениях современные идеи, сделав художественную литературу главным предметом политических и культурных дискуссий.

Тургенев, Толстой, Достоевский

Хронологически первые четыре романа Тургенева — «Рудин» (1856), «Дворянское гнездо» (1859), «Накануне» (1860) и «Отцы и дети» (1862) — были первыми в ряду новых русских романов. Ни один из них по объему не превышал повести, и публикация лучшего из них — «Отцов и детей» — заняла только один номер «Русского вестника». Однако они сделали роман инструментом споров современников из-за тех идей, которые обсуждались литературными героями в гостиных за чаепитием. Герой «Отцов и детей» Базаров воплощал, как уже говорилось, идеи Чернышевского, Добролюбова и радикальной молодежи — тех, кого Тургенев назвал «нигилистами» за их нежелание принимать на веру какое-либо положение, которое не может быть проверено эмпирически. Этот роман, элегантно выстроенный в виде эпизодов посещения героем ряда имений разного масштаба и уровня благосостояния, изображал тщательно продуманные столкновения колоритных персонажей и, как и другие тургеневские романы, показывал испытание героя любовью. Сможет ли Базаров, с его преданностью экспериментальной медицине, материалистическими взглядами на жизнь и искусство, выдержать опыт влюбленности? Тургенев дает отрицательный ответ. Неудавшаяся любовь Базарова к богатой молодой вдове Одинцовой охлаждает его решимость, и он трагически умирает от инфекции, полученной во время неосторожно проведенного вскрытия. Тургенев наделяет своего героя трагической гордостью, и это вызывает негативную реакцию со стороны представителей всех характерных для того времени политических взглядов. Радикалы, за исключением Писарева, увидели в романе сатиру на свои идеи, а консерваторы — их прославление.

Череда последовавших за романом «Отцы и дети» произведений, в том числе написанных Чернышевским и Достоевским, протянулась до XX века: в роман В. В. Набокова «Дар» включена убийственная пародия на «Что делать?», утопический роман Чернышевского, который придал идеям радикальной молодежи — материализму, феминизму, социализму, сциентизму —

некий оттенок успеха. Достоевский выступил со своим первым идеологическим романом «Записки из подполья» (1864) — возможно, своим самым вызывающим художественным произведением, в наименьшей степени понятым и оцененным современниками. В его первой части показан «антигерой» (понятие, которое Достоевский изобрел для обозначения своего «подпольного человека»), пытающийся принять идеи радикальной молодежи, но доводящий их до той черты, за которой они кажутся абсурдными. Во второй части «подпольный человек» отступает на 14 лет в прошлое, чтобы подвергнуть такому же отрицанию более человеколюбивый утопический социализм, в который Достоевский веровал в юности. В каждом случае радикальные идеи, подобные базаровским, не выдерживают испытания жизнью.

Вся эта борьба разворачивалась в толстых журналах, привлекая к определенным идеям беспрецедентное для России общественное внимание. Достоевский и Толстой написали свои лучшие произведения после этой контроверзы начала 1860-х годов, однако сделали они это по-разному. Толстой, оставив редакции толстых журналов и городскую литературную жизнь, обратился, как показал Б. М. Эйхенбаум в своем многотомном исследовании [Эйхенбаум 2009], к нарочито «устаревшим» формам — историческому роману в случае «Войны и мира» и светской повести в случае «Анны Карениной», наполнив их современными идеями, западной рациональностью в беспрецедентно широких контекстах и беспрецедентно смелых литературных структурах. В «Войне и мире», своем самом масштабном произведении, он обратился к Наполеоновским войнам, чтобы проверить свои смелые идеи о возможности влияния отдельного человека на историю, и подверг осмеянию не только тех, кто пытался это влияние оказывать (администраторов, полководцев, императоров). В историческом трактате, составившем вторую часть эпилога романа, он подверг осмеянию и историков, которые стремились подробно описать их деятельность и найти в ней смысл. Этот роман, частично напечатанный в номерах «Русского вестника» в 1865–1866 годах, выходил затем отдельными изданиями в 1867–1878, 1873 и 1886 годах. Роман провоцировал все существовавшие на тот момент политические силы, но тем не менее принес автору самый большой успех с точки зрения полученных критических замечаний и был оценен как лучший роман своего времени, хотя сам Толстой возражал против всех жанровых определений, которые интерпретаторы давали его книге.

Следующий печатавшийся по частям в журнале роман Толстого — «Анна Каренина» — был не менее провокативен и по содержанию, и по исполнению. «Жгучие проблемы» современности превратились в темы для праздных разговоров утомленного и не востребованного историей дворянства в романе, построенного вокруг двух основных сюжетных линий: во-первых, это линия, в которой действует Анна, ее муж и ее любовник, к которому она уходит от мужа, и во-вторых, линия Константина Левина, критически настроенного дворянина, который пытается модернизировать свое имение, женится, обзаводится детьми и пытается осмыслить свою жизнь. Анна, решив уйти к любовнику, нарушив все светские приличия и оставив семью, оказывается героиней трагического сюжета, заканчивающегося ее самоубийством. Левин, постоянно осваивающий новые идеи, становится героем сюжета, который выглядит как приключенческий, но в котором события имеют идеологическое измерение, а ставки не менее высоки, чем в сюжете Анны: протагонист едва не кончает с собой, когда не может найти систему верований, способную придать смысл его жизни. Анна и Левин встречаются, причем мельком, только незадолго до ее смерти, однако два сюжета протекают параллельно, создавая контрасты и «сцепления», как называл Толстой связи, создающие интерпретативные контексты. Левин, столь же счастливый в выборе пути и в случайных встречах, как несчастлива в них Анна, ведет поиски смысла жизни, которые в финале романа ставят перед ним новые вопросы, что напоминает положение Пьера в финале «Войны и мира». Оба персонажа отличаются предрасположенностью к построению систем в сочетании с не менее сильной способностью к их рациональному разрушению. Но у них есть также и спасающая их способность растворения в природе и в деятельности, о чем свидетельствует знаменитая сцена, когда Левин работает на покосе вместе с крестьянами.

К концу жизни Толстой подвергнет отрицанию все современные секулярные институты и дискурсы, что проявляется уже в его прозе, где политические и общественные реформы, наука, медицина и юриспруденция помещаются в критические контексты, высвечивающие их недостаточность для понимания жизни и проживания ее. Художественные произведения Достоевского структурированы совсем иначе, но они обретают мощь от не менее яростной критики попыток Российской империи модернизироваться по западному образцу. Романы Достоевского отличаются не менее смелыми новациями в области формы, чем романы Толстого, но они в большей степени используют возможности, которые предоставляло печатание в толстых журналах по частям, и они более непосредственно обращаются к идеям радикальной интеллигенции. Как и Толстой, Достоевский начинал публиковать начальные части своих романов в журналах, еще не имея законченного плана. Это позволяло обоим писателям обращаться к злободневным событиям (например, к войне на Балканах в «Анне Карениной»), однако при этом перед автором возникала почти невыполнимая задача — поспеть к сроку публикации очередной части.

Достоевский — автор более профессиональный, чем Толстой, во всем, что касалось соблюдения обязательств, — изобрел множество нарративных приемов, чтобы продвигаться к финалу, который он сам еще не до конца представлял. К тому же он овладел новой техникой письма: диктовкой стенографистке (в этой роли выступала его жена), что позволило ускорить поставку частей романа в журнал. В отличие от Толстого, который не торопясь, в течение двух с половиной лет публиковал «Анну Каренину» в журнале, Достоевский во всех случаях, кроме одного, соблюдал обязательства по срокам сдачи рукописи. Исключением стал роман «Братья Карамазовы», писавшийся Достоевским в последние годы жизни, когда ухудшающееся состояние здоровья, другие планы и необходимость добывать дополнительные сведения для некоторых сцен (полицейское следствие, монашество) заставляли его пропускать сроки.

Если тургеневские герои предавали свои идеи под дезориентирующим воздействием любви, а герои Толстого постоянно меняли идеи (сильно увлекаясь при этом каждой из них), то герои Достоевского *воплощают* свои идеи, а сюжеты романов строятся так, чтобы эти идеи сталкивались друг с другом, даже если это приводит к непредсказуемому финалу. Герои Достоевского выражают свои идеи в сценах скандалов, когда все они сходятся для выяснения отношений друг с другом; затем герои расстаются вплоть до следующей сцены скандала. Они провоцируют друг друга на высказывание идей в диалогах, но при этом и мечтают о своих идеях, и видят их воплощение в других персонажах, обычно дублирующих их действия. Понятие «двойники Достоевского» стало чем-то вроде литературоведческого штампа. Писатель использовал этот прием в композиции своего второго романа «Двойник» (1846), но примеров двойничества много и в его поздних произведениях: среди них — взаимодополнительные отношения, антитезы, «замещения» персонажами друг друга во времени, когда один герой выражает оставшиеся в прошлом идеи другого. Отношения двойничества могут быть психологическими, идеологическими или же, что более типично, сочетанием того и другого. В случае психологических отношений двойники могут представлять разные стороны характеристики одного персонажа (сердце, волю, инстинкт). Главным требованием остается некое странное узнавание — то чувство, которое в «Преступлении и наказании» (1866) Раскольников испытывает по отношению к Соне или Свидригайлову (но не по отношению к пародийному Лебезятникову). Все эти приемы способствуют тому, чтобы идеи (нигилистические, капиталистические, националистические) оказались неотделимы от персонажей, которые их осознают (а также чувствуют и проживают). Самым сложным для интеллектуального героя Достоевского оказывается отказаться от своей идеи, какими бы преступными и деструктивными для него самого и для его жертв ни были поступки, к которым она приводит.

По мере развертывания романов Достоевский начинает применять весьма необычный и сложный способ повествования: выборочное всезнание повествователем мыслей героев сочетается с незнанием их дальнейшей судьбы. В «Бесах» (1871–1872) это заставило его ввести фигуру хроникера — участника событий, всегда присутствующего вблизи от происходящих в романе событий. Такой же хроникер появляется в «Братьях Карамазовых» (1879–1880), где он предстает то всезнающим, то смущенным свидетелем скандальных событий. В «Идиоте» — романе, вызвавшем наибольшие трудности в построении сюжета, Достоевский использовал повествователя, который постепенно перестает понимать события и персонажей и обращается для их объяснения к расхожим публицистическим приемам (например, трактовке героев как «типов»), едва ли годным для понимания второстепенных персонажей и совсем непригодным для понимания многогранных характеров главных героев.

В заключение я хотел бы вернуться к новаторскому суждению о русском романе де Вогюэ, чье общее понимание устремлений этой литературы сочеталось с критической дотошностью. Русские романы XIX века, лучше других выдержавшие испытание временем, отличались от сочинений натуралистов тем, что показывали внутренний мир персонажей так же подробно, как и социум, в котором эти герои жили; не боялись представлять неправдоподобно масштабные идеи и положения; стремились отрешиться от «вкуса и метода». Ставшие классическими русские романы, начиная от «Евгения Онегина» и до «Братьев Карамазовых», демонстрировали свободу в обращении с повествовательной техникой, оправдывая эту свободу выразительностью достигаемых ими характеристик.

Русские писатели сумели обратить себе на пользу хрупкость своего положения в обществе. Там, где отсутствовали национальные традиции, они творчески перерабатывали зарубежные, «возвращая» их Европе в таких формах, которые позднейшие европейцы не сразу узнавали. Если критика отсутствовала или отличалась близорукостью, писатели находили приемы, позволявшие им предложить публике определенные модели чтения.

Если экономическая необходимость заставляла их публиковать свои произведения по частям в толстых журналах, то они использовали это для изобретения сюжетов и способов повествования, в которых до конца сохранялась открытость финалов и характеристик.

Есть ли некая единая идеология у русского романа? Трудно делать общие заключения, не приняв во внимание многие произведения, о которых я не имел возможности здесь сказать. Но снова повторю, что канонические тексты выражают определенную тенденцию к открытости и неопределенности, к тому, чтобы возлагать на своих персонажей (и повествователей) ответственность за сделанный ими выбор. Это верно даже по отношению к таким авторам, как Чернышевский, который являлся адептом теории все определяющей «среды»: в его утопическом романе действовали люди, способные преодолеть влияние своего окружения. Большинство романов, о которых я писал, скептически относятся к капитализму, светскому обществу и современному им государству (насильно объединенному полицейским надзором и налогами, как показал Достоевский в «Зимних заметках о летних впечатлениях»; 1863); ни один из этих институтов не был давно или прочно развит в России в то время. Новомодные профессиональные дискурсы (юридические, медицинские, научные) казались слишком рационалистичными и не соответствующими богатству самой жизни. Однако рассмотренные романы не восхваляли и те «органические» альтернативы, которые спустя время модерность изрыгнула в кошмарных формах фашизма и сталинизма. Русский роман ставил вопросы, до сих пор считающиеся актуальными его читателями, отечественными и зарубежными.

Источники

Белинский 1976–1982 — Белинский В. Г. Полн. собр. соч.: в 9 т. М.: Художественная литература, 1976–1982.

Гоголь 1937–1952 — Гоголь Н. В. Полн. собр. соч.: в 14 т. М.: АН СССР, 1937–1952.

Голицын 1875–1877 — Российская Государственная библиотека (РГБ). Ф. 75, Голицын Владимир Михайлович (ГВМ): архивный фонд, 1867 — конец 1930-х — начало 1940-х гг.

Достоевский 1972–1990 — Достоевский Ф. М. Полн. собр. соч.: в 30 т. Л.: Наука, 1972–1990.

Любимов 1874 — Любимов Н. А. Письмо к Ф. М. Достоевскому от 4 мая 1874 года // ОР РГБ. Ф. 93. Разд. II. Карт. 6. Ед. хр. 33. Л. 14.

Никитенко 1955 — Никитенко А. В. Дневник: в 3 т. Т. 1. 1826–1857. М.: ГИХЛ, 1955.

Писарев 1981 — Писарев Д. И. Литературная критика: в 3 т. Л.: Художественная литература, 1981.

Библиография

Ауэрбах 1976 — Ауэрбах Э. Мимесис. Изображение действительности в западноевропейской литературе / Пер. А. В. Михайлова. М.: Прогресс, 1976.

Бахтин 1975 — Бахтин М. М. Слово в романе // Бахтин М. М. Вопросы литературы и эстетики. М.: Художественная литература, 1975. С. 72–233.

Зелинский 1887 — Зелинский В. А. Русская критическая литература о произведениях Пушкина А. С. Хронологический сборник критико-библиографических статей Ч. II. М.: Типография А. Баландина, 1887.

Рейтблат 2009 — Рейтблат А. И. Литературный гонорар как форма взаимосвязи писателей и публики // Рейтблат А. И. От Бовы к Бальмонту. М.: Новое литературное обозрение, 2009. С. 83–100.

Сиповский 1909–1910 — Сиповский В. В. Очерки из истории русского романа. Т. 1. СПб.: Труд, 1909–1910.

Шкловский 1929 — Шкловский В. Б. Матвей Комаров. Житель города Москвы. Л.: Прибой, 1929.

Эйхенбаум 2010 — Эйхенбаум Б. М. Лев Толстой: исследования. Статьи. СПб.: Факультет филологии и искусств СПбГУ, 2009.

Brooks 1981 — Brooks J. Russian Nationalism and Russian Literature: The Canonization of the Classics // Nation and Ideology: Essays in Honor of Wayne S. Vucinich / Ed. by Ivo Banac et al. Boulder, Colo.: East European Monographs, 1981.

Brooks 1985 — Brooks J. When Russia Learned to Read: Literacy and Popular Literature, 1861–1917. Princeton, N. J.: Princeton UP, 1985.

Fanger 1978 — Fanger D. Gogol and His Reader // Literature and Society in Imperial Russia, 1800–1914 / Ed. by William Mills Todd III. Stanford, Calif.: Stanford UP, 1978.

Gasperetti 1998 — Gasperetti D. The Rise of the Russian Novel: Carnival, Stylization, and Mockery of the West. DeKalb: Northern Illinois UP, 1998.

Levin 1966 — Levin H. The Gates of Horn: A Study of Five French Realists. New York: Oxford UP, 1966.

Lukács 1971 — Lukács G. The Theory of the Novel: A Historico-Philosophical Essay on the Forms of Great Epic Literature / Trans. Anna Bostock. Cambridge, Mass.: MIT Press, 1971.

Mirsky 1949 — Mirsky D. S. A History of Russian Literature from Its Beginnings to 1900. New York: Alfred A. Knopf, 1949.

Ruud 1986 — Ruud Ch. A. Fighting Words: Imperial Censorship and the Russian Press, 1804–1906. Toronto: Toronto UP, 1982.

Striedter 1961 — Striedter Ju. Der Schelmenroman in Russland: Ein Beitrag zur Geschichte des russischen Romans vor Gogol. Berlin: Otto Harrassowitz, 1961.

Sutherland 1976 — Sutherland J. A. Victorian Novelists and Publishers. Chicago: University of Chicago Press, 1976.

Todd 1991 — Todd W. M. III. Contexts of Criticism: Reviewing *The Brothers Karamazov* in 1879 // Stanford Slavic Studies. 1991. № 4: 1. P. 29–97.

Todd 1994 — Todd W. M. III. Dostoevsky's Russian Monk in Extra-Literary Dialogue: Implicit Polemics in *Russkii vestnik*, 1879–1881 // Christianity and the Eastern Slavs / Ed. by Roben P. Hughes and Irina Paperno. Berkeley: University of California Press, 1994. V. 2. P. 124–133.

Vogüe 1886 — Vogüe E.-M. de. Le roman russe. Paris: Librairie Pion, 1886.

Wachtel 1990 — Wachtel A. B. The Battle for Childhood: Creation of a Russian Myth. Stanford, Calif.: Stanford UP, 1990.

Пушкин и общество. Перспективы после 1966 года[1]

> История есть, в сущности, наука сложных аналогий, наука двойного зрения: факты прошлого различаются нами как факты значимые и входят в систему, неизменно и неизбежно, под знаком современных проблем.
> <...>
> Отношения между фактами литературного ряда и фактами, лежащими вне его, не могут быть просто причинными, а могут быть только отношениями соответствия, взаимодействия, зависимости или обусловленности.
>
> *Б. М. Эйхенбаум. Мой временник*

«Пушкин и общество» — тема, не дававшая покоя пушкинским критикам с самого начала творческой биографии поэта. Знаменитое определение «Евгения Онегина», принадлежащее В. Г. Белинскому, — «энциклопедия русской жизни» — это один из полюсов оценок пушкинского творчества и его значения в общественной жизни; а провокативное заявление А. Д. Синявского (Абрама Терца): «Пустота — содержимое Пушкина» — указывает на другую крайность (надо заметить, что Н. И. Надеждин и Ф. В. Булгарин занимали похожую позицию по отношению к творчеству будущего «национального поэта», хотя выражали ее не столь резко). В течение почти двухсот лет маятник читательских оценок колебался между подобными крайними позициями: либо Пушкин — гражданский поэт, судья и исследователь российской истории и общества, либо он — Сверчок (как прозвали его члены «Арзамаса»), блестящий мастер по части импровизации разных пустяков, анекдотов, пародий и любовных

---

[1] Pushkin and Society: Post-1966 Perspectives // The Pushkin Handbook. Ed. by David M. Bethea. Wisconsin UP, 2005. P. 364–378.

стишков. В пушкинских сочинениях — стихах о назначении поэзии, в примечаниях к «Евгению Онегину» и «лирических отступлениях», в критических статьях — уже заключены эти противоположности. Самый «протеический» из русских поэтов (Протеем его назвал Н. И. Гнедич) не позволяет читателю остановиться на какой-то одной его ипостаси; а еще больший «протеизм» его сочинений делает непростой задачу их определения в каких-либо терминах, в том числе соотносящих литературу с обществом.

Столь же непросто определить и понятие «общество» по отношению к началу XIX века. В пушкинское время социология и этнография еще не сформировались как научные дисциплины; история же постепенно менялась, двигаясь от риторических экзерсисов к профессиональной исследовательской деятельности. Статьи, письма и мемуары (наиболее проницательные из них принадлежат перу самого Пушкина) — вот те разрозненные документы, на основе которых современный ученый должен составить свое понимание русского общества. Позднейшие исторические исследования пушкинской эпохи сосредотачивались на политике, философии, административной деятельности и экономике. Социальная история — по-прежнему область недостаточно разработанная. Еще только предстоит написать серьезные монографии, посвященные структуре семьи, социальной мобильности и расслоению общества, гендерным отношениям и прочим подобным темам.

Поставив задачу дать обзор научной литературы на тему «Пушкин и общество», появившейся с 1966 года, я должен высказать четыре предварительных замечания. Они отчасти связаны с вынесенными в эпиграф интерпретаторскими и методологическими установками, взятыми из блестящей книги Б. М. Эйхенбаума «Мой временник» (глава «Литературный быт») [Эйхенбаум 1929]. Эта работа представляет собой образец социологического литературоведческого исследования, при котором автор, напрямую фокусируясь на социально-экономической обстановке, сопровождающей литературную деятельность, тем не менее не ударяется в механистический классовый анализ, присущий советской «вульгарной социологии» 1920-х годов.

Мое первое замечание касается возникновения, а затем возрождения социологии в Советском Союзе в ту эпоху, которая ознаменована выходом книги под редакцией Б. П. Городецкого, Н. В. Измайлова и Б. С. Мейлаха «Пушкин: Итоги и проблемы изучения» [Городецкий и др. 1966]. В этой книге (продолжением которой можно считать данную статью) отсутствовала глава, посвященная теме «Пушкин и общество», и эта лакуна была весьма показательна в связи с исчезновением социологии как академической дисциплины в период между появлением дерзкой работы Эйхенбаума и публикацией такого важного труда по социологии литературы, как «Советский читатель» [Добрынина, Троицкая 1968][2]. Как только в советском литературоведении стало возможным обращаться к основательному контекстуальному анализу, и в зарубежной науке появились труды, которые внесли свой вклад в новое контекстуальное прочтение Пушкина. Первыми из таких работ, весьма показательными для пушкинистики, были две диссертации 1966 года Андре Менье о литературной жизни пушкинской эпохи: «La littérature et le métier d'écrivain en Russie avant Pouchkine» [Meynieux 1966a] и «Pouchkine» [Meynieux 1966b]. Менье, следуя за Эйхенбаумом и русской формалистской социологией 1920-х годов, предоставил будущим исследователям пушкинской эпохи богатый материал, включающий обширные статистические данные, списки и четкое изложение фактов. В это же время возникли и три направления, способствовавшие более сложным и более теоретически обоснованным исследованиям социального контекста произведений Пушкина: дискурсивный анализ Мишеля Фуко, рецептивная эстетика Констанцской школы и семиотика культуры Московско-тартуской школы (хотя надо заметить, что политика холодной войны еще в течение двух десятилетий ограничивала российских пушки-

---

[2] Подробнее о рождении, смерти и возрождении советской социологии литературы см. [Brang 1973; Todd 1989].

нистов, позволяя использовать работы только последнего из этих трех направлений).

Второе мое замечание состоит в том, что и в России, и во всем мире литературу с социальной точки зрения обычно рассматривают непрофессиональные социологи (это, разумеется, относится и к Эйхенбауму). Социальные науки, строго говоря, изучают человеческие общности, а не деятельность одного-единственного поэта и часто пользуются точными количественными методами, в то время как работы, о которых я буду рассказывать в данной статье, были написаны по большей части литературоведами и историками. Таким ученым не хватает профессионализма социологов, но при этом им не занимать амбициозности и энтузиазма. Социология литературы обращается ко всем аспектам литературного процесса: к автору (его социальный статус, мировоззрение, функционирование в качестве продукта дискурса), читателю и слушателю, кодам, контекстам, способам распространения и хранения печатной продукции, социальному контролю (цензуре, подавлению свободы слова, неграмотности), проблемам отображения реальности и самой возможности отобразить реальность (включая вопросы литературного этикета и того, что прилично изображать в литературе). В зависимости от теоретических предпочтений исследователя социология литературы может рассматривать литературный текст как следствие и / или причину социальных изменений и, подобно Эйхенбауму, постулировать различные степени и виды каузальности между литературными и социальными явлениями.

Третье предварительное замечание возвращает нас к интерпретативному контексту социологически ориентированного литературоведения. Изменения, произошедшие в российской литературной жизни с 1960-х годов и ускорившие свой темп после распада Советского Союза, вынуждают ученых переосмыслять пушкинскую эпоху и рассматривать ее менее телеологически по сравнению с тем, как это делалось в 1930–1960-е годы, то есть в то время, которому в основном и посвящен сборник «Пушкин: Итоги и проблемы изучения». В 1966 году было еще возможно говорить о строгой генеалогии русской литературы, во главе которой находился Пушкин как «предшественник современной русской литературы». В наши дни, когда «высокая литература», похоже, занимает в русской культуре не столь важное место, как прежде, и когда границы между высоким и низким становятся зыбкими, пришло время оглянуться на пушкинскую эпоху и принять в расчет не только те явления, которые в течение последующих 150 лет нашли свое продолжение и завершение в великих общекультурных достижениях, но и альтернативные пути литературного развития — например, салоны и зачатки массовой культуры, равно как и обычно презираемую прозу (и «прозаику») того времени, представленную в журналистике и художественной литературе такими авторами, как Ф. В. Булгарин. В 1920-е годы, во времена сопутствовавшей НЭПу переоценки исторических процессов, в науке проявился серьезный интерес к салонам и литературной деятельности как к коммерции; а в 1990-е, когда во всех областях русской жизни, включая литературу, стали возрождаться рыночные отношения, возникло множество предпосылок для переосмысления массовой культуры пушкинского времени.

Эти исторические перемены побуждали ученых развивать новые методы изучения литературы и общества. Как и в 1920-е годы, наблюдалось не только возрастание количества эмпирических исследований, но и некий подъем в области теоретических изысканий, когда различные мыслители-социологи спешили связать между собой скудные заметки Маркса о литературе для создания программ ее изучения и интерпретации. Если в 1920-е годы в фокусе исследований находились экономика и литература, то в послесталинское время, начиная с 1960-х годов, когда советская семиотика переживала свой расцвет, понятия «знаковые системы» и «культурные парадигмы» стали самыми важными для теоретических разработок и эмпирических штудий.

Наконец, последнее замечание к теме «Пушкин и общество». Хотя может показаться, что Пушкин, как и другие писатели его времени, любил предаваться абстрактным рассуждениям о «хорошем обществе» или «высшем обществе», в 1820-е и 1830-е годы он все чаще отказывался отделять «общество» от истории и политики — в отличие от наших современных академических дисциплин, которые могут допускать это в аналитических целях. Записные книжки поэта, его журнальные статьи и исторические сочинения полны замечаний, в которых он трактует проблемы русского общества и литературной жизни, прибегая к историческим и национальным сопоставлениям; развитие литературы для него неотделимо от развития гражданского общества, Юрген Хабермас назвал бы это «литературной публичной сферой», то есть той находящейся между государственной и частной жизнью областью культуры, где возможно плодотворное обсуждение важных проблем [Habermas 1989].

Пушкин в своих критических заметках начиная с того времени, когда он стал задумываться о публицистической составляющей своих сочинений, уделял большое внимание институционализации и социальной функции литературы. Это переплетение литературных, социальных, исторических и политических интересов не удивительно, если принять во внимание дружбу поэта с декабристами, его близость ко двору в последнее десятилетие жизни, а также общественную роль, которую играли такие вызывавшие у него восхищение литераторы, как Бенджамен Констан, Шатобриан и госпожа де Сталь.

Особенно важно не забывать об этой связи социального, политического и исторического начал при переводе отдельных пушкинских выражений. Так, русское выражение «честный человек» вполне может быть переведено на английский дословно, просто как «honest man». Однако «честность» в данном случае значительно отличается от современных понятий о честности (надо говорить правду, платить по счетам и т. д.). В пушкинское время благородному человеку надлежало быть правдивым с приятелем-мужчиной, но не с женщиной; следовало обязательно выплачивать карточные долги (однажды Пушкин расплатился с ними, отдав рукопись своих ранних стихов), но не долги лавочникам и торговцам. Выражение «честный человек» в данном случае представляло собой перевод французского «honnête homme», что во Франции XVII века указывало на социально-эстетическую роль аристократа, воспитанного человека, но не знатока в какой-либо конкретной области [Stanton 1980]. В России же, как показали В. Э. Вацуро, М. И. Гиллельсон и другие исследователи, к этой роли добавлялись дополнительные смысловые оттенки, которые в 1820-е годы могли указывать на независимую политическую позицию [Вацуро, Гиллельсон 1986: 29–113; Todd 1986: 33–37, 86–87]. Однако это словосочетание никак не предполагало значения экономической честности и самостоятельности, которое в западной прозе закрепилось за выражением «honest man» во времена Даниеля Дефо и сохранялось до Викторианской эпохи включительно.

Сделав эти предварительные замечания и очертив круг ученых, методов и контекстов, о которых пойдет речь, можно предложить следующую классификацию научных трудов на тему «Пушкин и общество», появившихся за последние 40 лет: исследования в области интеллектуальной истории; работы о Пушкине и литературном процессе его времени; труды о Пушкине и русской культуре (в широком антропологическом аспекте) и, наконец, исследования, посвященные возведению (а на деле — превращению) Пушкина в ранг «национального поэта». Надо заметить, что наиболее удачные и содержательные из этих работ часто пересекают границы указанных исследовательских областей.

Позднее советское литературоведение рассматривало отношения Пушкина с обществом по преимуществу с точки зрения интеллектуальной истории. Худшие примеры такого подхода представляли собой краткие обзоры «идей» поэта и пренебрегали основополагающими социальными практиками, наделявшими эти идеи контекстуальной значимостью; в этом случае ученые не могли объяснить смысла, стоявшего за выбором поэтом определенного жанра, стихотворной формы или эстетического качества — иронии, аллегории и т. д. Однако лучшим работам такого типа удавалось показать исторический контекст, в котором автор использовал такие понятия, как «свобода», «вольность», «судьба», «закон», и продемонстрировать связь (или ее отсутствие) между художественной литературой пушкинского времени и просветительской или антипросветительской идеологией, русским и западноевропейским романтизмом[3]. В конце концов, Пушкин изучал в Лицее политическую экономию (пусть и поверхностно); можно вспомнить и о том, что в ноябре 1826 года он подал императору записку об образовании и что в его библиотеке хранилось множество книг по истории, в особенности касающихся английской и французской революций. В написанных им рецензиях и сохранившихся записях содержатся многочисленные острые и меткие замечания по вопросам истории, политики и общественной жизни.

Ученые, позднее развивавшие другие подходы, как правило, неплохо разбирались и в интеллектуальной истории. Так, ранние труды Ю. М. Лотмана по истории литературы конца XVIII — начала XIX века отталкиваются от этого способа контекстуализации; впоследствии на протяжении всего творческого пути этого ученого интерес к французскому Просвещению сочетался у него с вниманием к структурной организации как художественных, так и общественно значимых текстов. Труды других видных пушкинистов — Б. В. Томашевского и Б. С. Мейлаха, написанные до обозреваемого времени, равно как и более поздние исследования М. И. Гиллельсона и В. Э. Вацуро, подпитывались знаниями о Просвещении и эпохе романтизма. Как и других советских литературоведов, их больше интересовали связи Пушкина с тайными преддекабристскими обществами, чем последующее участие поэта в придворной жизни.

Позже в нескольких работах была предпринята попытка устранить этот дисбаланс. Книга Сэма Драйвера «Пушкин: Литература и социальные идеи» [Driver 1989] судит о поэте в свете понятий «аристократизм» и «дендизм», о чем не могла идти речь в советском литературоведении после 1920-х годов. Кроме того, эта монография исследует важный для изучения политических и социальных взглядов Пушкина контекст: международное

---

[3] См. превосходную работу о таких фоновых практиках первой половины XIX века: [Volkov 1995]. Теоретическое обсуждение понятия «фоновые практики» см. в работе [Kharkhordin 1999].

значение Англии времен Регентства. Диссертация Джеральда Миккельсона «Пушкин и история русского дворянства» [Mikkelson 1971] сходным образом сосредоточена на том социальном классе, судьба которого чрезвычайно сильно занимала Пушкина в последнее десятилетие его жизни. Несколько фундаментальных трудов Н. Я. Эйдельмана о Пушкине и его эпохе [Эйдельман 1979, 1984, 1987, 1990] охватывают весь корпус произведений поэта, которые исследователь считает ключевыми для осмысления первой трети XIX века. Для Эйдельмана Пушкин — это «поэт-мыслитель», на которого оказали сильное влияние декабристы и который в свою очередь повлиял на них (см. книгу «Пушкин и декабристы: Из истории взаимоотношений» [Эйдельман 1979]). Продолжение этого собрания очерков по интеллектуальной истории («Пушкин: Из биографии и творчества, 1826–1837» [Эйдельман 1987]) затрагивает важные темы последнего десятилетия жизни Пушкина, и определяющими факторами, по Эйдельману, в эти годы оказались равнодушие публики, сервильность прессы и недоброжелательность властей к поэту, создававшему из своей жизни произведение искусства. В еще двух исследованиях, специально посвященных интеллектуальной истории, Эйдельман обращается к другим важным моментам биографии Пушкина как мыслителя. В первом из них, «Пушкин: История и современность в художественном сознании поэта» [Эйдельман 1984], он задается вопросами о том, почему Пушкин решил стать историком и каким именно историком он стал. Чтобы ответить на них, ученый прослеживает эволюцию исторического мышления Пушкина на протяжении всего творческого пути. Во второй, посмертно опубликованной работе «Быть может за хребтом Кавказа» [Эйдельман 1990] автор прослеживает значение Кавказа в жизни и творчестве Пушкина и его современников.

Вторая большая область исследований вопроса об отношениях Пушкина и общества относится к социологии литературного процесса, которую в 1920-е годы предложили формалисты, а в 1960-е годы обновил Андре Менье. Эти исследования обращаются к таким темам, как книгопечатание и книготорговля, экономические условия труда литератора, работа журналиста и обозревателя в пушкинское время. Бóльшая часть работ в этой области представляет собой перепечатки и переработки выполненных ранее исследований: таково предпринятое в 1988 году Л. С. Сидяковым переиздание составленного Б. Л. Модзалевским каталога пушкинской библиотеки, а также подготовленное в 1987 году В. В. Куниным переиздание опубликованной в 1930 году книги С. И. Гессена о Пушкине-книгоиздателе. Работа В. Э. Вацуро «А. С. Пушкин и книга» не только содержит важные материалы, но самим своим форматом дает современным читателям представление об элегантных маленьких книжечках пушкинского времени [Вацуро 1982]. Сходным образом Р. В. Иезуитова и И. Л. Левкович выпустили факсимильное издание глав «Евгения Онегина» в том виде, в каком они выходили в свет в 1825–1832 годах; это облегчает изучение процесса написания романа и его восприятия критикой [Пушкин 1989]. Моя собственная работа в данной области [Todd 1986] была посвящена изучению литературных институтов пушкинской эпохи (покровительство, дружеские сообщества, массовая культура) и тому, как Пушкин и его соратники-писатели начинали формировать профессию литератора из разрозненных функций автора литературных произведений, способов донесения произведений до публики и читательских привычек, обусловленных в то время этими институтами.

Наиважнейшие, наиболее фундаментальные и впечатляющие труды на тему «Пушкин и русское общество» были созданы участниками Московско-тартуской семиотической школы, понимавшей культуру как знаковую систему (или «вторичные моделирующие системы»), представляющую собой язык, предполагающий определенные правила отбора и сочетания элементов и, следовательно, поддающийся прочтению с помощью определенных грамматик. Ученые из этой группы (наиболее выдающимися из них были Ю. М. Лотман и Б. А. Успенский) обратились к культурным системам пушкинского времени в 1970-е годы, когда ими были уже решены в ранних исследованиях сложные теоретические вопросы семиотики, однако в их подходе к проблемам пушкинского времени заметна также и лингвистическая подготовка, и увлечение теорией информации. Соответственно, наиболее значимым в их исследованиях стал предпринятый в 1975 году социолингвистический анализ споров о языке 1800–1810-х годов [Лотман, Успенский 1975]. Другое направление исследований этой научной группы — эстетизация социальной жизни в пушкинскую эпоху, ее театральность и лежащие в основе этих явлений сценарии, восходящие к древним культурным архетипам (например, Катон Старший и Римская республика). Лотман в комментариях к «Евгению Онегину» [Лотман 1983а] и получивших широкую известность «Беседах о русской культуре» [Лотман 1994] обращался к ритуалам и формам поведения в рамках дворянской культуры, в том числе к балам, дуэлям и карточной игре.

Еще один ряд социокультурных исследований касается места Пушкина в придворной культуре, особенно в последние годы, накануне дуэли и смерти. В настоящее время подобные труды носят компилятивный характер, в отличие от более теоретически обоснованных работ семиотиков. Однако материалы, собранные В. В. Куниным [Кунин 1988] и С. Л. Абрамович [Абрамович 1989, 1991], равно как и недавно открытые письма Жоржа Дантеса к ван Геккерну, опубликованные Сереной Витале [Витале 1995][4], позволяют ученым понять, по словам Абрамович, "максимум возможного" о последнем периоде жизни Пушкина», по крайней мере те социальные условия, в которых ему приходилось работать. Содержательный биобиблиографический словарь «Пушкин и его окружение», составленный Л. А. Черейским [Черейский 1988], является бесценным справочным изданием для всех, кто обращается к подобным исследованиям. Двухтомный сборник С. Т. Овчинниковой о любовных нравах пушкинской эпохи [Овчинникова 1994] в основном состоит из уже известных в пушкинистике работ на эту тему.

---

[4] Впоследствии исследовательница включила эту работу в написанную ею биографию Пушкина [Vitale 1999].

Более молодое поколение ученых, занимающихся изучением этой социокультурной традиции, начинает переосмыслять дворянскую культуру начала XIX века, с ее политическими заговорами и любовными интригами, салонами, балами, дуэлями и азартными играми. С одной стороны, образованное европеизированное дворянство оставило в наследие жившей в тяжелых условиях советской интеллигенции свою независимость и чувство собственного достоинства, однако, с другой стороны, презрение дворян к коммерции, политика дворцовых переворотов, отсутствие в их среде свободных профессий — все это, возможно, не лучшим образом сказалось на дальнейшей судьбе России, которой пришлось развивать рыночную экономику, создавать свойственные новому времени профессии и парламентскую демократию. Исследования дворянских институций, которые предприняли Я. А. Гордин [Гордин 1989], Ян Хелфант [Helfant 1997], Ирина Рейфман [Reyfman 1999] и А. В. Востриков [Востриков 1998], позволили пересмотреть некоторые из наиболее явно выраженных и деструктивных аспектов этого наследия.

Четвертая область социологически ориентированных трудов о Пушкине — это работы по истории рецепции образа национального поэта. Фундаментальный вопрос, который поднимают эти исследования, — это как Пушкин, сначала достигший славы, а затем оказавшийся невостребованным своей эпохой, стал не только классиком, но и «русским национальным поэтом», чьи сочинения и биография сделались центром того общественного внимания, о котором он тщетно мечтал. Если принять во внимание, что Пушкин несомненно занимает центральное место в русской культуре Нового времени, вызывает удивление тот факт, что в России вышло сравнительно небольшое число работ на данную тему (особенно в советское время). Однако можно назвать и интересные исключения — работы, заполняющие эту лакуну в российской пушкинистике. М. Н. Виролайнен выступила в качестве составителя и одного из авторов содержательного сборника статей, посвященного «мифам и легендам» о Пушкине, его предках, связях и последующей репутации

[Виролайнен 1994]. Два исследования из серии «Судьбы книг» — первое, написанное А. А. Ильиным-Томичем [Ильин-Томич 1989], а второе — А. Л. Осповатом и Р. Д. Тименчиком [Осповат, Тименчик 1987] — прослеживают влияние на русскую культуру, соответственно, «Пиковой дамы» и «Медного всадника». Б. С. Мейлах, одним из первых среди советских ученых обратившийся к теории рецепции, написал важную статью о восприятии (или, точнее, отсутствии восприятия) Пушкина дореволюционным крестьянством [Мейлах 1967]. Эту работу можно считать одной из самых социологически основательных среди исследований по рецептивистике. Однако надо заметить, что западные ученые, которым приходится преодолевать языковой барьер для того, чтобы объяснить блеск стихов и значимость наследия Пушкина иноязычной аудитории, в последнее время приложили бо́льшие усилия, чем их русские коллеги, для того, чтобы определить место поэта в русской культуре.

Превращению Пушкина в «национального поэта» были посвящены три масштабных исследования. Во-первых, это пионерская работа Маркуса Левитта о российской литературной политике в связи с Пушкинским праздником 1880 года [Levitt 1989]. Интересно, что в этой монографии, в отличие от традиционной пушкинистики, не разбирается ни один пушкинский текст. Исследователя интересовали не столько сочинения поэта, сколько тот «Пушкин», которого создавали Ф. М. Достоевский, И. С. Тургенев и другие по-разному политизированные участники праздника 1880 года, посвященного открытию в Москве памятника поэту, выполненного А. М. Опекушиным. Левитт интерпретирует этот памятник как важнейшую веху в историческом и культурном сознании русской интеллигенции и точку отсчета, с которой начался последующий культ поэта. Коллективный труд «Культурные мифологии русского модернизма: от золотого к Серебряному веку» [Gasparov et al. 1992] обращается к сходным проблемам уже по отношению к XX столетию, хотя к тому времени Пушкин, как указывает заглавие одного из разделов книги, уже превратился в целую «институцию». Статьи Левитта, Роберта Хьюза и Стефани Сандлер прослеживают нарастающую череду пушкинских юбилеев, рост количества памятных мест и музеев. В главе, написанной Ириной Паперно, рассматривается восприятие Пушкина в качестве модели для самосозидания людьми первых десятилетий XX века.

Наиболее полным из этих трудов по охвату исторического материала, эмпирических фактов и владению психологической и социальной теорией является книга Пола Дебрецени «Социальные функции литературы: Александр Пушкин и русская культура» [Debreczeny 1997]. Как и в предшествующих работах, в ней исследуется феномен влияния поэта на русскую культуру, его восприятия русскими читателями, его роль как модели для самосозидания и связанные с ним культурные мифы, но в то же время автор монографии старается преодолеть «фрагментарность восприятия» Пушкина, анализируя множество примеров восприятия Пушкина конкретными людьми: подростками, пожилыми людьми с разным уровнем образования, жившими в разные исторические эпохи, соперниками поэта и его эпигонами. Книгу завершает глава о канонизации Пушкина в XX веке — и торжественной, и в высшей степени непочтительной. Работы по истории восприятия, как известно, писать нелегко, особенно в России, где первое исследование уровня грамотности населения было предпринято только в 1897 году и где идеология и установка на социальную инженерию часто препятствовали попыткам понять прошлое таким, «каким оно было на самом деле». Однако метод Дебрецени — описание частных случаев, изучение подражаний, подсчеты частотности тех или иных явлений и обращение к школьным программам — создает целостное впечатление о той огромной и постоянно меняющейся роли, которую Пушкин играет в русской культуре[5].

Эта совокупность *социологических* работ о Пушкине и литературном процессе, о Пушкине и русской культуре, а также о рецепции или «создании» Пушкина представляет собой серьезное наследие, весьма полезное для будущих ученых. Однако многое

---

[5] Более общее описание канонизации русских классиков (в контексте как элитарной, так и массовой культуры) см. в работах П. Брукса [Brooks 1981, 1985].

еще предстоит сделать не только в пределах каждого из этих направлений, но и на их пересечении в особенности. Возьмем, к примеру, понятие «общество». Историки мысли расскажут нам, что Пушкин и его современники употребляли это выражение по большей части в значении «хорошее общество», то есть образованное европеизированное дворянство. Характерно, что сам Пушкин использовал это слово в широком смысле (как «население») только 34 раза, а в различных суженных смыслах («хорошее общество», «высшее общество» и т. п.) — 114 раз [Виноградов 1956–1961]. Однако только основательное социально-историческое исследование сможет определить, что именно исключалось при употреблении этого слова, и обозначить подвижные границы между «обществом» в широком и узком смыслах. Речь здесь идет о понимании читателем стихов, прозаических сочинений и журналистских статей, публиковавшихся Пушкиным в течение всей жизни. В свою очередь, ученые, расширяя или сужая понятие «общество» в ходе исследования места Пушкина в «литературном процессе», лучше понимают многие обращения поэта к своему «читателю» в тех же текстах. Какую роль играют пушкинские отсылки к обычным (или «наивным») читателям? Представляют ли они собой игривые обращения к культурной элите? Или они выполняют образовательную функцию и обращены к расширяющейся читательской аудитории? Пушкин, разумеется, хорошо понимал, что общественная критика его времени не могла помочь его читателям приобрести не только навыки глубокого прочтения текстов, но даже и обычную литературную компетенцию.

Загадка читающей публики может решаться двумя разными способами. Во-первых, через изучение идеологии, понимаемой не как ряд осознаваемых и четко сформулированных верований, но как набор фоновых практик, служащих соединению осознанного мировоззрения с повседневным поведением. Такие практики, в свою очередь, высвечивают некоторые темы пушкинских сочинений: создание человеком своего общественного «я», созидание тела, вера, служба и отдых. Такие исследования покажут, как поведенческая идеология образованного европеизированного дворянства противоречила или, наоборот, совпадала с декабристскими программами или предписаниями политики «официальной народности» 1830-х годов с ее установкой на «православие, самодержавие и народность». Второй путь изучения изменчивого образа читателя лежит на пересечении различных литературных институций. Некоторые из таких работ были выполнены формалистами и их последователями, но еще многое предстоит сделать, чтобы понять роль массовой литературы, ее издателей и читателей.

Перед этими исследовательскими направлениями встает ряд трудностей. Во-первых, это сложность учета огромного документального материала. Пушкинисты обычно пользовались традиционным материалом, таким как письма и воспоминания современников. При этом остаются сравнительно мало задействованы те документы, которые могли бы помочь исследователям решить загадку читателя пушкинской эпохи: финансовые отчеты, подписные листы различных изданий и передвижных библиотек, служебные бумаги, родословные[6]. В процессе освоения этих и других документальных материалов появляется и вторая сложность: как правильно описывать превалирующую эстетизацию социальной жизни в дворянской среде? Письма, воспоминания, анекдоты, застольные беседы в начале XIX века проходили через призмы определенного жанра, иронии, пародии, стилизации и других формообразующих литературных «инструментов». Ученые, занимающиеся данным периодом, должны тщательно измерять создаваемые ими углы отражения. В этом отношении удачей представляется то, что литературной социологией занимаются в основном исследователи, привыкшие учитывать подобные эстетические искажения.

Третья трудность для литературоведов состоит в проблеме пушкиноцентризма пушкинистики. Это самая большая сложность именно для литературоведов, в особенности для профес-

---

[6] Из работ предшествующего периода образцовой можно считать [Marker 1985]; из трудов следующего по времени периода — [Рейтблат 1991]. Наиболее полную библиографию по исследованию чтения см. [Рейтблат 1992]. Наиболее полное собрание писем и агентурных записок Ф. В. Булгарина см. [Рейтблат 1998].

сиональных пушкинистов, и она обусловлена их почитанием Пушкина как образца литературного совершенства и стремлением трактовать любые литературные явления исходя из этой оценки. Однако для более глубокого понимания литературных процессов пушкинского времени требуется также иметь представление о роли литературных соперников Пушкина и тех альтернативных путях, которые он мог бы выбрать. Пушкина можно считать одним из самых талантливых предшественников будущей науки социологии, однако те консультации, которые давал Ф. В. Булгарин имперской бюрократии, или те провокативные статьи, которые печатал О. И. Сенковский в своей «Библиотеке для чтения», могли поспорить с пушкинскими статьями и заметками в понимании направлений общественного развития 1820–1830-х годов. В представлении многих читателей того времени проза Ф. В. Булгарина и М. Н. Загоскина, драматургия Н. В. Кукольника и стихотворения В. Г. Бенедиктова не только соперничали с сочинениями Пушкина, но и превосходили их. Только внимательно прислушиваясь к этим не соглашающимся друг с другом голосам, современные ученые сумеют в полной мере понять и убедительно описать отношения Пушкина и общества. Только осознав шаткость прижизненного литературного положения Пушкина и магию его сочинений, мы можем понять игру социальных сил в литературной жизни как его эпохи, так и последующего времени.

Источники

Пушкин 1989 — Пушкин А. С. Евгений Онегин / Ред. Р. В. Иезуитова, Я. Л. Левкович. Горький: Волго-Вятское книжное издательство, 1989.

Словари и справочники

Виноградов 1956–1961 — Словарь языка Пушкина: в 4 т. и 1 кн. / Отв. ред. акад. АН СССР В. В. Виноградов. М.: Гос. изд. иностранных и национальных словарей, 1956–1961.

Черейский 1988 — Черейский Л. А. Пушкин и его окружение: словарь-справочник / Отв. ред. В. Э. Вацуро. 2-е изд. Л.: Наука, 1988.

Библиография

Абрамович 1989 — Абрамович С. Л. Пушкин в 1836 году (предыстория последней дуэли). Л.: Наука, 1989.

Абрамович 1991 — Абрамович С. Л. Пушкин. Последний год: Хроника: Январь 1836 — январь 1837. М.: Советский писатель, 1991.

Аникин 1989 — Аникин А. В. Муза и Мамона: социально-экономические мотивы у Пушкина. М.: Мысль, 1989.

Вацуро 1982 — Вацуро В. Э. А. С. Пушкин и книга. М.: Книга, 1982.

Вацуро 1989 — Вацуро В. Э. С. Д. П. Из истории литературного быта пушкинской поры. М.: Книга, 1989.

Вацуро, Гиллельсон 1986 — Вацуро В. Э., Гиллельсон М. И. Сквозь «умственные плотины»: Очерки о книгах и прессе пушкинской поры. 2-е изд. М.: Книга, 1986.

Виролайнен 1994 — Легенды и мифы о Пушкине: сборник статей / Под ред. М. Н. Виролайнен. СПб.: Академический проект, 1994.

Витале 1995 — Витале С. Письма Жоржа Дантеса барону Геккерну 1835–1836 годов // Звезда. 1995. № 9. С. 167–198.

Востриков 1998 — Востриков А. В. Книга о русской дуэли. СПб.: Изд-во Ивана Лимбаха, 1998.

Добрынина, Троицкая 1968 — Советский читатель. Опыт конкретно-социологического исследования: сборник статей / Ред.-сост. Н. Е. Добрынина, Е. Е. Троицкая. М.: Книга, 1968.

Гордин 1989 — Гордин Я. А. Право на поединок. Роман в документах и рассуждениях. Л.: Советский писатель, 1989.

Городецкий и др. 1966 — Пушкин: Итоги и проблемы изучения / Под ред. Б. П. Городецкого, Н. В. Измайлова, Б. С. Мейлаха. М.; Л.: Наука, 1966.

Ильин-Томич 1989 — «Столетья не сотрут…»: Русские классики и их читатели: сборник / Сост. А. А. Ильин-Томич. М.: Книга, 1989.

Кунин 1988 — Последний год жизни Пушкина. Переписка, воспоминания, дневники / Сост. В. В. Кунин. М.: Правда, 1988.

Лотман 1983а — Лотман Ю. М. Роман А. С. Пушкина «Евгений Онегин». Комментарий. 2-е изд. Л.: Просвещение, 1983.

Лотман 1983б — Лотман Ю. М. Александр Сергеевич Пушкин: Биография писателя. 2-е изд. Л.: Просвещение, 1983.

Лотман 1994 — Лотман Ю. М. Беседы о русской культуре. Быт и традиции русского дворянства (XVIII — начало XIX века). СПб.: Искусство-СПБ, 1994.

Лотман, Успенский 1975 — Лотман Ю. М., Успенский Б. А. Споры о языке в начале XIX в. как факт русской культуры // Ученые записки Тартуского гос. ун-та. Тарту: Тартуский гос. ун-т, 1975. Т. 184. С. 168–322.

Мейлах 1967 — Мейлах Б. С. Пушкин в восприятии и сознании дореволюционного крестьянства // Пушкин: Исследования и материалы. Л.: Наука, 1967. Т. 5. Пушкин и русская культура. С. 61–112.

Наумов 1992 — Наумов А. В. Посмертно подсудимый. М.: Российское право, 1992.

Овчинникова 1994 — Любовный быт пушкинской эпохи: в 2 т. / Сост., предисловие, подгот. текста С. Т. Овчинниковой. М.: Васанта, 1994.

Осповат, Тименчик 1987 — Осповат А. Л., Тименчик Р. Д. «Печальну повесть сохранить...» Об авторе и читателях «Медного всадника». 2-е изд. М.: Книга, 1987.

Рейтблат 1991 — Рейтблат А. И. От Бовы к Бальмонту: очерки по истории чтения в России во второй половине XIX в. М.: Изд-во МГПИ, 1991.

Рейтблат 1992 — Чтение в России в XIX — начале XX века: аннотированный библиографический указатель / Сост. А. И. Рейтблат. М.: Гос. библиотека им. В. И. Ленина, 1992.

Рейтблат 1998 — Рейтблат А. И. Видок Фиглярин: Письма и агентурные записки Ф. В. Булгарина в III отделение. М.: Новое литературное обозрение, 1998.

Эйдельман 1979 — Эйдельман Н. Я. Пушкин и декабристы: Из истории взаимоотношений. М.: Художественная литература, 1979.

Эйдельман 1984 — Эйдельман Н. Я. Пушкин: История и современность в художественном сознании поэта. М.: Советский писатель, 1984.

Эйдельман 1987 — Эйдельман Н. Я. Пушкин: Из биографии и творчества. 1826–1837. М.: Художественная литература, 1987.

Эйдельман 1990 — Эйдельман Н. Я. «Быть может за хребтом Кавказа...» (Русская литература и общественная мысль первой половины XIX в. Кавказский контекст). М.: Наука, 1990.

Эйхенбаум 1929 — Эйхенбаум Б. М. Мой временник: Словесность. Наука. Критика. Смесь. Л.: Изд-во писателей в Ленинграде, 1929.

Brang 1973 — Brang P. Sociological Methods in Twentieth-Century Russian Literary Criticism // Yearbook of Contemporary Criticism. 1973. № 5. P. 209–251.

Brooks 1981 — Brooks J. Russian Nationalism and Russian Literature: The Canonization of the Classics // Nation and Ideology: Essays in Honor of Wayne S. Vucinich / Ed. Ackerman J. G., Banac I., Szporluk R. Boulder, CO: E. Eur. Monographs, 1981. P. 315–334.

Brooks 1985 — Brooks J. When Russia Learned to Read: Literacy and Popular Literature, 1861–1917. Princeton: Princeton UP, 1985.

Debreczeny 1997 — Debreczeny P. Social Functions of Literature: Alexander Pushkin and Russian Culture. Stanford: Stanford UP, 1997.

Driver 1989 — Driver S. Puškin: Literature and Social Ideas. New York: Columbia UP, 1989.

Gasparov et al. 1992 — Gasparov B., Hughes R. P., Paperno I., eds. Cultural Mythologies of Russian Modernism: From the Golden Age to the Silver Age. California Slavic Studies 15. Berkeley: University of California Press, 1992.

Habermas 1989 — Habermas Ü. The Structural Transformation of the Public Sphere: An Inquiry into a Category of Bourgeois Society / Trans. Thomas Burger. Cambridge: MIT Press, 1989.

Helfant 1997 — Helfant I. M. The High Stakes of Identity: Gambling and Myths of Aristocratic (Dis)honor in the Life and Literature of Pushkin's Age. Diss. Harvard U, 1997.

Kharkhordin 1999 — Kharkhordin O. V. The Collective and the Individual in Soviet Russia: A Study of Practices. Berkeley: University of California Press, 1999.

Levitt 1989 — Levitt M. C. Russian Literary Politics and the Pushkin Celebration of 1880. Ithaca: Cornell UP, 1989.

Marker 1985 — Marker G. Publishing, Printing, and the Origins of Intellectual Life in Russia, 1700–1800. Princeton: Princeton UP, 1985.

Meynieux 1966a — Meynieux A. La littérature et le métier d'écrivain en Russie avant Pouchkine. Paris: Librairie des cinq continents, 1966.

Meynieux 1966b — Meynieux A. Pouchkine. Homme de lettres et la littérature professionnelle en Russie. Paris: Librairie des cinq continents, 1966.

Mikkelson 1971 — Mikkelson G. Puškin and the History of the Russian Nobility. Diss. University of Wisconsin, 1971. Ann Arbor: UMI, 1971.

Reyfman 1999 — Reyfman I. Ritualized Violence Russian Style: The Duel in Russian Culture and Literature. Stanford: Stanford UP, 1999.

Stanton 1980 — Stanton D. C. The Aristocrat as Art: A Study of the Honnete Homme and the Dandy in Seventeenth- and Nineteenth-Century French Literature. New York: Columbia UP, 1980.

Todd 1986 — Todd W. M. III. Fiction and Society in the Age of Pushkin: Ideology, Institutions, and Narrative. Cambridge: Harvard UP, 1986.

Todd 1989 — Todd W. M. III. Soviet Sociology of Literature: Conceptions of a Changing World // Soviet Studies in Literature. 1989. № 25 (3). P. 5–20.

Vitale 1999 — Vitale S. Il Bottone di Pushkin. Milan: Adelphi, 1995. Пер. на англ.: Vitale S. Pushkin's Button / Trans. A. Goldstein, J. Rothschild. New York: Farrar, Strauss and Giroux, 1999. Пер. на рус.: Витале С. Пуговица Пушкина. Пер. с англ. Е. М. Емельяновой. Калининград: Янтарный сказ, 2001.

Volkov 1995 — Volkov V. The Forms of Public Life: The Public Sphere and the Concept of Society in Imperial Russia. Diss. Cambridge U, 1995.

«Евгений Онегин». Роман жизни[1]

> Но что такое роман? Роман есть теория жизни человеческой.
>
> Из рецензии на «Евгения Онегина»
> в «Сыне отечества» (1828)

Во многих отношениях «Евгений Онегин» воплотил и отразил несоизмеримые, иногда противоречивые и взаимоисключающие особенности русской культуры. Он был написан между 1823 и 1831 годами. Отдельные главы публиковались в 1825–1832 годах. События романа, вызывавшие самые разные критические отклики, охватывают период с конца XVIII века до 1825 года и обращены к центральным литературным и идеологическим проблемам своего времени. Недаром «Евгений Онегин» так поразил В. Г. Белинского, который назвал роман «энциклопедией русской жизни» [Белинский 1955: 503]. Хотя искушенный современный читатель, возможно, снисходительно улыбнется этому наивному сведению в высшей степени сложного литературного произведения к обыкновенному справочнику, тем не менее верно то, что пушкинский роман вызвал у двух едва ли не самых тонких критиков нынешнего столетия, Владимира Набокова и Юрия Лотмана, желание снабдить его энциклопедическими комментариями, относящимися к жизни и литературному быту России начала XIX века. Конечно, содержание романа служит иллюстрацией широкого спектра литературной жизни той эпохи, которая предоставляла русскому писателю на выбор

---

[1] Eugene Onegin: "Life's Novel" // Fiction and Society in the Age of Pushkin: Ideology, Institutions, Narrative. Cambridge, MA: Harvard University, 1986. P. 106–136. На русском языке: У. Тодд. Современное американское пушкиноведение / Сост. У. Тодд; пер. М. Кутеевой. СПб.: Академический проект, 1999. С. 153–188.

так много всевозможных ролей (протеже, дворянина-любителя, журналиста, профессионала), так много жанров, различных исторических и национальных стилей (классицизм, сентиментализм, многообразные разновидности романтизма).

В таких обстоятельствах писатель, знакомый с русской и европейской культурой и достаточно смелый для того, чтобы поставить под сомнение предрассудки своей социальной группы и достижения литературных предшественников, мог свободно выбирать среди различных жанров и стилей, что и делал Пушкин, следуя за полетом своего воображения через границы моды, традиций и истории литературы.

Не менее смело Пушкин ставил и традиционную для своего времени проблему изменения социальной роли писателя. Хотя его старшие современники уже занимались русской поэзией и сделали ее утонченной формой развлечения для салонных вечеров, Пушкин живо интересовался процессом становления литературы, и когда в начале 20-х годов XIX века приступил к написанию «Евгения Онегина», все еще ощущал необходимость утверждать свою независимость писателя и дворянина от покровительства высшей аристократии и раболепия перед правительством. Одно из самых резких заявлений на эту тему было сделано им в письме к А. А. Бестужеву: «У нас писатели взяты из высшего класса общества — аристократическая гордость сливается с авторским самолюбием. Мы не хотим быть покровительствуемы равными. Вот чего подлец Воронцов не понимает. Он воображает, что русский поэт явится в его передней с посвящением или с одой — а тот явится с требованием на уважение, как шестисотлетний дворянин — дьявольская разница!» (XIII, 179; конец мая — начало июня 1825 года)[2]. Принятые условности и идеология высшего общества поощряли такие утверждения дворянской независимости, но Пушкин едва ли делал их не задумываясь. За этим стояла горькая реальность изгнания, враждебности семьи, полицейского надзора, долгов

---

[2] Здесь и далее цитаты из Пушкина приводятся по академическому Полному собранию сочинений в 16 томах (М., 1937–1949) с указанием в тексте статьи в скобках номера тома римской цифрой и номера страницы арабской.

и незначительного положения на государственной службе, а также растущее осознание своего пограничного с исторической точки зрения положения. С одной стороны, он был потомком древней дворянской фамилии, а с другой — правнуком эфиопа, ставшего генералом благодаря покровительству дочери Петра Великого.

Противоречия его наследия — потомственный дворянин и одновременно, характерное явление послепетровской эпохи, русский и иностранец — находили отражение в его шатком экономическом положении. Отчаянно стремящийся поддержать благородную независимость дворянина (honnête homme), поэт будет вынужден, из-за высокомерной безответственности, свойственной ему и его семье, все больше и больше полагаться на скромный доход от своих сочинений и на унизительное покровительство Николая I, который оплатил огромные долги после его смерти. Поведение Пушкина — дуэли, любовные истории, опрометчивая женитьба на юной красавице, азартные игры, свободомыслие — обнаруживает всепоглощающую борьбу за поддержание статуса дворянина. Независимость и достоинство надо было завоевать, так как одной принадлежности к дворянству недостаточно для того, чтобы ими действительно обладать. Профессия писателя — примером тому были Карамзин и западноевропейские литераторы — могла помочь Пушкину обрести независимость от унижающей государственной службы, дать покой и досуг, чтобы писать, но это противоречило предрассудкам и нормам класса, принадлежностью к которому он так гордился.

Тем не менее в середине 1820 годов поэт заявил о своей независимости от салонного понимания литературы исключительно как сентиментального развлечения любителей (XIII, 95) и, по его собственному выражению, смело взялся за свое новое «ремесло» (XIII, 59, 88, 93). Но проблема примирения профессиональных устремлений, общественного «я» и авторской свободы продолжала беспокоить Пушкина. По мере того как финансовые успехи 1820-х годов уступили место резкой литературной полемике с Булгариным и с журналистами недворянского происхождения

(Н. А. Полевой, Раич, Надеждин), злобным интригам общества, которые привели его к смерти, унизительному положению при дворе и почти безнадежным попыткам утвердить себя в журналистике, прежний оптимизм иссяк. В короткой повести «Египетские ночи», написанной в 1835 году, он возвращается к проблеме места литературы в общественной жизни и приходит к неутешительному выводу о противоречии между общественным положением, литературной коммерцией и вдохновением. Два главных персонажа повести — поэты (любитель-дворянин Чарский и странствующий итальянский импровизатор), между которыми, однако, существует сословная дистанция. Оба сохраняют чудо таланта и вдохновения среди бездумного гомона не понимающей их публики, но довольно дорого платят за это в общественной жизни. Оборванный импровизатор должен играть роль шута в высшем обществе; Чарскому же удается поддерживать свой социальный статус и не становиться игрушкой в руках света, только отказавшись от тех общественных связей (компания собратьев-писателей, беседы на литературные темы), которые могли бы утвердить его на литературном поприще (VIII, 264). Рассказчик подчеркивает параллелизм этих образов, уделяя не меньше внимания модному наряду Чарского, чем кричащему костюму импровизатора. В каждом из них по-своему проявляется «пограничное» положение художника в «обществе».

Пушкин не завершил повести, но в обзоре корреспонденции Вольтера (1836) содержится намек на ее возможное окончание. Размышляя об унизительной жизни Вольтера при дворе Фридриха Великого, Пушкин приходит к выводу: «...настоящее место писателя есть его ученый кабинет и... наконец независимость и самоуважение одни могут нас возвысить над мелочами жизни и над бурями судьбы» (XII, 81). Но даже этот вывод — сам по себе ироничный в контексте пушкинского обзора — может быть недостаточно грустным для повести. Общественное положение настолько подавляет Чарского, что он не допускает в свой кабинет книг, чтобы его светские знакомые не могли заподозрить в нем писателя.

Историзм и чувство классового антагонизма, которые характерны для ряда поздних пушкинских произведений и рассуждений о положении писателя в обществе, мало что, однако, проясняют в «Евгении Онегине». Подзаголовок «роман в стихах» и посвящение другу Пушкина, издателю Плетневу, свидетельствуют о намерении автора использовать самые разные средства. Как свободное и дерзкое слияние, переосмысление и нарушение литературных условностей, форма романа — это аналог сплава различных социальных образов писателя, которые предлагали Пушкину институты и идеология его времени: русский дворянин-любитель, профессиональный европейский писатель и вдохновенный независимый поэт-романтик. В настоящей работе я намерен показать, что подобная позиция по отношению к условности, выбору и автономии встречается и на онтологических уровнях романа — уровне, на котором действуют герои, и уровне, на котором самосознание автора-рассказчика заставляет их действовать ради далекого читателя. Я подробно остановлюсь на этих уровнях, а также на предлагаемом спектре возможностей в сфере человеческой деятельности, и проанализирую выбор, сделанный автором-рассказчиком и героями в рамках этого спектра.

Две реальности или одна?

> Maintenant je n'écris de romans — j'en fais[3].
> Из письма М. Ю. Лермонтова
> к А. М. Верещагиной (весна 1835)

«Путешествие в Арзрум во время похода 1829 года» (1829–1835) является превосходной отправной точкой для обсуждения взглядов Пушкина на независимость в жизни и искусстве. В начале путешествия поэт наносит визит генералу Ермолову, попавшему под подозрение за связи с декабристами, и тем самым

---

[3] Сейчас я не пишу романы — я их создаю (*фр.*).

подчеркивает свою независимость. Здесь же он касается другой стороны того же предмета, зависимости искусства от условности, когда описывает Ермолова: «С первого взгляда я не нашел в нем ни малейшего сходства с его портретами, писанными обыкновенно профилем. Лицо круглое, огненные, серые глаза, седые волосы дыбом. Голова тигра на Геркулесовом торсе. Улыбка неприятная, потому что неестественная. Когда же он задумывается и хмурится, то он становится прекрасен и разительно напоминает поэтический портрет, писанный Довом» (VIII, 445). Первое впечатление Пушкина, что искусство и реальность отличаются друг от друга, едва ли ново; обычай писать портреты «в профиль» просто увеличивает расстояние между ними. Но по мере того как он пристальнее вглядывается в Ермолова, предметом иронии становится заблуждение, будто мы способны передавать свое восприятие, не обращаясь за помощью к условностям, и не только лингвистическим, но и характерным для культуры в целом: искусства, литературы, поведения в обществе. Однако автор полагает, что для того, чтобы точнее воссоздать образ Ермолова в сознании читателя, необходимо сделать его еще более условным. Его изображение становится таким же древним, как седовласая голова героя — метафора «голова тигра» так же почтенна, как сама мифология. Кроме того, используются реминисценции из классической мифологии, выражения (например, «огненные глаза»), заимствованные из словаря романтического демонизма, который Пушкин к тому времени так часто пародировал. Последние два предложения в этом отрывке уравновешивают друг друга, дополняя проблему реального проблемой «прекрасного». Один условный жест (улыбка) отвергается, потому что не является естественным, а другой (хмурится), не менее условный, нравится рассказчику. Таким образом, жизнь, искусство, природа и красота могут совпадать, если только участники творческого процесса — писатель, герой и читатель — в достаточной мере владеют условностями, которые заложены в культуре. Оксюморон «поэтический портрет» подразумевает два типа приемов, направленных на осуществление этой возможности. Условности — необходимые средства искусства и восприятия — могут лишить художника свободы (портреты в профиль), служить ему «зондом» для исследования реальности (рассказчик) или объединить красоту и правду (портрет Дова). Описывая путешествие, Пушкин продолжает использовать и испытывать условности своей культуры. Свобода от любой из них, как, например, от стереотипов, характерных для жанра романтического путешествия, служит аналогом отстаиваемой им в социальной плоскости свободы принимать или отклонять покровительство властей. Однако Пушкин остается в рамках условностей, точно так же как он никогда не вырвется за границы ширящейся Российской империи в своем путешествии[4].

Начиная с «провокационного» подзаголовка и до заключительной метафоры («роман жизни»), в «Евгении Онегине» обсуждаются похожие проблемы: отношения между искусством и жизнью, границы общественной деятельности и художественной выразительности, устанавливаемые парадигмой условностей культуры. Жизнь и литература пересекаются на каждом витке. Автор-рассказчик вступает в вымышленный мир, чтобы стать другом Евгения. Муза рассказчика постепенно превращается в героиню романа, Татьяну. Евгений, Ленский и Татьяна пытаются поступать как герои прочитанных ими книг и становятся тем, что читают, перефразируя широко известную формулу Фейербаха, а не просто тем, что едят. И Евгений (денди), и Татьяна (хозяйка салона) играют роли, в которых соединяется общественное и эстетическое. И в то время как читатель пытается сосредоточиться на этом вымышленном мире, автор так часто говорит о собственном ремесле и его приемах, что, по выражению Леона Стилмана, возникает «вторая реальность "Евгения Онегина"», «реальность творческого процесса»[5].

---

[4] Подробнее о различных условностях см. [Gombrich 1960; Lewis 1969; Гинзбург 1971; Burns 1972]. В двух номерах «New Literary History» (1981. № 13; 1983. № 14) представлены ценные разработки этих теорий, правда без сколько-нибудь значительных отступлений от основной концепции.

[5] См. [Стилман 1958: 329]. Это исследование отличается от стилмановской работы главным образом настойчивым рассмотрением «творческого процесса» с точки зрения институтов и идеологий.

Колебания Пушкина между этим двумя реальностями создали среди его критиков ситуацию, подобную той, которую порождает проблема двусмысленности зрительного восприятия в психологии. Выяснилось, что невозможно совместить два различных толкования неясной картины, например толкование, опирающееся на формальный материал, используемый художником (формы, цвета, и т. п.), и то, что основывается на созданной им иллюзии реальности[6]. Именно это и произошло с критическими очерками о «Евгении Онегине», в которых внимание исследователей было сосредоточено или исключительно на изображаемом мире героев, как отражении пушкинской социальной среды[7], или только на конструктивных формальных аспектах романа[8]. Каждое толкование, доведенное до крайности, серьезно сужает диапазон пушкинского гения — с одной стороны, его искусное манипулирование стилями и средствами, а с другой, его способность несколькими стремительными штрихами набросать поразительно правдоподобно портреты и ситуации, изобразить героев, которые останутся литератур-

---

[6] См. [Gombrich 1960: 236]. В случае с литературными текстами, как показал Вольфганг Изер, читатели могут фиксировать возникновение у себя иллюзий, так как здесь задействуется воображение, а не зрительное восприятие (см. [Iser 1978: 189]).

[7] Наиболее решительным из них остается Д. Д. Благой, который использует черновики, когда окончательный вариант не подтверждает его точки зрения, и ссылается на Пушкина 1830-х годов, если автору «Евгения Онегина» не хватает, по его мнению, исторического и классового сознания. Благой, однако, избегает того, что он называет социологическим «кальвинизмом» [Благой 1931: 39], рассматривая случаи, когда сознание Пушкина и его общественное «я» двигались в противоположных направлениях ([Благой 1931: 142, 121, 155]). Г. А. Гуковский вообще исключает автора-рассказчика из сюжета (см. [Гуковский 1957: 167]), хотя и находит его самым привлекательным персонажем романа [Гуковский 1957: 241]. Исследователь превращает Пушкина в предвестника Чернышевского с его общественным детерминизмом (Там же. С. 172). Видя в романе только горькие заметки об извращенном обществом русской культуре и искалеченном Евгении, Гуковский тщательно изучает «Евгения Онегина» в поисках доказательств использования Пушкиным национальной культуры в качестве позитивной социальной нормы.

[8] Среди исследователей, трактующих роман в целом, не ограничиваясь специфическими проблемами поэтики (такими, как метр или стиль), самое чистое формалистическое прочтение принадлежит В. Б. Шкловскому [Шкловский 1923], который рассматривает сюжет пушкинского романа как предпосылку для разрушения (в духе Стерна) условностей романа вообще. Вслед за социологическим прочтением Д. Д. Благой издал работу и о «композиционном искусстве Пушкина» [Благой 1955: 178–198]. Важные замечания о жанре в прозе и поэзии делает Ю. Н. Тынянов в статье «О композиции "Евгения Онегина"» [Тынянов 1977]. См. также [Douglas Clayton 1985].

ными стереотипами до конца века. Между тем смешение двух реальностей в калейдоскопе мнений рассказчика, пародий, литературных реминисценций и общих мест в «Евгении Онегине» способно поставить в тупик любого монистически настроенного читателя своей онтологической сложностью[9].

Эта сложность наводит на мысль о том, что, кроме уже существующих, возможны и другие прочтения романа. Особенно нужны подходы, которые помогут соотнести формальные и социально-миметические структуры «Евгения Онегина», вымысел и характер его реализации в романе, признавая блеск каждого уровня и не считая ни один из них простым оправданием другого. Пушкинское восприятие Ермолова дает основание для такого плюралистического толкования: идею культуры в единстве ее аспектов — социальных, интеллектуальных, эстетических. Важные области русской культуры начала XIX века — литература (письменная и устная, дворянская и народная, русская и западная, классическая и современная) и общественный уклад (городской и деревенский, московский и петербургский, дворянский и народный) предлагают персонажам «Евгения Онегина», включая автора-рассказчика, целый ряд моделей деятельности, как общественной, так и литературной[10]. Иногда эти образцы можно примирить, иногда они противостоят друг другу. Время от времени их можно успешно переносить из одной области культуры (беллетристики) в другую (общественную деятельность), однако часто такая попытка обречена на неудачу. То, как герои справляются с условностями, определяет их, созда-

---

[9] Ю. М. Лотман обращает внимание на разнообразие точек зрения рассказчика, а также критериев оценки персонажей, побуждающих к различным прочтениям романа, который компенсирует свой иллюзорный «недостаток структуры» именно благодаря богатству структурных связей [Лотман 1966]. Хью Маклин видит сложность романа в модуляции иронических и лирических тонов [McLean 1971]. Джон Феннел сосредоточивается на контрасте «поэтического» и «прозаического» стилей [Fennel 1973]. Все трое по-разному обращают внимание на структурные черты текста, которые было бы неблагоразумно игнорировать при социологическом прочтении.

[10] Это не исключает и других форм культуры в структуре романа, например таких, как танец. Об этой форме см. [Todd 1993].

ет контрасты, которые формируют «Евгения Онегина», и, в свою очередь, является откликом романа на идеологические и общественные проблемы своего времени.

Сфера культуры в «Евгении Онегине»

> Основа интеллектуального и богатого поэтическими образами произведения, которое каждое поколение воспринимает как свою традиционную культуру, есть всегда и, неизбежно, нечто большее, чем продукт одного класса… Культура, пока она жива, не может быть сужена до артефактов… Культура — это не только основа интеллектуального и богатого поэтическими образами произведения, это обязательно еще и вся жизнь.
>
> *Рэймонд Уильямс.* Культура и общество

Выдающиеся представители «социологического» направления в пушкинистике XX века — Благой и Гуковский — считали, что возможности индивида в рамках культуры строго определяются его классовой и исторической позицией. «Евгений Онегин», однако, приглашает читателя поразмышлять, может ли индивид вобрать в себя достижения более чем одного социального класса или исторического периода и может ли он рассматривать их не как артефакты прошлого века или иной социальной группы, а как модели собственной жизни. Возможности одного исторического периода или классовой ситуации будут, конечно, отличаться от возможностей других периодов и социальных классов. Но спектр условностей, кодов, социальных моделей в плюралистической культуре может быть широк. Дьёрдь Лукач выдвигает предположение, что автор легко и искусно описывает события романа потому, что они вытекают из структуры общества и социально определены; индивидуальные же отклонения требуют детального анализа [Lukacs 1971: 233]. Однако Пушкин достаточно обстоятельно анализирует, как Евгений приходит к дуэли и как Татьяна слепо влюбляется в Онегина, хотя ни в том, ни в другом персонаже нет явных патологических отклонений.

Этот анализ необходим, так как относится прежде всего к культуре, из которой выходят автор-рассказчик и его герои; они дают различные толкования ситуации, вытекающие из разных классовых и национальных источников.

Такие гипотезы, касающиеся культуры, приходят легко — возможно, слишком легко — на ум современным ученым, готовым вместить целые исторические периоды и национальные культуры в одну лекцию. В данном случае они, однако, могли бы опереться на ощущение открытости и культурного расцвета, которое преобладало в русском обществе начала XIX века, и на типичное для того времени определение *порядочного человека* (*honnête homme*) как человека широкой культуры и разнообразных интересов. Тем не менее, прежде чем приступить к анализу «Евгения Онегина» с точки зрения выбора, совершаемого героями в широких культурных рамках, следует отметить, что такие рамки не только присутствуют в романе, но и лимитируют жизнь его действующих лиц.

Насколько герои Пушкина являются продуктом культуры, а не природы, можно без труда понять, сравнив их с героями других авторов, которых Пушкин упоминает в «Евгении Онегине». Используемые им образы природы (луна и лань — в духе Шатобриана) побуждают многих читателей считать характер Татьяны «естественным», «природным», что служит нам превосходной отправной точкой [Стилман 1958: 357; Mitchell 1968: 20]. Она любит «без искусства» (VI, 62), всем существом, не из расчетливого кокетства высшего общества; тем не менее чувство Татьяны вызвано к жизни соединением социальных (сплетни соседей), литературных (влияние эпистолярных романов) и природных элементов («пора пришла, она влюбилась»; VI, 54). В этом сочетании природных потребностей, влияния литературных образцов и мнения общества объединены сферы человеческого существования, которые Байрон поделил между тремя разными женщинами в «Дон Жуане» — Гайде, дитя природы, Аврора Рэби, «которая смотрит больше на книги, чем на лица», и (как более зрелая ипостась Татьяны) леди Аделина, неподражаемая хозяйка салона.

Второе сравнение, напрашивающееся в «Евгении Онегине», — пушкинская Татьяна и Юлия Руссо. Оно наводит на мысль, что Пушкин поместил свою героиню в подчеркнуто культурное обрамление. Наиболее очевидный тому пример — любовное письмо Татьяны Онегину, написанное по-французски и несущее на себе следы влияния «Юлии» Руссо[11]. Татьяна, в целом, больше читает, чем Юлия, и больше бывает в обществе, хоть и не всегда охотно. Швейцария Вольмаров дает Юлии более или менее подходящий ее состоянию природный фон — озера, горы, дикий сад. «Русская природа» Татьяны — это ухоженное имение; зима, которую она любит, ассоциируется с обрядами и народными преданиями; одинокие прогулки (с книгой в руке!) приводят к новым знакомствам и новым литературным познаниям. Она созерцает природу с балкона или из окна собственного дома, с его укладом, книгами, определенными социальными обязанностями, которые иногда вдохновляют, а иногда стесняют.

При помощи подобных сравнений нетрудно показать, насколько велика культурная «прослойка» между остальными героями и природой. Несчастный поэт Ленский видит только неизбежные элегические кладбища. Он так и не приобщился к *натурфилософии* за то время, которое провел в Германии. Евгений Онегин лишен даже окказионального чувства природы, присущего байроновскому Чайльд Гарольду, с которым рассказчик его исподволь сравнивает. Чайльд Гарольд, пресытившись удовольствиями света, может перейти к непосредственному общению с природой:

> Среди пустынных гор его друзья,
> Средь волн морских его страна родная,

---

[11] Тот факт, что мысли и поступки пушкинских героев соотносятся с их чтением, отмечали многие ученые и, конечно, сам рассказчик «Евгения Онегина». Однако до сих пор не существует единого мнения по этому вопросу, о чем свидетельствует расстановка акцентов в названных выше работах Митчела и Стилмана. Ср. также [Gibian 1956; Сиповский 1907; Лотман 1975]. Мой собственный метод заключается в том, чтобы внимательно прислушиваться к рассказчику, когда он говорит о чтении своих героев и как бы закавычивает, словно цитату, мысли и поступки. Переписывая роман, Пушкин сократил перечень книг, которые читают персонажи, чтобы сконцентрировать внимание читателя на оставшихся.

> Где так лазурны знойные края,
> Где пенятся буруны, набегая.
> Пещеры, скалы, чаща вековая —
> Вот чей язык в его душе поет.
> И, свой родной для новых забывая,
> Он книгам надоевшим предпочтет
> Страницы влажные согретых солнцем вод[12].

Но книги и язык в пушкинском вымышленном мире созданы человеком. Когда Евгений покидает общество и отваживается обратиться к природе, он идет по стопам своего литературного предшественника:

> В седьмом часу вставал он летом
> И отправлялся налегке
> К бегущей под горой реке;
> Певцу Гюльнары подражая,
> Сей Геллеспонт переплывал...
> (VI, 88–89)

Приходит зима, но Онегин послушно следует байроновскому сценарию:

> Прямым Онегин Чильд Гарольдом
> Вдался в задумчивую лень...
> (VI, 91)

Сужая огромные масштабы байроновской романтической обстановки до размеров имения, Пушкин еще больше подчеркивает, что жизнь его героя протекает в культурном обрамлении.

Способность рассказчика к восприятию значительно превосходит возможности других персонажей «Евгения Онегина»; он ближе других к природе — например, в знаменитой строфе, посвященной приходу зимы (VI, 89–90). Но даже здесь, в одном из самых «объективных» и, безусловно, «прозаических» отрывков, он не может избежать давления культуры. Благодаря метафорам описание остается частью человеческого мира, с его

---

[12] Цит. по [Байрон 1981: 202].

эстетическими и социальными образцами: «Но наше северное лето, *карикатура* южных зим»; «гусей *крикливых* караван». Пушкинское «природное обрамление» в конечном счете неотделимо от человеческого труда (крестьяне, пастухи, девушка за прялкой) и одновременно от творчества, которым поэт делится с читателями, обладающими собственными эстетическими и социальными нормами. Так, например, возникает противоречие между рифмой и приличиями в описании девушки: *дева* (поэтическая форма) отвечает требованиям рифмы, а *девка* придала бы образу больше социального правдоподобия. Поэт выбирает первое и в примечании пишет о недовольстве критиков (VI, 193).

После напоминания критикам о том, что он создает не только мир, но и текст, где каждая новая строка соотносится с предыдущими, рассказчик продолжает описание. Сознание двойственности как «природного обрамления», так и культурного положения читателя заставляет его исполнять сложнейшее па-де-де с публикой (VI, 90), где акцент делается прежде всего на социальной природе восприятия и коммуникации. В первых четырех строках он «мстит» за критику своего языка, обращая внимание на скучнейшую предсказуемость ожиданий читателя: *морозы* неизбежно требуют *розы* для вышедшей из употребления метафоры «щеки как розы»[13]. В то же время рассказчик сам становится объектом иронии, ибо, высмеивая ожидания читателя, он, в конце концов, не слишком превосходит его в оригинальности. Но в следующих двух строках то же сознание двойственности помогает поэту передать зимнюю сценку во всем ее блеске:

> Опрятней модного паркета
> Блистает речка, льдом одета...
> (VI, 90)

---

[13] Обыгрывая эту рифму, Пушкин, возможно, подшучивает над своим другом Вяземским, который использует ее в стихотворении «Первый снег» (1819), однако впоследствии он сам употребляет ту же рифму в «Медном всаднике» (1833), вызывая в памяти прелести зимнего дня. Ю. М. Лотман доказывает, что пушкинская рифма вовсе не так уж банальна, потому что она включает в себя последний слог слова, стоящего перед *розы* (морозы! — ...мы розы) [Лотман 1980: 251].

Вместо того, чтобы дать обычное описание, он обращается к опыту читателя в культурной сфере, который соединяет социальные образцы с искусством музыки и танца, и создает свое видение красоты природы. Сравнение с весельем бала является отправной точкой для последующих строк: звук коньков, режущих лед, заменяет музыку, а вьющийся снег, играющие мальчики, неуклюжий гусь — танцующих. Поэт вновь нарушает приличия, и новое примечание фиксирует явное недовольство критиков соединением сублитературной темы (катающиеся на коньках мальчики) и поэтической перифразы («мальчишек радостный народ»), так как Пушкин передает радостную кутерьму этой сценки путем необычного сочетания литературных и социальных условностей. Но даже этот эпизод, который пушкинские современники, такие как Баратынский, находили наиболее оригинальным, в конечном итоге тоже имеет культурного предшественника — «фламандской школы пестрый сор» (VI, 201). Пушкин не может отделить «природное обрамление» от людей, которые в нем находятся. Таким образом, автор-рассказчик полагает, что природу лучше всего изображать, используя культурно-обусловленные аспекты восприятия (а не избегая их) — социальную иерархию, эстетические коды, жизненный и литературный опыт. Байрон изобразил своего Чайльд Гарольда читающим страницы природы. Пушкин иронически изображает самого себя (поэту ведь нужна аудитория) читающим собственные страницы природе (VI, 88).

По мере развития сюжета герои — горожане и крестьяне, помещики и крепостные — занимают свои особые места внутри «культурного обрамления», которое включает и социальные, и художественные аспекты. Литература, музыка, танец так же неотделимы от жизни крепостных, как и от жизни дворян. Пушкинские дворовые девушки неизбежно поют (VI, 71–72 и 90). Хотя мало кто из критиков готов был по ошибке принять «Евгения Онегина» за аболиционистский трактат, в нем не скрывается социальное неравенство. Чтобы девушки, собирающие ягоды, их не ели, им наказано петь. Но условия работы не могут лишить обаяния их «песенки заветной», которую рассказчик отдает крепостным девушкам, а не их хозяевам. Откровенно игривое отношение к борьбе полов, звучащее в песне, контрастирует с другими культурно обусловленными проявлениями, которые обрамляют данную сцену: с абстрактной и слезливой сентиментальностью Татьяны, насмешливым цинизмом Евгения и рассказчика, тихой покорностью няни[14]. Как часто бывает у Пушкина, игровые стороны культуры смягчают жестокость социальных и экономических моделей, делают их более терпимыми или даже преображают, как в случае с Татьяной[15].

Культура, не принадлежащая какому-либо одному классу общества, в «Евгении Онегине» является к тому же синкретической, а не автохтонным продуктом некой национальной группы. Роман представляет ее как сумму моделей, относящихся к различным временам и странам и накладывающихся одна на другую в жизни героев. Это вполне очевидно в отношении космополитического дворянства, однако в меньшей степени заметно в поведении крепостных. Хотя даже их имена свидетельствуют об иностранных слагаемых русской культуры. Как напоминает нам в примечании Пушкин, «сладкозвучнейшие греческие имена... употребляются у нас только между простолюдинами» (VI, 192). Дав своей героине имя из греческих (православных) святцев — Татьяна, которое было более популярно у народа, чем среди дворян, Пушкин открыл источник красоты вне узких пределов поэтического языка сентименталистов, подчеркнул народный элемент в генезисе своей героини и тем самым выска-

---

[14] Удивительно, что социологически ориентированные пушкинисты не сопоставляют рассказ няни о том, как она выходила замуж в возрасте тринадцати лет за мальчика, который был ее моложе, с главой «Едрово» радищевского «Путешествия из Петербурга в Москву», в котором крестьянская девочка отказывается выйти замуж за десятилетнего мальчика, потому что его отец спит со своими невестками, пока не подрастут сыновья. Смутный намек Пушкина на этот обычай (снохачество) показывает, что он вряд ли был поклонником национальной народной культуры в чистом виде, каким его представляют наиболее шовинистически настроенные критики.

[15] Другим примером является «Барышня-крестьянка» (1830), где герои, принадлежащие к одному сословию, должны вступить в брак по экономическим соображениям, однако «переодевания» героини и байроническая поза героя в конечном итоге делают женитьбу желанной и с личной точки зрения.

зал предположение о культурной значимости представителей низшего сословия в русском обществе — крестьян[16].

Эта синкретическая культура, очевидная даже в описаниях жизни крепостных, пронизывает «Евгения Онегина» начиная с посвящения, которое обещает главы и «простонародные», и «идеальные» (последнее слово — иностранное заимствование в русском языке), до заключительных страниц, когда аристократические манеры европеизированного дворянства и вечное очарование фольклора органично сочетаются в образе главной героини. Казалось, что этому синкретизму противоречит особое внимание рассказчика к воспитанию героя и героини: Евгения воспитывали «madame» и «monsieur l'Abbé» (VI, 6); Татьяна с жадностью впитывала страшные сказки и суеверия своей няни (VI, 43, 99–101). Это неизбежно привело к тому, что склонные к социальным толкованиям критики романа стали рассматривать Евгения и Татьяну как представителей, соответственно, оторванной от своих корней столичной аристократии и чтущего традиции поместного дворянства, не связанного с условностями высшего света. С этим нельзя безоговорочно согласиться, так как в сокровенной глубине каждого растворены другие элементы синкретичной культурной матрицы романа, отражающиеся в снах и в наиболее напряженных эмоциональных всплесках. Татьяна, возможно, «русская» душой (VI, 98), но она выражает свою страсть к Евгению по-французски, к притворному огорчению рассказчика (VI, 63). Литературные модели руководят ее поступками не только в начале, но и на протяжении всего романа.

Сон Татьяны наиболее полно показывает круг ее культурных источников и как таковой является предметом полемики среди пушкинистов. Некоторые считают, что происхождение сна це-

---

[16] Это распространенный в то время полемический прием, направленный против национализма в культуре. Эссеисты начала XIX века использовали подобные напоминания об иностранном элементе (греческом, монгольском) в средневековой и народной культуре, чтобы подорвать позиции лингвистических пуристов, возглавляемых адмиралом Шишковым, дух которого Пушкин со смехом вызывает в «Евгении Онегине» (VI, 172). Другие примеры см. [Мордовченко 1959].

ликом или частично фольклорное[17]. Другие обращаются к Мурильо (у Пушкина в Михайловском была копия картины этого живописца «Искушение святого Антония»), к «Жану Сбогару» Нодье, к комическим операм, ситуациям из произведений мадам де Сталь, к басням Хемнитцера, шутливым ритуалам Арзамасского общества, к балладе Жуковского «Светлана» и «Горю от ума» Грибоедова[18]. Можно только восхищаться этими проявлениями эрудиции, но в то же время заметим, что, возможно, было бы более плодотворно с точки зрения критики хотя бы раз пренебречь творческой реальностью автора-рассказчика и взглянуть непосредственно на вымышленный им мир и на те культурные силы, которые воздействуют непосредственно на Татьяну: иностранные эпистолярные романы, страшные сказки и песни няни. Рассказчик сам поощряет нас проделать это на протяжении ее сна (VI, 101–107), воздерживаясь от частных замечаний о литературе как творческом процессе и сливая свой голос, насколько позволяет замысловатая *онегинская* строфа, с голосом подсознания героини.

В этом хаотическом мире Татьяны образы сентиментальных романов и фольклора смешиваются с социальными реалиями. Например, в сне фигурирует медведь, неизменный «костюмированный» персонаж народного праздничного веселья, но Татьяне он видится, через призму дворянского происхождения, одетым как «косматый лакей». Таким образом, устанавливается иерархия — страшный объект моментально трансформируется с помощью умиротворяющей иносказательной конструкции, типичной для сентиментализма. Сам по себе сон, как вместилище страхов, запретных желаний, наказуемых фантазий и предчувствий, был составной частью как эпистолярного романа, так и некоторых русских свадебных песен. Сон Татьяны с его опасной прогулкой и появлением в страшном доме отражает сюжет ритуальных плачей, сопровождающих русскую невесту во время

---

[17] См. [Гуковский 1957: 215; Слонимский 1963: 356; Лотман 1980: 365–366]. См. также [Благой 1931: 145].

[18] См. [Nabokov 1975: 506–511; Бродский 1964: 235–236; Katz 1980: 91].

приготовления к свадебной церемонии[19]. Но тому, что воображение Татьяны помещает Евгения в этот сказочный дом, способствуют прежде всего эпистолярные романы. Рассказчик уже описывал, как литературные образы овладевают ею:

> Воображаясь героиней
> Своих возлюбленных творцов,
> Клариссой, Юлией, Дельфиной,
> Татьяна в тишине лесов
> Одна с опасной книгой бродит...
> (VI, 55)

Ее письмо к Евгению продиктовано чтением «Юлии» Руссо. Но читатели, относящиеся с презрением к эпистолярным романам, которые Пушкин здесь перечисляет, несомненно упустят каламбур, заключенный в строке «Мораль на нас наводит сон»[20]. Дидактические образцы эпистолярного романа наводят не только сон на тех, кто страдает от бессонницы, они могут также навеять грезы и кошмары, что и происходит с героиней спустя две главы. Картинами насилия, борьбы, унижения сон Татьяны необыкновенно похож на сон Клариссы: «Мне грезилось, мой брат, дядя Энтони и мистер Солмс составили заговор, чтобы уничтожить мистера Ловласа, который раскрыл его и, полагая, что я участвовала в нем, обрушил всю свою ярость на меня. Он будто бы вынудил их всех покинуть страну, а потом схватил меня, отвез на кладбище и там, невзирая на все мои мольбы и слезы, и заверения в невиновности, вонзил мне нож в сердце, а затем бросил в глубокую могилу, специально выкопанную для меня, рядом с двумя-тремя полуразложившимися трупами, руками закидал меня землей и дерном и утоптал ногами. Я проснулась в холодном поту, дрожа и испытывая сильные страдания,

---

[19] См. [Слонимский 1963: 356–357]. В этой работе предлагается много примеров пророческих снов (полных быстрых потоков, темных лесов, покинутых домов и диких зверей) в ритуальных плачах русской народной свадьбы.

[20] В «Евгении Онегине» Пушкин использует слово «сон» для обозначения «физиологического состояния, противоположного бодрствованию» (15 раз) и для обозначения «сновидения, мечты» (29 раз) (см. Словарь языка Пушкина. М., 1961. Т. 4. С. 282–284). Современный подход к подобным семантическим проблемам и связанным с ними проблемам структуры см. [Katz 1980].

страшные образы этого сна все еще не изгладились из моей памяти»²¹. И неудивительно, что образы Татьяниного сна вызывают в этот момент ассоциацию не с крестьянской невестой, а с молодой женщиной, ищущей выход из несчастливой семейной ситуации и отдающей себя на милость потенциальному соблазнителю, к которому она относится со смешанным чувством, в том числе с чувством страха и любопытства (VI, 102). Каждая героиня, готовясь нарушить табу, получает предостережение от подсознания, где образы гибели и греха смешиваются с желаниями, которые ее пробуждающееся сознание не решается одобрить.

Но и ужасный пример Клариссы, волнующий и, возможно, поучительный, точно так же отходит на задний план, как и фольклорный образец, доминирующий в первой части сна. Ибо положение Татьяны не совсем совпадает с положением Клариссы. Героиня Ричардсона попала в тиски между Ловласом, опасным приезжим, и Солмсом, отвратительным чудовищем, которого выбрала ее семья²²; а семья Татьяны радушно принимает Онегина как поклонника. Таким образом, Татьяна нарушает обычай не тем, что выбирает «не тот» объект увлечения и пренебрегает мнением родителей, а потому что обращается к герою необычным и потенциально компрометирующим способом. Другое важное отличие заключается в том, что чувства

---

²¹ Цит. по [Richardson 1962: 433].
²² [Richardson 1962, 3: 79]. Прочесывая страницы романа Ричардсона, можно найти целое собрание животных аллегорий, питавших воображение Татьяны: например, мисс Хоув говорит Клариссе, что у мужчин бывают рога, чтобы бодаться ([Richardson 1962, 3: 88]); позже Кларисса представляет себе Ловласа львенком, медведем или тигром ([Richardson 1962, 3: 206]). Описывая Ловласа, Кларисса сосредоточивается на отталкивающих чертах: «У него ярко-красное лицо, какое-то обрюзгшее и прыщавое... У него большой глубокий шрам на лбу, как будто его череп вдавили в этом месте... Вращение огненных глаз...» ([Richardson 1962, 2: 226–227]). Что касается огненных глаз, то тем, кто иногда находит, будто бесценные комментарии Набокова «поджаривают Пушкина на бледном огне», небезынтересно узнать, что в этом случае пушкинскому тексту нужен более внимательный читатель, чем его выдающийся комментатор. Не принимая во внимание эпистолярный роман как источник, Набоков несправедливо обвиняет Пушкина в том, что он снабжает Татьяну условностями «готического романа или байронического романтизма» прежде, чем дает ей с ними познакомиться в седьмой главе (см. комментарий Набокова в кн. [Nabokov 1975: 410–411]). На самом же деле здесь, как и везде, восприятие Татьяны опирается па книги, которые специально названы в «Евгении Онегине».

Клариссы к Ловласу необычайно сложны, а Татьяна не стыдится любви к Евгению. Итак, окончание сна Татьяны ломает образец Клариссы: Онегин уносит ее от чудовищ, он — не один из них. Его гнев обрушивается не на Татьяну, а на тех, кто прерывает их нежную сцену (исполнение желания), тех людей, чьего общества Татьяна, пробудившись, избегает. Как только Евгений кладет Татьяну на скамью, он превращается в ее сне в страстного Вертера, который мечтал о Шарлотте в подобной же эротической сцене: «Тщетно я простираю к ней объятия, пробуждаясь утром от тревожных снов, тщетно ищу ее ночью в своей постели, когда в счастливом невинном сновидении мне пригрезится, как будто я сижу рядом с ней на лугу, держу ее руку и покрываю ее тысячью поцелуев. А когда я ощупью ищу ее, еще одурманенный дремотой, я вдруг просыпаюсь, и потоки слез изливаются из моего сокрушенного сердца, и я безутешно рыдаю над моим мрачным будущим»[23]. Но этот мотив сна не может длиться долго, так как ему противостоит убийство и запретное желание, позаимствованные воображением Татьяны из сна Клариссы. Как только Евгений убивает Ленского, сказочный дом в чаще леса начинает шататься и исчезает вместе с героем романа и нагоняющими тоску родственниками и соседями Татьяны. Английский эпистолярный роман, сонник и зеркало для гаданий, лежащие у изголовья кровати, не дают готового ответа на страхи и желания Татьяны. Они, скорее, символизируют те элементы культуры, из которых она, взрослея, будет сознательно создавать свою жизнь.

В этом Татьяна не является исключением среди героев романа. Евгению тоже приходится строить свою жизнь, смешивая литературный, фольклорный и социальный материал, что мы и увидим в конце романа, когда его воображение разыграется, как ранее у героини (VI, 183–184). Книжная страница, письмо девушки, фольклор, любовь, дружба, с одной стороны, и вина, неисполненное желание, предчувствие, наваждение, насилие, обман, санкционированное обществом убийство, с другой, — вот культурные элементы «Евгения Онегина». Пушкин не предостав-

---

[23] Цит. по [Goethe 52].

ляет своим героям надолго ни одного излюбленного романтиками убежища (например, природа, сон, примитивное общество). Право на творчество, красота, ум, правда и эмоциональная аутентичность — все ценности этого романа — должны быть завоеваны в широких культурных рамках.

Творческая условность

> Пушкин любил пробовать себя в схватке с ограничениями.
>
> *Л. Я. Гинзбург.* О лирике

> Разум неистощим в соображении понятий, как язык неистощим в соединении слов. Все слова находятся в лексиконе; но книги, поминутно появляющиеся, не суть повторения лексикона.
>
> *А. С. Пушкин.* Об обязанностях человека...

Перечисляя разнообразные культурные проявления в «Евгении Онегине», я рассматривал отношения индивида к культуре прежде всего как пассивное. Это, главным образом, объясняется тем, что до сих пор речь шла о таких моментах в жизни героев, когда они менее всего контролировали себя (любовь, исступление в мечтах), что позволяло проявиться тем элементам их национального прошлого, социальной ситуации или космополитического литературного опыта, которые они игнорировали в сознательной жизни. «Культурная композиция» романа — это, конечно, инструмент детерминизма, но совершенно особый. Обозначив ее структурные границы, можно осмыслить возможности автономии вымышленного мира.

Вероятно, детерминистическую силу этого мира лучше всего обсуждать, рассматривая «Евгения Онегина» как исторический роман[24], жанр, доведенный Пушкиным до совершенства в эле-

---

[24] Существует давняя традиция рассматривать «Евгения Онегина» как исторический роман, начиная с Белинского, который называл его первым в России историческим повествованием в стихах, не потому, что в нем изображены исторические персонажи, а потому, что его действие происходило в один из самых интересных моментов

гантных симметриях «Капитанской дочки» (1836). В «Евгении Онегине» влияние истории на жизнь героев обнаруживается не в виде банды казаков-разбойников, ищущих отмщения за века социального, экономического и культурного гнета, а как изменение культурных возможностей и, самое важное, как «мода», власть которой особенно сильна в установлении границ изысканного общества. Мода пестует Евгения (VI, 14), казалось бы, истощает его лексикон (VI, 149), строит петербургский дом Татьяны (VI, 188) и взбивает ее кудри (VI, 159). Ленский заявляет во всеуслышание о своей ненависти к миру моды. Однако его позиция — не более чем мода, со всеми негативными коннотациями, такими как автоматизм и поверхностность, которые несет на себе это понятие. Сам рассказчик — наиболее глубоко мыслящий персонаж романа — бежит от мира моды, но тут же сталкивается с модным байронизмом Евгения. Однако, несмотря на способность проникать в любые закоулки человеческой жизни, «вихорь моды» (VI, 81) лишен законченности казачьей петли или силы, накопившейся за века социального и экономического угнетения. Нарушение обычаев и приличий, как заметил Макс Вебер, может повлечь за собой психологическое давление и неудобства, но они в большинстве случаев не так страшны, как смертная казнь, тюремное заключение или ссылка[25]. Татьяна научится игнорировать моду и будет в дальнейшем сама ее диктовать. Автор-рассказчик может смело отрицать моду ли же сообщать ей подлинную глубину, которой она лишена в широком употреблении: слово «идеал» у Ленского (VI, 126) попросту модное, но оно наполняется глубоким смыслом в прощальных

в развитии русского общества [Белинский 1955, 7: 363]. Пушкин действительно подумывал о том, чтобы превратить «Евгения Онегина» в исторический роман в обычном смысле этого слова, сделав своего героя участником восстания декабристов, но так этого замысла и не осуществил. Спекуляции на тему, как бы Пушкин мог «закончить» роман, дошли до такой степени, что Б. С. Мейлах выразил свой протест против надуманных реконструкций текста [Мейлах 1966: 436]. Об историчности романа, а также о том, что, хотя действие происходит до 1825 года, автор-рассказчик продолжал писать его и после восстания декабристов, см. [Макогоненко 1971: 131; Семенко 1967: 139]. Семенко находит, что в главах, написанных после восстания, образ автора менее ироничен и более трагичен.

[25] О взглядах Вебера на эту проблему см. [Weber 1954: 20–21]. В частности, Вебер отмечает неустойчивость границы между обычаем и условностью.

строках автора-рассказчика (VI, 189–190). И неудивительно, что из-за ревнивого отношения к моде рассказчик неизбежно произносит это слово с каким-то презрительным оттенком.

Тема исторической дистанции — древность, старина — получает схожую трактовку. Так же как можно преодолеть «моду», можно сохранить и обновить «старину» в литературе и общественном укладе. Понятия «старина» и «старинный» широко используются для обозначения прошлого, сохранившегося в фольклоре (VI, 58–59), общественном укладе (VI, 69), архитектуре (VI, 31), в подсознании Евгения и в разговорах поэта с музой (VI, 165). То, что выходит из моды, может быть воссоздано воображением. Романы Ричардсона были в свое время настолько популярны, что мать Татьяны могла, даже не читая, подпасть под их влияние. Теперь пришла пора самой Татьяны сидеть над теми же романами, которые все еще сохраняют способность являть образцы поведения благосклонному читателю[26]. Но самые разные исторические периоды являются не только одаренному богатым воображением уму; рассказчик настаивает на том, что скука переполняет Евгения как «средь модных», так и средь «старинных зал» (VI, 32). Таким образом, две разновидности условности — «мода» и «старина» — предлагаются как противоречие, которое может быть преодолено — пускай пока лишь иронически.

Способность героев романа, включая и автора-рассказчика, удачно использовать культурные достижения, характерные для конкретных исторических ситуаций, являет собой заметный контраст неспособности к этому, отличающей героев пушкинских условно-исторических произведений. В противоположность «Евгению Онегину», эти произведения основываются на

---

[26] Стэнли Митчелл привлекает наше внимание к демаркационной линии, которую Французская революция провела между эпохами чувствительности и романтизма в Западной Европе [Mitchell 1968: 2–3]. Но сам Пушкин, отмечая смену литературных стилей, видит в ней изменение вкусов и не придает этому большого исторического значения. К концу романа Евгений будет читать Руссо (VI, 182), а Татьяне придется серьезно приняться за романы о «современном человеке», отобранные Евгением (VI, 148). В этом плане интересно, что Пушкин время от времени использует Ловласа Ричардсона как возрождающийся тип, а не просто как часть литературной истории, которая утратила свою актуальность (XIII, 71; XIV, 33, 49).

неразрешимых противоречиях: контрреформационная Польша против средневековой православной Московии («Борис Годунов»), ориентированные на Запад сторонники Петра Великого против старой знати («Арап Петра Великого»), вестернизированное мелкопоместное дворянство против казаков с их народной культурой, не понятной дворянам («Капитанская дочка»).

Есть между тем черта, которая роднит «Евгения Онегина» с исторической беллетристикой: использование Пушкиным реальных исторических персонажей, в частности самого себя, и беглыми силуэтами своих друзей Каверина и Вяземского (VI, 11, 160). Как справедливо отметил Герберт Линденбергер, это накладывает на писателя особую ответственность, так как он вынужден учитывать «фактическое» знание читателя о реальном историческом существовании персонажа [Lindenberger 1975]. Достаточно очевидным примером такого рода ответственности в истории беллетристики является «Капитанская дочка». Пушкин может позволить Пугачеву вершить судьбы вымышленных персонажей или сделать его ярким народным трибуном, но никогда не осмелился бы допустить, чтобы герой добился свержения императрицы.

Итак, Пушкин, как важнейший исторический персонаж «Евгения Онегина», описывает себя при помощи известных читателям фактов биографии, а также реальных исторических, политических и экономических событий. Поэт намекает на собственную ссылку (VI, 6) и, как полагают многие исследователи, на судьбу своих сосланных и казненных друзей декабристов (VI, 190). Расположение этих автобиографических отсылок во второй и последней строфах романа придает им особый вес; но даже здесь они уравновешиваются признанием в себе прежде всего поэта — создателя искрометной поэмы «Руслан и Людмила» (VI, 5) и «свободного романа» «Евгений Онегин» (VI, 190). Между этими двумя крайними точками романа автор-рассказчик может относительно свободно оперировать реальными фактами, не забывая, однако, об исторической ответственности, ибо значимость жизни писателя для читателей определяется именно его творчеством, не зафиксированным пока в исторических рамках. И действительно, Пушкин использует собственную биографию для того, чтобы обозначить время действия своего романа, на протяжении которого масштабные события, такие как Наполеоновские войны или восстание декабристов, не могли помешать ему рассматривать общество с точки зрения обычаев, ритуалов, праздников и эстетизации высшего света. Поместное дворянство, к которому принадлежат главные герои, имело наибольший доступ к сокровищнице русской культуры, с ее фольклорным и европейским наследием. Эта классовая доминанта, так же как и исторический период, является скорее приглашением к независимому действию, нежели определяющим барьером. Лукач пишет об этом: «Пушкин знал, что больше нельзя было… охарактеризовать литературного героя или ввести его в роман, просто указав на его положение в обществе или классовую принадлежность» [Lucács 1971: 250].

Когда автор-рассказчик изображает себя менее зависимым от режима Александра I, чем от литературной моды, он не забывает, что писательский труд — это социальный акт, представляемый на суд критикам (VI, 30 и Примечания), цензорам (VI, 30) и публике с ее социальными шаблонами и ожиданиями, касающимися литературного декорума, в обрамлении которого жизнь обретает литературную форму. Городская космополитичная публика, как основной тип предполагаемого читателя (VI, 5–6, 61, 141 и др.), не вызывает у автора-рассказчика беспокойства. Пушкин обращается к ней с фамильярностью корреспондента, время от времени выделяя определенных адресатов из числа своих друзей и собратьев по перу. Но наличие публики (или читателя) является, вместе с условными кодами, необходимым элементом любого социального акта, входящим как в творческую (автор), так и в вымышленную (персонажи) реальности романа. Персонажи, как и поэт, обязаны считаться со своей публикой и находить к ней подход при помощи культурных условностей. В качестве определяющих факторов эти условности гораздо менее жестки, чем исторические, политические и экономические составляющие реалистической литературы или физиологические законы, которым позднее натурализм будет пытаться подчинить человеческое существование. Но в социальных ситуациях, изображенных в «Евгении Онегине» (дуэль, любовь Татьяны, а затем и Евгения), условности вызывают такое напряжение, так остро ставят проблему выбора подходящего момента и взаимопонимания, что можно без колебаний назвать это произведение социальным романом.

Условности принимают в «Евгении Онегине» разные виды: нормы и правила; моды, приемлемые только в рамках определенного времени; обычаи, обладающие большим постоянством. Иногда они принадлежат различным социальным группам. По существу условности — это повторяемые действия, которые позволяют членам группы (думающим или не думающим об этом) определять ситуации, предсказывать результаты своих поступков, понимать поступки других путем их расшифровки и предвидения. Условности позволяют Евгению с его модной прической, совершенным французским языком и непринужденной речью, правда почти лишенной какого-либо содержания, но необходимой для *honnête homme*, получить признание высшего общества: «умен и очень мил» (VI, 7). Когда же он отказывается встречаться с соседями-помещиками, использовать словоерс, целовать ручки их женам, его поведение перестает соответствовать условным предположениям, и окружающие в страхе представляют себе Онегина невежей, сумасбродом или «фармазоном» (VI, 42), ибо только такого рода люди могут игнорировать условности, которые объединяют общество. Но лишь раз появившись в доме незамужней девушки, Евгений вновь начинает отвечать их условным ожиданиям, и ему отводится роль жениха, что, как выясняется, неверно. Тем временем Татьяна, которая также пренебрегает социальными условностями, так как ее понимание жизни сформировано условностями литературы, видит в этом молчаливом приезжем героя одного из сентиментальных романов и действует, исходя из этого предположения.

Отношение к условностям в «Евгении Онегине» довольно сложное; здесь представлено много способов их соблюдения и несоблюдения, причем разные условности (например, литературные и социальные) могут иметь отношение к одной и той же ситуации. Можно соблюдать условности слепо, по-детски (как

Ленский и поначалу Татьяна), покорно (как рассказчик, употребляющий рифму, которую все от него ждут) или с творческой энергией. И действительно, многие наиболее изысканные отрывки романа, например описывающие тоску поэта по Венеции (VI, 25), его любовь к сельским забавам (VI, 28), напоминают похожие описания, существующие в западноевропейской литературной традиции.

Неуважение к условностям в «Евгении Онегине» имеет столь же широкий спектр возможностей: от смешения жанров (роман в стихах) до модной и социально приемлемой эксцентричности Евгения (совершенный денди), оскорбительного пренебрежения нормативными установлениями (использование Онегиным своего слуги в качестве секунданта на дуэли) и потенциально опасного их нарушения (письмо Татьяны к Евгению).

Эти подходы к условности могут быть трансформированы в понимание или действие с разной степенью успеха, в зависимости от знаний и способностей персонажей, автора и читателя, которые их используют. В одном из писем Пушкин замечает: «первый признак умного человека — с первого взгляду знать с кем имеешь дело» (XIII, 138), и, как явствует из романа, не только с кем, но и как, т. е. используя определенный культурный код, современный (мода) или традиционный, литературный или социальный. Чтобы это не показалось тривиальным или простым, Пушкин демонстрирует сложность подобной идентификации, показывая, как петербургский свет пытается по-новому «определить» героя, вернувшегося после долгого отсутствия. Что означает загадочное молчание Евгения (VI, 168)? Какой «маской» он щеголяет: литературной (Мельмот, Гарольд, байронический сплин или страждущая спесь), социальной (ханжа, чудак, добрый малый) или извлеченной из «идеологического гардероба» (космополит, патриот, квакер)? Фраза: «Знаком он вам? — И да и нет» — лишь подчеркивает неуверенность рассказчика. Следующая строфа, от которой мы вправе ожидать разъяснений, напротив, имеет еще меньшее отношение к Евгению, так как здесь перечисляются романтические черты, которые вряд ли к нему применимы (например, «пылкая душа»). Последующее обвинение рассказчика адресовано читателю и участникам собрания. Между тем сам рассказчик, занятый неистовой риторикой, ни на йоту не приближается к пониманию. И действительно, роли рассказчика, вымышленных персонажей и введенного Пушкиным читателя смешиваются, когда они примеривают к Евгению различные условные определения, свойственные их культуре[27]. Ибо здесь, как и везде в «Евгении Онегине», возникает иллюзия реальности персонажей, но не прямо, а опосредованно, при помощи подчеркивания неуловимости персонажа и его противоречивости, а также неадекватности методов, использованных нами для его определения.

Возможно, наиболее настойчиво «Евгений Онегин» предлагает для анализа именно те условности, которые касаются литературной и социальной граней культуры. Здесь мы встречаемся с центральной эстетической проблемой пушкинского времени: природа литературы и ее ответственность. Должна ли литература использовать язык в *референтном плане*, изображая реальность по определенным стандартам правдоподобия? Или *эмотивно*, выражая чувства и отношения поэта? Или *конативно*, заклиная и побуждая читателя при помощи моральных императивов[28]? У современных Пушкину читателей и критиков можно найти упреки, касающиеся всех перечисленных подходов: «Евгений Онегин» отображает реальность неверно или недостаточно точно (Надеждин, Раич, Баратынский, Булгарин); в романе отводится слишком много места автору-рассказчику или слишком много заимствований, тон байроновский, а не пушкинский (Надеждин, Раич, Баратынский, Булгарин); «Евгению Онегину» не хватает моральной серьезности (Надеждин, Раич)[29].

---

[27] О читателе, к которому обращен роман, см. [Hoisington 1976: 242–249; Лотман 1975: 63, 66, 296].

[28] Этот перечень языковых функций позаимствован из коммуникативной модели Романа Якобсона (см. [Jakobson 1960: 353–358]). Якобсон отмечает, что литературный язык выполняет не только собственно эстетическую функцию, но и выступает в других функциях в разных жанрах [Jakobson 1960: 357].

[29] Обзор реакций современников см. [Hoisington 1975; Зелинский 1887]. Негативные замечания Булгарина о романе см. [Столпянский 1916]. О более позднем восприятии романа см. [Усок 1979].

Или, наконец, может ли литература являться языком в его эстетическом проявлении, языком, который привлекает к себе внимание как эстетический объект, порвавший с практическими функциями. Возможно, наиболее определенно этот формалистический подход был обозначен самим Пушкиным в полемической записке Жуковскому: «Цель поэзии — поэзия» (XIII, 167). Перечисленные нами подходы к взаимоотношению литературы и реальности исповедовались, в различных сочетаниях, литературными течениями пушкинской поры. Воплотив их в персонажах, Пушкин смог «обыграть» не только литературные приемы, но и критическую направленность этих течений. Его собственное замечание Жуковскому, наравне с другими точками зрения, становится предметом иронии в романе, так как единственный по-настоящему формальный взгляд на художественную словесность принадлежит отцу Татьяны, который литературу не любил и не знал:

> ...Но в книгах не видал вреда;
> Он, не читая никогда,
> Их почитал пустой игрушкой
> И не заботился о том,
> Какой у дочки тайный том
> Дремал до утра под подушкой...
> (VI, 44)

Тем временем его дочь чуть было не осуществила, по ошибке, дидактические императивы морализаторских романов, предложив себя — естественно, в эпистолярной форме — Евгению, которого она приняла за героя Ричардсона или Руссо (VI, 44). Ирония заключается в том, что императивы, изъятые из контекста, не обязательно сохраняют изначальный смысл. Она особенно уместна в отношении этих двух авторов, воображение которых придавало больше очарования пороку, чем добродетели, довольно скучной в их описании. Пушкин подчеркивает это, делая дидактические эпистолярные романы более соблазнительными, чем заменившие их на столе читателя новой литературной эпохи мрачные готические романы ужасов.

В пушкинском романе прослеживается взросление Татьяны, в том числе и с точки зрения развития ее литературного вкуса. Вначале она воспринимает литературу как буквальное отображение реальности, непосредственное руководство к действию, адекватное выражение ее собственного «я». И потому помещает литературные стереотипы в реальную жизнь, сообразуя с ними свою речь и поступки. В ее снах, как мы уже говорили, темная сторона эпистолярного романа проявляется в виде кошмара. Полное погружение в родную культуру превращает мир для Татьяны в лес символов:

> Таинственно ей все предметы
> Провозглашали что-нибудь...
> (VI, 99)[30]

Но, не сознавая себя носителем культуры и очутившись в капкане ограниченного набора условностей, Татьяна не может найти ключ для расшифровки этих символов.

Однако постепенно она учится различать условные отношения между литературой и реальностью. Образчики ее чтения предлагают пути постижения мира и даже управления им. Рассказчик высказывает здесь предположение, что, знай Татьяна о надвигающейся дуэли Евгения с Ленским, она бы ее предотвратила (VI, 105). Почему? Для эпистолярного романа было обычным, когда героиня выступала против дуэли («Кларисса», «Сэр Чарльз Грандисон», «Юлия»). В данном случае моральный императив эпистолярного романа был бы не «обманом» (VI, 53–54, 64), а настоящим руководством к действию. Здесь, как и везде в «Евгении Онегине», литературные образцы, независимо от того, насколько они старомодны, не обязательно искажают действительность или вводят в заблуждение.

Кульминация развития этой темы наступает, когда Татьяна приходит в кабинет Евгения и видит не только его книги, но и то, как он их читал («отметку резкую ногтей», карандашные пометы, сделанные «то кратким словом, то крестом, то вопросительным

---

[30] Набоков в своих комментариях обращает наше внимание на тот факт, что эти строки расположены в самом центре романа (см. [Nabokov 1975, I: 17]).

крючком»). Она замечает в Онегине собственное отношение к литературе (руководство к действию, отражение реальности, выражение своего «я») и находит в этом поддержку, сравнивая его чтение с поведением по отношению к себе самой. Возникающие у нее вопросы подсказаны Байроном и еще двумя-тремя «исключенными из опалы» романами, «в которых отразился век и современный человек изображен довольно верно»[31]:

> И начинает понемногу
> Моя Татьяна понимать
> Теперь яснее — слава богу —
> Того, по ком она вздыхать
> Осуждена судьбою властной:
> Чудак печальный и опасный,
> Созданье ада иль небес,
> Сей ангел, сей надменный бес,
> Что ж он? Ужели подражанье,
> Ничтожный призрак, иль еще
> Москвич в Гарольдовом плаще,
> Чужих причуд истолкованье,
> Слов модных полный лексикон?..
> Уж не пародия ли он?
>
> (VI, 149)

Размышляя об Онегине, Татьяна замечает, что литературные стереотипы способны воплощаться в жизни; этого она не могла понять, когда сама бессознательно им следовала. Новый подход

---

[31] Из «двух-трех» романов Пушкин указал только на один — «Адольф» Констана. Он сделал это в анонимном объявлении о выполненном П. А. Вяземским переводе этого романа, где процитировал последние восемь строк «Евгения Онегина» (IX, 87). Вскоре после того, как это объявление было опубликовано, вышло в свет первое отдельное издание седьмой главы «Евгения Онегина»; в период между его появлением и публикацией восьмой главы (январь 1832 года) русские читатели познакомились с двумя переводами «Адольфа» (Вяземского и Н. А. Полевого) и многочисленными рецензиями на них. В такой ситуации не было необходимости называть роман Констана, как это делалось в черновиках. Пушкин считал Адольфа одним из предшественников байроновского Чайльд Гарольда; последний и сменил Адольфа в тексте, хотя тот и остался образцом для речей Евгения и его поведения по отношению к Татьяне, о чем речь пойдет ниже. Читателям не трудно было заметить константовские аллюзии в «Евгении Онегине», тем более что Вяземский посвятил свой перевод Пушкину, способствовавшему его публикации, и называл его «наш любимый роман». О Пушкине и Констане см. [Ахматова 1936; Вольперт 1980].

героини к отношению литературы и реальности — подход зрелый, ибо она осознает, что такая имитация не является воспроизведением в чистом виде, а может быть лишь пародией или не соответствовать контексту («москвич в Гарольдовом плаще»).

Последняя стадия в культурном взрослении Татьяны наступает, когда она становится хозяйкой петербургского салона и, как «законодательница» (VI, 178) и «богиня» (VI, 177), сообразует реальность с эстетическими нормами своего времени[32]. Не следует забывать, что эта роль была высшей формой творчества, доступной в ту эпоху женщине, и давала ей возможность создать союз если не «волшебных звуков, чувств и дум», как определяет свои поэтические устремления автор-рассказчик (VI, 30), то мыслей, чувств и приятной беседы:

> Вот крупной солью светской злости
> Стал оживляться разговор;
> Перед хозяйкой легкий вздор
> Сверкал без глупого жеманства,
> И прерывал его меж тем
> Разумный толк без пошлых тем,
> Без вечных истин, без педантства,
> И не пугал ничьих ушей
> Свободной живостью своей.
>
> (VI, 175)

Чтобы мы могли по достоинству оценить это достижение, почти равное по богатству эмоционального разнообразия целому роману, рассказчик перечисляет тех, из кого Татьяна создает свое гармоническое собрание: глупцы, с виду злые дамы, немного нелепый престарелый шутник, злобный эпиграмматист, карикатурный карьерист и «перекрахмаленный нахал» — «путешественник залетный» (VI, 176–177)[33]. Она взяла из

---

[32] Ср. воспоминания А. Ф. Тютчевой о Софье Карамзиной, хозяйке известного петербургского салона: «доводя уменье обходиться в обществе до степени искусства и почти добродетели» [Тютчева 1990: 71].

[33] См. об этом [Тынянов 1929: 150; Лотман 1980: 356]. Оба исследователя отмечают, что к тому времени старомодное красноречие остряка уже вышло из моды и было заменено более сжатой манерой говорить, присущей английскому денди.

окружающего общества отнюдь не вдохновляющий материал и сотворила из него одну из условных форм своей культуры. Это создание одновременно приносит эстетическое удовольствие и, вследствие своей благопристойности, является эффективным с точки зрения морали. Автор-рассказчик подчеркивает параллелизм между ее произведениями и своим, употребляя в применении к ним похожие эпитеты: «непринужденные», «свободный». И точно так же, как Пушкин может свободно играть литературными условностями, используя одну из самых сложных строф в русской поэзии, Татьяна достигает вершин творчества в рамках высшего общества со всеми его нормами, образцами, ограничениями и потенциально разрушающими модами.

Поучительно, однако, изучить черновики этих строф, которые отражают два различных подхода к салону: первый, более хвалебный, второй, более сатирический, чем окончательный вариант, в котором сильнее выделена роль Татьяны[34]. Совершенство салона Татьяны в большей степени зависит здесь от таланта хозяйки и от готовности аудитории исполнять отведенную ей роль, чем от черт, присущих этой условной социально-литературной форме как таковой.

Как бы то ни было, разнообразие культурного материала, из которого Пушкин и его «идеал» Татьяна могут выбирать или создавать что-либо, сближает их. Татьяна, конечно, не может следить за всем спектром эмоций рассказчика, особенно за иронией; ее свобода — это скорее свобода мысли, чем свобода действий; но, так же как автор-рассказчик, она может одновременно и принимать участие в своем создании, и критически дистанцироваться от него, подчеркивая тем самым его искусственность. Татьяна отказывается от успеха, которого достигла в обществе, хотя поначалу кажется, что она твердо вошла в свою роль и приняла приемы «утеснительного сана» (VI, 177); однако ее понимание условностей, другие ее интересы и человеческие

---

[34] Подробный анализ этих черновиков см. [Соловей 1968: 29–39].

возможности (такие как любовь, память) позволяют героине сохранить достоинство, иметь собственные критические оценки и заниматься творчеством (VI, 188)[35].

В этой же строфе перечисляется все, что представляет для Татьяны подлинную духовную ценность. Книги, в которых она искала убежища, соединяются с сельским приютом (сад, бедное жилище), излюбленный мотив элегии — кладбище — с образом няни, познакомившей ее с народной поэзией. Но литература для Татьяны более чем утешение или развлечение, с ее помощью героиня выражает свою душу и познает нравственные ценности. В письме и поведении Евгения, к которым мы теперь обратимся, она видит разрушительные и беспорядочные желания Адольфа или Ловласа. Использовав, таким образом, литературу, чтобы «узнать» Евгения, Татьяна снова обращается к ней как к моральному императиву:

> Я вас люблю (к чему лукавить?),
> Но я другому отдана;
> Я буду век ему верна.
>
> (VI, 188)

Как известно, эти строки взяты из народной песни, которую в пушкинские времена приписывали Петру I. Дядя поэта, В. Л. Пушкин, перевел ее на французский язык. Татьяна могла прочесть этот текст в собрании песен М. Д. Чулкова, в собрании сочинений А. С. Шишкова (1824) или в старом номере «Mercure de France» (1803) или же услышать из уст няни[36]. Само по себе это отражает богатство и синкретизм русской культуры, а также

---

[35] Прочтя восьмую главу в 1832 году, В. К. Кюхельбекер отметил сходство между Татьяной и Пушкиным в умении скрывать свои самые сокровенные чувства от «общества» [Кюхельбекер 1979: 99–100].

[36] А. Л. Слонимский обратил внимание на соединение разных источников этого текста в отказе Татьяны Евгению [Слонимский 1963: 344]. Вновь перечитав их, я нахожу, что героиня изъясняется ближе к французскому варианту В. Л. Пушкина, чем к русскому оригиналу, в котором нет признания в любви и который омрачен тенью смерти. В народной песне, опубликованной в собрании Чулкова, читаем: «Я достанусь иному другу и верна буду по смерть мою». А в переводе В. Л. Пушкина: «Je t'aimerai toujours, ô mon ami, mais je serai fidelle à mon époux» — «Я тебя всегда буду любить, мой друг, но останусь верна моему мужу». Подробнее об этом переводе чулковского варианта см. [Трубицын 1914].

способность Татьяны встать с ней вровень, чтобы творить и понимать жизнь[37].

В движении к овладению условностями культуры Татьяна не находит себе равных, хотя и Евгений, и Ленский также пытаются применять эстетические критерии к жизни общества. Ленский начинает с того, что, как и Татьяна, наивно считает литературные стереотипы эквивалентом реальности (VI, 33–35), однако далее этой точки зрения он не идет. Татьяна, по крайней мере, в состоянии придумать роман, соответствующий законам жанра, в котором повседневная жизнь становится полем действия; Ленский же неумело пытается утвердить различные романтические *tableaux vivants* в русской деревне: средневековый рыцарь за шахматной доской со своей возлюбленной (VI, 84); поэт, избегающий света (VI, 51); немецкий студент, вынашивающий вольнолюбивые мечты (VI, 33); возлюбленная поэта, посещающая его преждевременную могилу. Но вымышленный мир «Евгения Онегина» не откликается на неумелое сочинительство, и все, что касается его воображения, становится предметом пародии: Онегин, предпочитающий испорченность света радостям дружбы, убивает его, в соответствии с кодексом чести, на дуэли; Ольга, вопреки нравоучительным романам, при чтении которых он пропускал «неподходящие» для нее страницы, выходит замуж за первого попавшегося офицера; пастух, чего уж Ленский никак не мог представить в своих элегиях, плетет лапти на могиле поэта, слишком скоро забытой его возлюбленной. Во всем этом нет ни одной условности, касающейся поведения в обществе, литературы или ее применения в реальной жизни, которую бы Ленский верно использовал.

Между Татьяной, почти так же умело пользующейся условностями, как и сам автор, и Ленским, которому не удалось выйти за рамки литературной пародии, находится Онегин, чья

---

[37] Это наводит на мысль, что источником силы пушкинской героини является не только ее укорененность в народной традиции, как предполагает, например, Лукач [Lukács 1971: 251], но и другие разнообразные аспекты культуры: пересечения литературных и социальных образцов, народного и европейского наследия.

таинственность придает ему столько реальности, сколько возможно в художественном произведении. Проблемы, с которыми сталкиваются герои романа (правильный выбор нужного момента, давление моды, противодействие условностей), ложатся наиболее тяжелым грузом на Евгения, потому что, в отличие от Ленского, он достаточно умен, чтобы не отворачиваться от них, однако не способен творчески разрешать трудные жизненные ситуации, как это делает Татьяна и автор-рассказчик.

Как и другие герои романа, Евгений начинает с того, что пытается следовать литературному образу: денди — холодный, презрительный, проникнутый тщеславием и гордыней (эта «программа» задана в эпиграфе к роману)[38]. К этой роли его подготовило полученное воспитание, и Евгений играет ее со свойственным именно ему педантизмом — ест то, что положено, надевает то, что положено, бывает там, где положено. На уровне социальных связей его жизнь подобна произведению искусства, замыкающемуся на самом себе и понятному как объект эстетического созерцания. Денди прославляет форму и, согласно известному определению Бодлера, диктует ее. В этом он является мужской параллелью хозяйке салона, которой Татьяна становится в последней главе. Но в то время как создание Татьяны, ее «текст» — салон, — задает нравственный императив светского общества (цивилизованность) для тех, кто этот салон посещает, «текст» Евгения — он сам — объединяет членов общества в любовные треугольники, которые держатся на Овидиевой науке любви, на аристократической боязни показаться смешным и на том, что Евгений владеет по меньшей мере тридцатью условными масками (VI, 9–10)[39].

---

[38] Наиболее детальный анализ Евгения-денди см. в работе Л. Гроссмана «Пушкин и дендизм» [Гроссман 1923]. Лотман указывает несколько полезных различий между петиметром XVIII века и денди в английском стиле 20-х годов XIX века [Лотман 1980: 141–142, 356]; см. также [Driver 1989].

[39] Среди артистических приемов Евгения: лицемерие, утаивание надежды, ревность, мрачный вид, уныние, гордость, покорность, внимание, безразличие, молчание, пламенное красноречие, небрежность, рассеянность, быстрый и нежный взор, застенчивость, дерзость, стыдливость, сентиментальность, новизна, лесть, угрозы, насмешки, ум, страсть, мольбы, требования, уроки благоразумия, преследования любви, волнение, злословие. Многообразие талантов Евгения подчеркивает гораздо более скромный перечень поэтических средств, приведенных в посвящении.

Новые одеяния, выкроенные из литературных образцов для гардероба Евгения (байронический сплин, скука), высвобождают его из круга общественной деятельности только для того, чтобы заключить в более узкий круг собственного «я». Он не может найти альтернативы социальной скуке в писательстве (как Байрон и автор-рассказчик) или в природе (VI, 22–23, 28–29) и становится «современным человеком» (VI, 148). Онегин, являющий собой байронический тип денди, благодаря чему его жизнь становится эстетическим объектом, попадает в деревню, где общество не готово одобрить и тем более принять его, за исключением Татьяны и Ленского, которые пытаются «подогнать» героя под собственные эстетические образцы. Они, в свою очередь, бросают Евгению вызов в виде двух испытаний, которым русские романисты XIX века, вслед за Пушкиным, подвергали своих протагонистов, — любовь и дуэль. Татьяна, которая могла бы показаться глупой, объявляя о своей любви к Евгению, виденному ею лишь раз, тем не менее задела его за живое, так как не подходила ни под одну из известных ему условных категорий. Онегин откликается на ее «безыскусную» любовь, выраженную словами Юлии Руссо, «безыскусным» ответом, позаимствованным, как позже, в седьмой главе, начинает подозревать читатель, в одном из тех немногих романов, которые он читал, — «Адольфе». Мольбы и упоминание о помощи бедным в письме Татьяны, а также общий тон признания, взятый из романа Руссо, возможно, напомнили ему о похожем поведении героини Констана Элеоноры. И, идентифицируя себя с утомленным, беспокойным, тщеславным героем Констана, Евгений представляет возможные будущие отношения в рамках этого романа — скука, томление, слезы, гнев (VI, 78) — и холодно прерывает их, не позволяя развиться далее[40]. Это самое глубокое понимание и самый моральный поступок, на которые способен Евгений,

---

[40] Принимая во внимание параллелизм воображаемых здесь Евгением ситуаций с похожими сценами в «Адольфе», а также очевидную связь с этим романом проповеди и письма Онегина Татьяне, трудно согласиться с утверждением Лотмана о том, что последние свободны от литературных реминисценций [Лотман 1980: 236, 362].

исходя из своего ограниченного литературного и общественного опыта.

Дуэль с Ленским ставит проблемы другого рода, но Евгений по-прежнему не может справиться с условностями культуры и остается «мячиком предрассуждений», как это точно формулирует рассказчик. Недовольный тем, что Ленский привез его в общество, которого он избегал, и повинуясь сплину, Евгений наказывает своего друга, флиртуя, в полном соответствии с условностями, с его невестой. У Ленского, как отметил Набоков, не оставалось другого выбора, кроме дуэли[41]. Онегину, который прежде обсуждал с Ленским проблему «добра и зла» (VI, 38) и к тому же знает, что не прав (VI, 121), не хватает силы духа, чтобы поставить условную дружбу (одну их основных ценностей того времени)[42] выше более непреодолимых условностей и искать примирения. Его эстетические построения (аморальный денди и байронический бунтарь) имеют, как оказалось, конативные, обращенные к аудитории функции: денди молит о восхищении, а бунтарь — о возмущении. Более того, как заметил Бодлер, денди нужна социальная условность как «декорации» для его бунта[43]. Однако в любом из этих двух костюмов, денди или бунтаря, Онегин вызвал бы насмешки со стороны воображаемой аудитории, и прежде всего педантичного дуэлянта Зарецкого, в случае отказа драться (VI, 121–122), что ему хорошо известно. И все же мода, запрещавшая сентиментальное примирение, предлагала два варианта дуэли: смертельный выстрел или выстрел в воздух (что, похоже, и делал Пушкин на дуэлях со своими друзьями Кюхельбекером и Рылеевым). Но Евгений предпочитает пренебрегать условностями только в мелочах: так, например, он оскорбляет Ленского, избрав в качестве секунданта своего слугу, а не дворянина, как того требовал обычай;

---

[41] См. комментарий В. Набокова в кн. [Nabokov 1975, 3: 16–17].
[42] В 1822 году Пушкин не мог дать лучшего примера современной ему иносказательной прозы, чем «дружба... сие священное чувство, коего благородный камень и пр.» (XI, 18).
[43] [Baudelaire 1976, 2: 710]. Юрген Хабермас делает похожие замечания: «Без нормативного фона: рутины, ролей и форм жизни — короче, условностей — поступок индивида останется неясным» [Habermas 1979: 36].

и игнорирует условность (выстрел в воздух), которая могла бы облегчить ему совесть и спасти жизнь друга[44].

Эта беспомощность героя подчеркивается на протяжении всего романа. Онегин знает только один способ покончить с Ленским. Автор-рассказчик представляет себе два пути (VI, 133–134) его «уничтожения»: литературная пародия (преждевременная гибель поэта) и социальный шарж (подагрический рогоносец-землевладелец). Можно провести параллель между «протестом» Онегина против условностей (использование слуги в качестве секунданта и непростительное опоздание на дуэль) и обращением автора-рассказчика к музе в последней строфе седьмой главы, пародирующим литературную условность. Однако там, где Евгений попадается в ловушку условности (дуэль), автор-рассказчик дает пример ее творческого, осмысленного использования. Он выходит за рамки литературного этикета для того, чтобы начать восьмую главу с мысленного обращения к музе и одновременно к собственной биографии (VI, 165–168).

После этого развитие главных героев движется в противоположных направлениях. По мере того как Татьяна растет в своем умении разнообразными способами соотносить литературу и жизнь, Онегин теряет контроль над условными элементами культуры. Нигде это не проявляется с той же очевидностью, как в сцене встречи героев в конце романа. Евгений, возможно,

---

[44] Существует вероятность того, что Евгений мог убить Ленского в целях самообороны, так как вполне мог предположить, что его противник, «обиженная сторона», будет стрелять всерьез. Это смягчающее вину обстоятельство не может, однако, полностью снять с Онегина вину за выбор смертельной альтернативы; если бы Евгений первым выстрелил в воздух, совсем не обязательно, что Ленский (помирившийся к тому времени с Ольгой) стал бы его убивать. Во всяком случае, Евгений, как дворянин, смело встретил бы выстрел своего противника. Пушкин описывает поведение Онегина во время дуэли как холодное, автоматически правильное, а это означает, что он следовал условности, не заботясь о спасении собственной жизни. Евгений, разумеется, не оправдывает себя тем, что это была самооборона, в последующих размышлениях, письмах или сновидениях о дуэли. В превосходном обзоре дуэлей Ю. М. Лотман ссылается на кодекс 1908 года, согласно которому тот, кто стрелял первым, не мог стрелять в воздух. Но примеры пушкинской эпохи свидетельствуют о том, что в начале XIX века, когда дуэли были широко распространены и дворянин вряд ли нуждался в письменных руководствах, это не было обязательным правилом. Напомню, что Вронский собирался стрелять в воздух, если оскорбленный Каренин вызовет его на дуэль, так же как и лермонтовский Печорин, который вызвал Грушницкого, знал, что у того есть выбор. Подробный анализ этической, политической и общественной функции дуэли см. [Гордин 1989].

действительно стал «добрым малым», как предполагают некоторые комментаторы, и смог полюбить и по достоинству оценить Татьяну[45], в которой видит прежде всего деревенскую девочку, а не гранд-даму, достойную мишень любовной науки (VI, 184). Однако герой вынужден пользоваться кодами своей культуры и может опереться только на собственные «любовные» опыты да на несколько романов, вроде «Адольфа». Твердый отказ Татьяны — единственно возможная для нее реакция теперь, когда она тоже прочла «Адольфа» и понимает, что им продиктованы почти все поступки Евгения: бесчисленные письма, желание преклонить колени у ее ног, неспособность скрывать свои чувства и в то же время нежелание лицемерить, смутные намеки на самоубийство[46]. Без сомнения, все эти проявления стары, как сама любовь, но их схожесть с тем, что Татьяна прочла в книге, наводит ее на мысль о том, что далее последуют и другие соответствия с «Адольфом» — что Евгению нужна не любовь, а удовлетворение тщеславия и позор богатой, благородной супруги достойного человека (VI, 187). Молчание Евгения, которое является очевидной параллелью реакции самой Татьяны на его отповедь, а также неспособности автора-рассказчика писать, любя (VI, 30), указывает на то, что Онегин действительно ее любит, но не может выразить свои чувства при помощи условностей культуры.

Заключительная строфа «Евгения Онегина» предлагает ключевую метафору «роман жизни»[47]. «Жизнь» и «роман» — такое

---

[45] См. [Mitchell 1968: 15; Гуковский 1957: 266–267]. Гуковский считает, что такое понимание «воскрешения» Онегина идет от Белинского, который приводит в качестве доказательства искренности Евгения ту часть его письма к Татьяне, которая является плагиатом, сознательным или бессознательным, из третьей главы «Адольфа». Татьяна, лучше осведомленная в этом вопросе, чем Белинский, и лучше чувствующая влияние литературы на жизнь, не может идеализировать Евгения, как это делает родоначальник социальной критики. Структурный анализ решения Татьяны и ее роли в романе см. [Kelley 1976; Katz 1984].

[46] Ср.: «Но чтоб продлилась жизнь моя» и «Sans cette amiatie je ne puis vivre» («Без этой дружбы я не могу жить...») [Constant 1966: 47].

[47] С тех пор, как в 1975 году появилась ранняя версия этой работы, я нашел два блестящих исследования, также комментирующих данную метафору. Под разными углами зрения оба автора, С. Г. Бочаров и Ю. М. Лотман, рассматривают «Евгения Онегина» как процесс преодоления традиционного романа. Тонкий стилистический анализ Бочарова демонстрирует воплощение литературы в реальности и отражение в «Ев-

сочетание на первый взгляд не вызывает доверия. В «Евгении Онегине» «роман» рифмуется с «обманом» (VI, 44, 55). Можно в конце концов исправить роман, но повернуть вспять течение времени и становление героев нельзя. Можно вырвать страницы романа, жизнь же редко дает еще один шанс. И самое важное, роман как жанр описывает события гораздо полнее (причины, следствия, мысли участников), чем «действительная жизнь».

Ответ на эти возражения пушкинскому соотнесению «романа» и «жизни» дает концепция общества, определяющая структуру «Евгения Онегина». Жизнь и роман делят здесь общую «реальность». К этому их вынуждают герои, соединяющие литературную и социальную области культуры мостом из условных определений литературы как отражения реальности, как самовыражения, как морального ориентира и как развлечения или утешения.

Герои строят свою жизнь по литературным образцам, но автор-рассказчик встречает их на полпути и разрушает ту полноту жизнеописания, на которую претендует традиционный роман. Он так и не напишет старомодный роман со счастливым концом, игриво обещанный в третьей главе (VI, 56–57), потому что произвольно и неожиданно выдаст героиню замуж[48]. Пушкин

гении Онегине» бесконечности жизни [Бочаров 1974: 103]. Лотман предполагает, что при написании «Евгения Онегина» Пушкиным двигало желание создать произведение, которое бы воспринималось как нелитературная реальность [Лотман 1975: 80], как сама жизнь [Лотман 1975: 65]. Наблюдение Лотмана имеет непосредственное отношение к тому, что я называю творческим уровнем романа (уровнем рассказчика и читателей); оно подтверждает, что Пушкину удалось создать иллюзию недостаточности литературной структуры, умножив структурные связи. Но вместо того, чтобы перенести эту мысль на описание взаимодействия пушкинских героев, Лотман проводит грань, как кажется, совсем не в духе Пушкина, между литературой и жизнью и приходит к выводу, что к концу романа Татьяна и Евгений ощущают «полное освобождение... от пут литературных ассоциаций» и вступают в «подлинный, то есть простой и трагический, мир действительной жизни» [Лотман 1975: 79]. «Действительная жизнь» в «Евгении Онегине» на самом деле трагична и именно потому, что не проста; она предлагает множество условных моделей поведения и, тем самым, возможностей для принятия трагически неверных решений.

[48] Я благодарен Ирине Паперно, указавшей мне, что в «Евгении Онегине», при нарушении одной литературной условности (молодые влюбленные, которых хорошо знает читатель, соединяются в браке), тем не менее соблюдается другая условность русской жизни (девушка выходит замуж за человека, который старше ее), а также учитываются некоторые литературные образцы (девушка выходит замуж за уже не молодого воина; ср. Отелло, «Полтава»).

разрубает узы совпадений, которые соединяют условную беллетристику: Татьяна, со всеми своими благими намерениями и чтением эпистолярных романов, не может остановить дуэль, просто потому, что никто ей об этом не сообщает (VI, 124). Условности позволяют романистам достаточно свободно исследовать умы и описывать подлинное «я» героев. Но автор-рассказчик в «Евгении Онегине» предпочитает давать противоречивые оценки своему герою, по мере того как (наравне с другими персонажами и читателем, которому посвящается роман) пытается истолковать молчание Евгения в финальной сцене с точки зрения кодов синкретической культуры общества.

Обстоятельства и независимость других могут помешать даже блестящему творцу в «Евгении Онегине». Автор-рассказчик доминирует в романе потому, что создает и уничтожает другие персонажи и наиболее успешно прокладывает себе путь в общей для них культуре, отделяя зерна от плевел при помощи ума, сердца, счастья, знания. И все же «Евгений Онегин» заставляет своего рассказчика — как автора, так и персонажа — рисковать, терпеть поражения и лишения в жизни. Как персонаж, рассказчик не может путешествовать с Евгением (VI, 26) или писать и любить одновременно (VI, 30). Как автор, он не может ввести в роман путешествия Евгения или удовлетворить критиков, о которых упоминает в примечаниях. Но, почти не изменив ранние главы, Пушкин заставил текст разделить с персонажами опыт, приобретаемый с течением времени.

В конечном итоге жизнь и роман в «Евгении Онегине» сливаются, потому что и то, и другое — творческий процесс, допускающий фантастическое или невозможное только в снах и передаваемых из уст в уста легендах. И жизнь, и роман — это процессы, в которых условности используются для организации материала, взятого из повседневной жизни. В сфере культуры существует много областей и много условностей, связывающих эти области друг с другом, поэтому возможности для творчества зачастую неограниченны, так же как и шансы попасть в ловушку, в неудобное положение или быть непонятым. Богатство условностей культуры, ее идеология, общепринятые образы могут вдохновить автора на создание такого оригинального и сложного романа, как «Евгений Онегин», или стать причиной человеческой трагедии столь же неотвратимой, как и самые разрушительные события и процессы истории.

Источники

Байрон 1981 — Байрон Д. Г. Паломничество Чайльд-Гарольда // Байрон Д. Г. Собр. соч.: в 4 т. М., 1981. Т. 2. (пер. В. Левика).

Белинский 1955 — Белинский В. Г. Полн. собр. соч.: в 13 т. М., 1955. Т. 7.

Кюхельбекер 1979 — Кюхельбекер В. К. Путешествия: Дневники: Статьи. Л., 1979.

Пушкин (1937–1949) — Пушкин А. С. Полн. собр. соч.: в 16 т. М., 1937–1949.

Тютчева 1990 — Тютчева А. Ф. При дворе двух императоров: Воспоминания: Дневник: 1853–1855. М., 1990.

Baudelaire 1976 — Baudelaire Ch. Le Dandy // Baudelaire Ch. Oeuvres completes: 2 vol. Paris, 1976. Vol. 2.

Constant 1966 — Constant B. Adolphe. Paris, 1966.

Goethe — Goethe J. W. Gesammelte Werke: In 7 Bd. Bielefeld, [N. d.]. Bd. 4.

Richardson — Richardson S. Clarissa. London, 1962. Vol. 1.

Библиография

Ахматова 1936 — Ахматова А. «Адольф» Б. Констана в творчестве Пушкина // Пушкин: Временник Пушкинской комиссии. М.; Л., 1936. Т. 1. С. 91–114.

Благой 1931 — Благой Д. Д. Социология творчества Пушкина: Этюды. М., 1931.

Благой 1955 — Благой Д. Д. Мастерство Пушкина. М., 1955. О романе Пушкина / Бочаров 1974 — Бочаров С. Г. Поэтика Пушкина. М., 1974.

Бродский 1964 — Бродский Н. Л. «Евгений Онегин»: Роман А. С. Пушкина. М., 1964.

Вольперт 1980 — Вольперт Л. И. Пушкин и психологическая традиция во французской литературе. Таллин, 1980.

Гинзбург 1971 — Гинзбург Л. Я. О психологической прозе. Л., 1971.

Гордин 1989 — Гордин Я. А. Право на поединок. Л., 1989.

Гроссман 1923 — Гроссман Л. Этюды о Пушкине. Пг., 1923. С. 3–36.

Гуковский 1957 — Гуковский Г. А. Пушкин и проблемы реалистического стиля. М., 1957.

Зелинский 1887 — Русская критическая литература о произведениях А. С. Пушкина / собрал В. Зелинский. М. 1887–1888. Т. 3–4.

Лотман 1966 — Лотман Ю. М. Художественная структура «Евгения Онегина» // Учен. зап. Тартуск. ун-та, 1966. Т. 9. Вып. 184. С. 5–32.

Лотман 1975 — Лотман Ю. М. Роман в стихах «Евгений Онегин». Тарту, 1975.

Лотман 1980 — Лотман Ю. М. Роман А. С. Пушкина «Евгений Онегин»: Комментарий. Л., 1980.

Макогоненко 1971 — Макогоненко Г. П. «Евгений Онегин» А. С. Пушкина. М., 1971.

Мейлах 1966 — Мейлах Б. С. «Евгений Онегин» // Пушкин: Итоги и проблемы изучения. М.; Л., 1966. С. 417–436.

Мордовченко 1959 — Мордовченко М. И. Русская критика первой четверти XIX века. М., 1959.

Семенко 1967 — Семенко И. М. О роли образа автора в «Евгении Онегине» // Тр. Лен. Библиотечного ин-та им. Н. К. Крупской. Л., 1967. Т. 2. С. 127–146.

Сиповский 1907 — Сиповский В. В. Пушкин: Жизнь и творчество. СПб., 1907. С. 555–618.

Слонимский 1963 — Слонимский А. Л. Мастерство Пушкина. М., 1963.

Соловей 1968 — Соловей Н. Я. Эволюция темы большого света в VIII главе «Евгения Онегина». (К вопросу о принципах публикации рукописных материалов) // Пушкинский сборник. Псков, 1968. С. 29–39.

Стилман 1958 — Стилман Л. Проблемы литературных жанров и традиции в «Евгении Онегине» Пушкина // American Contributions to the Fourth International Congress of Slavists: Moscow. September 1958. The Hague, 1958. С. 321–365.

Столпянский 1916 — Столпянский П. Н. Пушкин и «Северная пчела» (1825–1837) // Пушкин и его современники. Пг., 1916. Вып. 23–24. С. 127–194.

Трубицын 1914 — Трубицын Н. Из поездки В. Л. Пушкина за границу (1803–1804) // Пушкин и его современники. Пг., 1914. Вып. 19–20. С. 239–269.

Тынянов 1929 — Тынянов Ю. Н. Архаисты и Пушкин // Тынянов Ю. Н. Архаисты и новаторы. Л., 1929. С. 187–228.

Тынянов 1977 — Тынянов Ю. Н. Поэтика. История литературы. Кино. М., 1977. С. 52–77.

Усок 1979 — Усок И. Е. Роман А. С. Пушкина «Евгений Онегин» и его восприятие в России XIX и XX века // Русская литература в историко-функциональном освещении. М., 1979. С. 239–302.

Шкловский 1923 — Шкловский В. Б. «Евгений Онегин» (Пушкин и Стерн) // Очерки по поэтике Пушкина. Берлин, 1923. С. 199–220.

Burns 1972 — Burns E. Theatricality: A Study of Convention in the Theater and in Social Life. New York, 1972.

Driver 1989 — Driver S. Literature and Social Ideas. New York, 1989.

Douglas Clayton 1985 — Douglas Clayton J. Ice and Flame: Aleksandr Pushkin's «Eugene Onegin». Toronto, 1985.

Fennel 1973 — Fennel J. L. J. «Eugeny Onegin» // Nineteenth-Century Russian Literature. Berkeley, 1973. P. 36–55.

Gibian 1956 — Gibian G. Love by the Book: Pushkin, Stendal, Flaubert // Comparative Literature. 1956. Vol. 3. P. 97–109.

Gombrich 1960 — Gombrich E. H. Art and Illusion: A Study in the Psychology of Pictorial Representation. Princeton, 1960.

Habermas 1979 — Habermas J. What is Universal Pragmatics? // Habermas J. Communication and the Evolution of Society. Boston, 1979.

Hoisington 1975 — Hoisington S. S. Early Critical Responses to «Eugenii Onegin»: 1825–1845. Yale, 1975.

Hoisington 1976 — Hoisington S. S. The Hierarchy of Narratees in «Eugene Onegin» // Canadian-American Slavic Studies. 1976. Vol. 10. P. 242–249.

Iser 1978 — Iser W. The Act of Reading: A Theory of Aesthetic Response. Baltimore, 1978.

Jakobson 1960 — Jakobson R. Closing Statement: Linguistics and Poetics // Style in Language. New York, 1960. P. 350–37.

Katz 1980 — Katz M. R. Dreams in Pushkin // California Slavic Studies. 1980. Vol. 2. P. 70–103.

Katz 1984 — Katz M. R. Love and Marriage in Pushkin's «Eugene Onegin» // Oxford Slavonic Papers. 1984. Vol. 17. P. 77–89.

Kelley 1976 — Kelley G. The Characterization of Tatiana in Pushkin's «Eugene Onegin». Wisconsin, 1976.

Lewis 1969 — Lewis D. K. Convention: A Philosophical Study. Cambridge, 1969.

Lindenberger 1975 — Lindenberger H. Historical Drama: The Relation of Literature and Reality. Chicago, 1975 (Ch. 1).

Lukács — Lukács G. Pushkin's Place in World Literature // Lukacs G. Writer and Critic and Other Essays. New York, 1971.

Mitchell 1968 — Mitchell S. Tatiana's reading // Forum for Modern Language Studies. 1968. Vol. 4. P.

McLean 1971 — McLean H. The Tone(s) of «Eugenii Onegin» // California Slavic Studies. 1971. Vol. 6. P. 3–15.

Nabokov 1975 — Pushkin A. S. Eugene Onegin / Trans. and comment. Vladimir Nabokov. Princeton, 1975. Vol. 2. P. 506–511.

Todd 1993 — Todd III W. M. The Russian Terpsichore's-Soul-Filled Flight: Dance Themes in «Eugene Onegin» // Pushkin Today. Bloomington, 1993. P. 13–30.

Weber 1954 — Weber M. Max Weber on Law in Economy and Society. Cambridge, 1954.

«Русской Терпсихоры душой исполненный полет»[1]

Тема танца в романе «Евгений Онегин»

Определение В. Г. Белинским романа «Евгений Онегин» как «энциклопедии русской жизни» [Белинский 1953–1959, VII: 503] более значимо, чем обычно принято думать. Дотошный исследователь, вооружившись «Словарем языка Пушкина» в качестве своеобразного ключа к роману, сразу обнаружит множество интереснейших сведений о русской жизни начала XIX века: «кухня», «управление имением», «ножки», «супружеская верность», «романы», «привычка к чтению», «дороги», «русская зима, отношение к...» и многое другое. Ученым, изучающим социальную и интеллектуальную историю, возможно, потребовались бы другие справочные пособия и источники, но роман А. С. Пушкина и его черновики, несомненно, не разочаруют того, кто занимается историей танца: исследователь найдет здесь информацию о вкусах публики, о петербургских и московских балетных спектаклях, о технике балетного танца (антраша), о балетмейстерах (Дидло), о танцовщицах (Истомина, Лихутина), о народных танцах (хороводы, танцы вприсядку, трепак), о различных ролях (амуры, черти, нимфы, змеи), о бальных танцах (котильон, галоп, мазурка, вальс). Лишь некоторые аспекты истории русского танца остаются не затронутыми в романе. К ним относятся, например, крепостные балеты, которые к началу XIX века стали слишком затратными для их владельцев,

---

[1] 'The Russian Terpsichore's Soul-Filled Flight': Dance Themes in Eugene Onegin // Pushkin Today. Ed. by David M. Bethea. Bloomington: Indiana UP, 1993. P. 13–30.

или творчество балетмейстера А. П. Глушковского, который первым поставил балет по мотивам пушкинской поэмы «Руслан и Людмила, или Низвержение Черномора, злого волшебника» (декабрь 1821 года). Несмотря на это, можно утверждать, что из всех областей, которых Пушкин коснулся в романе, только в одной — литературной — больше, чем в области танца, отразилось синкретическое богатство культуры начала XIX века: ее оригинальные и заимствованные элементы, уровни народный, дворянский и великосветский.

Подход к роману как к «энциклопедии танца» может быть полезен в нескольких отношениях: мы получаем возможность удостовериться в том, что Пушкин знал и любил танцы, узнать о предпочтениях ценителей балета в первой трети XIX века и проверить возникшие в процессе изучения нелитературных источников предположения о месте различных танцев в русской культуре пушкинской эпохи. Эти сведения могут быть дополнены материалами других его сочинений, в частности лирики, писем и критических статей.

При этом «растаскивание» пушкинского романа на отдельные фрагменты, касающиеся тех или иных культурных явлений, не исключает и другого, возможно, не менее полезного для истории русской культуры способа его прочтения, при котором он воспринимается как художественный (вымышленный) текст. При таком подходе последовательные упоминания танцев в тексте романа приводят к тому, что каждый такой фрагмент начинает влиять на понимание предыдущего и заставляет читателя и дальше ожидать упоминания танцев, воспринимая их уже как важную составляющую сюжета и характеристики героев, как некий связующий тематический элемент. Такое прочтение не нарушает взаимосвязь двух онтологических уровней романа, каждый из которых обладает своей «реальностью» и своим сюжетом: *фикциональный уровень* текста, на котором персонажи ведут себя в соответствии с нормами культуры 1819–1825 годов, и *уровень вымысла*, на котором вездесущий автор-рассказчик заставляет их действовать и постепенно меняется сам, обретая художническую зрелость в процессе создания «Евгения Онегина» (1823–1831)². В этом случае упоминания танцев соотнесены с миром России первой трети XIX века как элементы художественного (фикционального) повествования, которые, в свою очередь, связанные целостностью литературного произведения, отражают различные культурные явления, в том числе танцы. Танцевальные эпизоды при таком подходе будут выполнять композиционные функции, соотносясь с характерами героев, отношениями между ними, их положением, а также с самим процессом написания романа. Они окажутся не просто элементами, придающими сюжету разнообразие, но одной из стратегий текста, структурирующих его восприятие читателем [Iser 1978: 53–103]. Танцы в «Евгении Онегине» — это прежде всего важная часть культурного процесса, с их помощью герои романа, включая автора-рассказчика и предполагаемого читателя, организуют и наполняют содержанием свои жизни.

Первое упоминание танцев в «Евгении Онегине» демонстрирует некоторые из этих связей. Оно случается в самом начале романа, в момент представления героя:

> Служив отлично-благородно,
> Долгами жил его отец,
> Давал три бала ежегодно
> И промотался наконец.
>
> (1, III)³

Эта цитата не очень информативна для «энциклопедической статьи», она всего лишь указывает на то, что танцы, исполнявшиеся на балах, были одним из социально значимых обычаев дворянства. Тем не менее лапидарность, которая делает этот отдельно взятый фрагмент не особо интересным, имеет свое значение внутри романа. Балы, которые давали в честь именин и по случаю праздников, представляются неким привычным,

---

² Эти две «реальности» (автора и персонажа) обсуждает Леон Стилман [Stilman 1958]. В моей более ранней работе [Todd 1986] я анализировал, как Пушкин соотносил эти два онтологических уровня с другими, трактуя каждый из них в терминах условности, выбора и автономии.

³ Здесь и далее в данной статье в круглых скобках даются указания на номер главы и строфы «Евгения Онегина».

общепринятым занятием, по сути они ставятся в один ряд с государственной службой и разорением. Автор-рассказчик даже подчеркивает это, указывая на регулярность проведения балов: в них нет ничего необычного, что превратило бы их в события и потому заслуживало бы дополнительных разъяснений. Конец строфы, где говорится об образовании и воспитании Евгения, усиливает ощущение беззаботности и неосновательности, создаваемое приведенными выше строками.

Следующая строфа, однако, имеет качественно иной характер, поскольку с нее начинаются описания приобщения героя к танцам:

> Легко мазурку танцевал
> И кланялся непринужденно...
> (1, IV).

Такая характеристика не выходит за рамки типичного и принятого в дворянской среде, но в то же время говорит о совершенстве владения определенным социальным навыком, наряду с умением изъясняться и писать по-французски и талантом к «науке страсти нежной». Легкость, с которой Евгений танцует сложную для исполнения мазурку, как и непринужденность, с которой он кланяется, говорит не только о природных способностях, но и о воспитании, полученном в эпоху, когда связь «балета» и «бала» была не только этимологической.

Первоначальные представления о главном герое и его среде, возникшие у читателя благодаря первым упоминаниям танцев, в дальнейшем будут усложняться и меняться под влиянием последующих отсылок к этой теме. Легкость, которую Онегин проявляет в танцах, подспудно сравнивается с виртуозным танцем Истоминой, равнодушие героя — с восторгами автора-рассказчика, а привычная реакция Евгения на балетное представление — с вдохновением и «поэзией» Дидло. Каждое место действия будет противопоставлено другому месту (Петербург — деревня — Москва) по тому, какие танцы там исполняются и как. Указания на танец будут увязываться с отсылками к другим культурным явлениям по мере того, как Пушкин создает свой текст — первое в русской литературе произведение, где исследуется все богатство возможностей для творчества и смешения разнородных элементов, что обусловлено, вероятно, сравнительно недавним сближением культуры России и Западной Европы.

В соответствии с поставленной задачей балетные и бальные танцы в данной работе рассматриваются отдельно, хотя, как мы вскоре убедимся, эти две стороны танцевальной культуры в Александровскую эпоху не были сильно разделены. В любом случае пушкинский роман не позволяет нам забыть об их близости. Я начну исследование с того, что опишу биографический и исторический контекст; время от времени будет уместным обращаться к роману как к «энциклопедии танца». Однако я сосредоточусь на тематических аспектах танца в пушкинском тексте: в «Евгении Онегине» автор уделяет внимание преимущественно месту танца в той культуре, к которой он принадлежит, и в собственном творческом развитии.

Пушкин, как и герой его романа в стихах, достиг совершеннолетия в Петербурге во втором десятилетии XIX века. Прибыв в столицу в 1811 году, он поступил учиться в только что открытый Императорский Царскосельский лицей. Будущий создатель и «приятель» Онегина вскоре познакомился и с искусством танца, и с танцевальной культурой светского общества. Еще перед отъездом из Москвы юный Пушкин брал уроки танцев и посещал «детские балы», которые устраивал учитель танцев в Московском университете П. А. Иогель [Цявловский 1951: 15; Черейский 1975: 163, 405, 420]. Теперь, в Петербурге, он мог не только продолжать учиться светским танцам, но и «поучаствовать» во всеобщем обожании балета, охватившем столицу. Танцы были повсюду. Балет входил в состав любых театральных представлений, даже трагедий. Народные пляски неизменно включались в постановки комических опер. Танцоры играли в драмах, актрисы, исполнявшие трагические роли, танцевали [Красовская 1958: 82–85].

Императоры-балетоманы в пушкинскую эпоху не ограничивали свои хореографические фантазии одними парадами [Лотман 1973: 65]. В 1836 году Николай I отвлекся от разработки военной формы, чтобы дать указание обучить военным приемам исполнительниц невольниц гарема для сцены бунта в балете «Восстание в серале», поставленном Антуаном Титюсом [Красовская 1958: 202].

В Лицее Пушкина и его товарищей хорошо подготовили к участию в этом непрерывном танцевальном празднестве. Умение танцевать было одним из социальных навыков, необходимых для подъема по ступеням имперской бюрократической лестницы, к чему, собственно, и готовил Лицей. Сменяя друг друга, учителя танцев давали регулярные уроки. Семидесятилетний Уар обучал своих учеников танцевать гавот, менуэт и другие светские танцы того времени. Несколькими годами позже, вслед за еще одним французом, место учителя занял И. Ф. Эберхардт, известный профессиональный танцовщик и преподаватель. Хотя этот факт нигде официально не зафиксирован, семейные предания Пушкиных утверждают, что будущий поэт получал высшие оценки на уроках танцев [Слонимский 1974: 14].

Однако не следует преувеличивать ни количество, ни качество этих уроков, чтобы судить о полученных Пушкиным знаниях основ балетной техники. Шесть лет еженедельных лицейских уроков несравнимы с шестилетним курсом обучения танцовщиков под руководством Дидло, и старший современник Пушкина А. И. Тургенев справедливо указывал на существенную разницу в технике и сложности между танцами развлекательными и танцами сценическими [Тургенев 1810: 212][4]. Любители танцев — дворяне и профессиональные танцовщики уже не выступали вместе, как это бывало при дворе Людовика XIV, однако в обоих видах танца использовалась схожая музыка и одинаковые основные технические приемы: *battements*, пять позиций, менуэт с его

---

[4] Статья Тургенева, предлагающая таксономию танцевальных жанров, содержит ценные сведения о состоянии теории танца в России начала XIX века. Разделяя виды танцев по доминирующей эмоции, Тургенев обнаруживает влияние сентименталистской поэтики, которая аналогичным образом классифицировала стихотворные формы.

поклонами, вышагиваниями и изящными движениями рук [Слонимский 1974: 16–17]. Наставники-профессионалы вели классы бальных танцев. Все это предоставляло внимательному и восторженному поклоннику лексикон для оценки новаторства хореографа и совершенства техники танцовщика. Участие лицейских преподавателей в петербургских балетных представлениях — Эберхардта в качестве танцора и Вальвиля (учителя фехтования) в качестве постановщика батальных сцен [Томашевский 1956: 267] — еще теснее сближало лицеистов с балетным театром.

Молодых петербургских дворян — таких как сам Пушкин или его герой Онегин — привлекала в балете не только возможность присутствовать на спектакле и судить о мастерстве танцовщиков и танцовщиц. В их среде было модно «пересекать» границу между зрительным залом и кулисами как в социальном, так и в эротическом смысле: наносить визиты балеринам в их гримерных или на их квартирах, виться вокруг юных танцовщиц, время от времени «опекая» тех из них, кто только что окончил курс в балетной школе. Пушкин запечатлел это в неопубликованной при жизни статье о театре (1820):

> Пред началом оперы, трагедии, балета молодой человек гуляет по всем десяти рядам кресел, ходит по всем ногам, разговаривает со всеми знакомыми и незнакомыми. «Откуда ты?» — «От Семеновой, от Сосницкой, от Колесовой, от Истоминой». — «Как ты счастлив!» — «Сегодня она поет — она играет, она танцует — похлопаем ей — вызовем ее! она так мила! у ней такие глаза! такая ножка! такой талант!.. [Пушкин 1937–1959 XI: 9][5]

Поэт, который впоследствии признает, что сам волочился за Истоминой [III, 56], и который еще ранее изобразил ее в своей юношеской эпиграмме [II, 37], делает очевидный вывод: «Но можно ли полагаться на мнения таковых судей?» [XI, 9]. Едва

---

[5] В дальнейшем ссылки на это издание в данной статье даются в тексте с указанием тома (римскими цифрами) и страницы (арабскими цифрами).

ли, поскольку понятие «талант» стояло последним в списке ценностей молодого человека, чей портрет дан в статье. Определяя первую главу «Евгения Онегина» как «описание светской жизни петербургского молодого человека в конце 1819 года» [VI, 638], Пушкин включил в это описание и все возможные отношения к танцу: уже упоминавшееся умение легко танцевать на балах, восхищение виртуозностью танцовщиц, непременное присутствие в театре. В первой главе романа, однако, действуют два лица: не только Евгений, но и его создатель, и их отношение к танцу резко расходится. Пушкин уходит от приема, который впоследствии будут связывать с именем Байрона, — изображения самого себя под именем главного героя (1, XLVI).

Строки, которые отправляют Евгения в театр, уже предвещают его уровень интереса к танцу. Модный французский брегет напоминает ему о новом балете, призывая покинуть дорогой ресторан:

> Еще бокалов жажда просит
> Залить горячий жир котлет,
> Но звон брегета им доносит,
> Что новый начался балет.
> (1, XVII)

Ни здесь, ни в конце этой строфы Евгений ничем не отличается от тех пылких поклонников танцовщиц, которых Пушкин описал в процитированной выше статье. Интерес сводится только к женским партиям, отдельным виртуозным номерам и тесному общению с балеринами за сценой:

> Театра злой законодатель,
> Непостоянный обожатель
> Очаровательных актрис,
> Почетный гражданин кулис,
> Онегин полетел к театру,
> Где каждый, вольностью дыша,
> Готов охлопать *entrechat*,

> Обшикать Федру, Клеопатру,
> Моину вызвать (для того,
> Чтоб только слышали его).
>
> (1, XVII)

Изначальная характеристика («злой законодатель») приобретает сатирическую окраску из-за следующих строк: в театре Евгений присоединяется к таким же зрителям, становится одним из многих. Читатель едва ли нуждается в биографических параллелях, чтобы понять авторскую иронию, но в данном случае не лишним будет напомнить, что в декабре 1819 года Пушкин наговорил колкостей и чуть не подрался на дуэли с офицером, который свое увлечение балетом выражал, аплодируя пируэтам [Слонимский 1974: 31].

В следующих строфах общепринятое отношение Евгения к балету становится еще очевиднее, поскольку автор-рассказчик также следит за происходящим на сцене, однако делает это с волнением и пониманием. Те ценности, которые Пушкин будет утверждать на протяжении всего романа, соединяются воедино в строфе, посвященной русскому театру: смелость, свобода, чувства, гений, ум (1, XVIII). Среди прославивших русскую сцену артистов и драматургов находится место и для одного иностранца: здесь «венчался славой» Дидло. Французская фамилия пишется кириллицей, чего не было сделано в предыдущей строфе, где появляется один из любительских балетных терминов («entrechat»). Таким образом, Пушкин считает труд балетмейстера-иностранца важной частью истории синкретической русской культуры, а поверхностные оценки «dandy» остаются не ассимилированными и чуждыми подлинной культуре.

Автор-рассказчик, подобно Евгению, провел немало времени «под сению кулис» (1, XVIII) и, как и его герой, отдает дань примадоннам:

> Мои богини! что вы? где вы?
> Внемлите мой печальный глас:
> Все те же ль вы? другие ль девы,
> Сменив, не заменили вас?

> Услышу ль вновь я ваши хоры?
> Узрю ли русской Терпсихоры
> Душой исполненный полет?
>
> (1, XIX)⁶

Однако между автором и героем есть существенная разница. Причина элегического тона Пушкина — изгнание из столицы, на которое он ранее намекал (1, II). Что касается Евгения, то он после отъезда из Петербурга и не думает о балете, в отличие от поэта, который будет вспоминать о балетном танце за тысячи верст от столицы. Как показывает данная строфа, балет останется для Пушкина источником вдохновения. Очарование «богинь» и Терпсихоры — весь поблекший со временем антураж классицистической поэзии — обретает в этой строфе новый смысловой блеск в свете поэтических воспоминаний о поставленных Дидло мифологических и анакреонтических балетах и о вдохновенном, исполненном новизны танце Истоминой⁷. Слово «душа» по отношению к танцу подразумевает здесь «чувство», «вдохновение» и «дух», оно говорит об отношении Пушкина к силе поэтического воображения, обращенного ко всему потенциалу культуры. Пушкинские строки написаны по-русски, но оперируют известной во многих странах античной образностью, они становятся выражением еще одного творческого единства — души (в широком смысле слова) и техники («полет»); здесь обыгрывается термин «полет», когда танцовщики поворачивались в прыжке — новый прием, придуманный Дидло. Поэт считает, что в танце нельзя выделить какой-то отдельный прием, он воспринимает одухотворенное, значимое движение, сходное с провозглашенной автором-рассказчиком целью другого вида искусства: созданием союза «волшебных звуков, чувств и дум» (1, LIX).

---

[6] За пределами данной работы остаются вопросы порочной театральной политики, на которую намекают эти строки. Слонимский (1974) посвятил несколько прекрасных глав этой теме.

[7] В. С. Баевский [1986: 140] замечает, что для Пушкина и его современников Истомина и вправду была «русской Терпсихорой».

Тот же специфический контраст между наслаждением автора и безразличием героя проявляется еще в двух строфах. Автор в своем полете воображения обгоняет Евгения, задержавшегося в ресторане за поеданием котлет, и спешит в театр, где уже взвивается занавес и все «кипит» от волнения. Следующее за этим описание балета принадлежит к самым известным и любимым читателями строкам русской поэзии. В действительности эти строки были опубликованы самыми первыми: это произошло в 1824 году без разрешения Пушкина в издававшихся Ф. В. Булгариным «Литературных листках»:

> Блистательна, полувоздушна,
> Смычку волшебному послушна,
> Толпою нимф окружена,
> Стоит Истомина; она,
> Одной ногой касаясь пола,
> Другою медленно кружит,
> И вдруг прыжок, и вдруг летит,
> Летит, как пух от уст Эола;
> То стан совьет, то разовьет
> И быстрой ножкой ножку бьет.
>
> (1, XX)

Сколь ничтожным выглядит одобрение антраша со стороны денди («охлопывание») по сравнению с выразительностью этих строк, до такой степени зрительно-конкретных, что многие пытались «перевести» их на балетный язык![8] Наряду с этим можно заметить и параллель, которую Пушкин проводит между своими стихами и танцем Истоминой: он так же подчиняется требованиям версификации (четырехстопный ямб и онегинская строфа), как оказывается послушна «смычку волшебному» (аккомпанементу скрипичного соло) и грамматике танца балерина. Темп и вертикальная направленность ее движений сходны

---

[8] Красовская [1958: 157] узнаёт в этих танцевальных движениях *rond de jambe, renversé* и *battement battu*. Слонимский [1974: 33–34], следуя за неопубликованной рукописью Л. Д. Блок, предпочитает видеть в них *grand fouetté de face* на *demi-pointe*, исполненное под скрипичное анданте или виолончельное соло, за чем следовал ряд *brisés (jetes battus)*.

с как бы повторяющим их движением стиха: чтобы отобразить ее танец, Пушкин варьирует ритм, синтаксис и аллитерации. Как Дидло создает момент динамического напряжения, поднимая занавес перед неподвижно стоящей на сцене танцовщицей, так и Пушкин усиливает напряжение читательского ожидания синтаксическими средствами: подлежащее — «Истомина» — появляется только ближе к концу четвертой строки строфы. Когда балерина начинает двигаться, поэт привлекает наше внимание к ее движениям тем, что увеличивает число ударных слогов; их последовательность становится гораздо «плотнее», чем обычно. Не менее четырех стихов несут по четыре ударных слога, только в одном оказывается два[9]. Ряд резких аллитераций и повторов слов отражают точность и ритм танца: «...стоит Истомина»; «И вдруг прыжок, и вдруг летит, // Летит, как пух от уст Эола»; «То стан совьет, то разовьет // И быстрой ножкой ножку бьет».

Волшебный танец Истоминой объединяет порывом восхищения всю публику — за исключением Онегина. Пропустив эту сцену, герой наконец появляется в театре и входит, ступая меж кресел по ногам, в точности как молодой человек в неопубликованной статье Пушкина. Следующая строфа завершает противопоставление героя и его создателя, напоминая о ситуации, описанной двумя строфами ранее. Там автор-рассказчик представлял себя в будущем и элегически вздыхал по сменившимся танцовщицам, наводя разочарованный лорнет на сцену и зевая при воспоминании о былом (1, XIX). Евгений, явившийся в театр позже автора, теперь «опережает» его в разочарованности:

> Все хлопает. Онегин входит,
> Идет меж кресел по ногам,
> Двойной лорнет скосясь наводит
> На ложи незнакомых дам;
> Все ярусы окинул взором,

---

[9] «Одной ногой касаясь пола», «И вдруг прыжок, и вдруг летит», «Летит, как пух от уст Эола», «И быстрой ножкой ножку бьет». Пассаж открывается стихом с двумя ударениями: «Блистательна, полувоздушна» (1: XX). О просодии в «Евгении Онегине» см. [Томашевский 1918], [Винокур 1941], [Nabokov 1975: 3, 448–540].

> Все видел: лицами, убором
> Ужасно недоволен он;
> С мужчинами со всех сторон
> Раскланялся, потом на сцену
> В большом рассеянье взглянул,
> Отворотился — и зевнул,
> И молвил: «Всех пора на смену;
> Балеты долго я терпел,
> Но и Дидло мне надоел».
>
> (1, XXI)

Как мы видим, поэт передает герою и блуждающий лорнет, и зевоту, и скуку. То, что автору только представлялось, Онегин видит и испытывает в реальности, однако, в отличие от своего создателя, герой лишен способности к творческому самоотождествлению с балетным танцем. Два молодых человека различаются не только вкусами, но и жизненным опытом: из них двоих только поэт оказывается полностью сопричастен общей для них культуре. Скучающий повеса думает: «Всех пора на смену», и это не может не напомнить читателю изящную игру слов в устах поэта: «...сменив, не заменили вас»; сравнение получается не в пользу Евгения.

Автор заключает этот важный момент в характеристиках героя и самого себя сноской, где бросает Онегину упрек за его замечание о Дидло: «Черта охлажденного чувства, достойная Чайльд-Гарольда. Балеты г. Дидло исполнены живости воображения и прелести необыкновенной. Один из наших романтических писателей находил в них гораздо больше поэзии, нежели во всей французской литературе» [VI, 191]. Из черновика можно понять, что под «романтическим писателем» Пушкин разумел самого себя [VI, 529]. Примечание было напечатано в первом отдельном издании первой главы романа в 1825 году, когда у Дидло начались те трудности, которые впоследствии вынудили его покинуть сцену. Пушкин сохранил это примечание и в первом полном издании романа, вышедшем уже после отставки Дидло — в 1833 году. Таким образом, эта сноска — не просто упрек байроническому моднику Онегину, которому так и не удавалось овладеть поэтическим искусством (1, VII; 1, XLIII; 8, XXXVIII), а эстетический манифест автора и открытое выражение благодарности Дидло, вдохновившего его на создание таких строф о балете, виртуозно сложенных, полных необыкновенной живости и смысла. В этих строфах, как мы видели, один только Евгений оказывается не способен по достоинству оценить балетный танец; ложи, оркестр, партер и галерка — самые разные в социальном и экономическом отношении группы зрителей — дружно приветствуют Дидло, Истомину и новый балет (1, XX–XXI). И теперь автор-рассказчик обращает внимание читателя на новый контраст:

> Еще амуры, черти, змеи
> На сцене скачут и шумят;
> Еще усталые лакеи
> На шубах у подъезда спят...
> (1, XXII)

С мастерством, заставляющим вспомнить «Похищение локона» Александра Поупа, автор-рассказчик помещает сказочный мир неназванного балета Дидло в контекст социально-экономического неравенства. Усталые лакеи, заснувшие на шубах своих хозяев, кучера, хлопающие в ладоши, чтобы согреться, — благодаря им Онегин продолжает оставаться в театре, зевая от скуки. По мере развертывания сюжета Пушкин будет показывать отношение к танцу социальных групп, не принадлежащих к петербургской знати и лишенных возможности приобщиться к светским развлечениям столичных жителей, но тема балета, в сущности, исчезнет из текста: теперь автор обратится к более приземленным стилям и мотивам. Пушкин исключил из текста пятой главы упоминание об Истоминой [VI: 609, 650]. В седьмой главе по приезде в Москву провинциалка Татьяна посещает балет, но Пушкин не указывает ни постановщика, ни название спектакля, ни имен исполнителей, ни их роли. Театральный танец не осваивается Татьяной как новый культурный опыт и связывается со сферой юношеских интересов уже повзрослевшего поэта:

> Но там, где Мельпомены бурной
> Протяжный раздается вой,
> Где машет мантией мишурной
> Она пред хладною толпой,
> Где Талия тихонько дремлет
> И плескам дружеским не внемлет,
> Где Терпсихоре лишь одной
> Дивится зритель молодой
> (Что было также в прежни леты,
> Во время ваше и мое)...
>
> (7, L)

Остались интерес и воспоминания, но балетмейстер больше не помогает поэту придать стихотворным строкам характер танца.

В романе больше не изображаются сценические танцы, однако из бальных залов танцы не уходят, вполне вписываясь в широкий контекст общественной жизни, чувственных желаний и художественного творчества. На балу синкретизм русской культуры проявлялся не меньше, чем в балете, поставленном на античные темы французским балетмейстером для русских исполнителей. За век до того времени, когда начинается действие «Евгения Онегина», Петр Великий учредил в России балы (тогда они назывались «ассамблеями»), ставшие одним из направлений европеизации православной Московии наряду с другими обычаями, новыми для дворян, до тех пор державших женщин взаперти и с предубеждением относившихся к богатейшим традициям народных танцев. Вскоре балы стали привычной частью дворянского быта; на них строго регламентировалась последовательность танцев, характер разговоров во время них и все прочие виды досуга [Лотман 1983: 79–89].

В числе источников, из которых Пушкин черпал знания об истории балов, был очерк А. О. Корниловича «О первых балах в России» (1823). В этой работе кратко описана история балов в России на протяжении XVIII века, однако для наших целей наибольший интерес представляет замеченное автором присущее бальной культуре ритуалистическое сочетание различных элементов. Разница в социальном и экономическом статусе, в чине по Табели о рангах и даже различия полов исчезают или преобразуются по мере того, как участники балов XVIII века сливаются в некое гармоническое сообщество. Рядовые дворяне, забыв о рангах, танцуют с членами царской фамилии; русские пускаются в пляс с пленными французскими офицерами, а еще в Петровское время их обучали танцам пленные шведы; императрицы танцуют как менуэт, так и русские народные танцы; мужчины переодеваются женщинами, и, наоборот, женщины — мужчинами [Корнилович 1960: 201–204][10]. Игры, в которых есть победители и побежденные (сперва шахматы и шашки, а потом и карты), входят в число вечерних развлечений, однако ни выигрыши, ни проигрыши не разрушают (по крайней мере, в идеализирующей трактовке Корниловича) общего удовольствия от игры.

К началу пушкинской эпохи сатирические тексты и романы оспаривают эту картину ритуальной гармонии. В комедии А. С. Грибоедова «Горе от ума» (1822–1824), которую Пушкин цитирует в «Евгении Онегине», кульминация наступает на балу, где обнаруживается несовместимость людей, рушатся репутации, разоблачается притворство и в финале главный герой кричит: «Карету мне, карету!». В поэме Е. А. Баратынского «Бал» (1828) героиня кончает с собой, чтобы не ехать на бал, где она может встретить своего бывшего возлюбленного. В романе М. Ю. Лермонтова «Герой нашего времени» (1840) бал показан не как место общего согласия, а как пространство ожесточенного соперничества. В начале гоголевской поэмы «Мертвые души» (1842) дается сцена бала, где собираются все персонажи, а в конце того же произведения на балу происходит скандал, разрывающий чуть ли не все дружеские и деловые связи, увлечения и знакомства, разрушающий даже единство слова и его значения (означающего и означаемого). Подобные примеры можно приводить еще долго, и в каждом идеальная «цивилизующая» функция балов выступает только как фон, на котором отчетли-

---

[10] Развиваемое здесь представление о социальном танце как ритуале восходит к Клоду Леви-Строссу [Levi-Strauss 1966: 30–33], различавшему конъюнктивный (объединяющий) ритуал и соревновательную (дизъюнктивную, разъединяющую) игру.

вее видны действительные несчастья — разбитые сердца конкретных людей и раздробленность общества.

В пушкинских произведениях, в том числе и в романе «Евгений Онегин», реализуются обе возможности — и «гармонизирующая», и «разъединяющая», в текстах балы фигурируют постоянно. При этом на каждое воспевающее балы юношеское стихотворение найдется письмо с описанием скуки подобных собраний: поэт на балу предстает то дремлющим, то поедающим мороженое, то жалующимся на свой камер-юнкерский чин, который обязывает его присутствовать при дворе. Имея в виду эти эпистолярные описания, непросто ответить на вопрос, где литературная условность передает действительный личный опыт, а где остается всего лишь условностью. В воспоминаниях современников по-разному оценивается уровень мастерства Пушкина-танцора и его интерес к балам. В любом случае, как мы уже говорили, полученные в семье и Лицее уроки научили его не только танцевать, но и тонко разбираться в танцах. Взрывной темперамент и способность подмечать подробности подготовили его к тому, чтобы и участвовать в балах, и творчески осмыслять социальные функции этого действа, в котором совмещались танцы, карты, ужины и — для отдельных участников — флирт, сочинение колких эпиграмм и вызовы на дуэль. Не подлежит сомнению, что ни в одном из пушкинских произведений светские танцы и балы не описываются так подробно, как в «Евгении Онегине». В эпизодах романа, как и в балетных строфах, танец играет важную роль: при характеристике персонажей, построении сюжета и описании культурных контрастов.

В первой главе переход от балета к балу обеспечивается благодаря тому, что Евгений устремляется с одного на другой, причем герой уделяет своему туалету куда больше внимания, чем постановке Дидло. Некоторые образы балета и бала перекликаются: Онегин опаздывает и на балет, и на бал; «толпа» нимф, окружающая Истомину, сменяется «толпой», занятой мазуркой; быстрая ножка Истоминой уступает место ногам танцующих в бальном зале, после чего начинается знаменитое отступление длиной в пять строф (1, XXX–XXXIV).

В отличие от описания танца Истоминой, которое начиналось со статичной картины (1, XX), и хаосу зрительного зала противопоставлялись отточенные движения танцовщицы, сцена бала — вся движение, и неслучайно уже в начальной строфе глагол «летать» повторяется в разных вариациях трижды:

> Вот наш герой подъехал к сеням;
> Швейцара мимо он стрелой
> Взлетел по мраморным ступеням,
> Расправил волоса рукой,
> Вошел. Полна народу зала;
> Музыка уж греметь устала;
> Толпа мазуркой занята;
> Кругом и шум и теснота;
> Бренчат кавалергарда шпоры;
> Летают ножки милых дам;
> По их пленительным следам
> Летают пламенные взоры,
> И ревом скрыпок заглушен
> Ревнивый шепот модных жен.
>
> (1, XXVIII)

Формы глагола «летать» выступают в качестве анафор в десятом и двенадцатом стихах. Звуки в этой строфе также явно хаотичнее, чем в балетной сцене: «волшебный смычок» скрипача театрального оркестра уступает здесь место грому, шуму, бренчанию шпор, шепоту и заглушающему его «реву скрыпок»[11].

Вдохновленный этим хаосом звуков и движений, поэт оставляет на время рассказ о своем герое и уносится в пространные восторженные отступления, которые соответствуют духу сцены бала так же хорошо, как точное, выверенное описание танца Истоминой балетным строфам: «Во дни веселий и желаний // Я был от балов без ума...» (1, XXIX). Это «безумство» явно имеет любовные, эротические импликации, и тем самым Пушкин с деланым негодованием добавляет к общей атмосфере шума

---

[11] В рукописном примечании Пушкин признает неточность упоминания о шпорах: кавалергарды являлись на балы без шпор, — однако сохраняет эту деталь из-за ее поэтичности [VI, 528].

и гама хаос еще и с моральной точки зрения — как раз перед тем, как вернуться к теме своей одержимости ножками, — посредством реминисценций на темы времен года, разновидностей климата и ландшафта, пока не вспоминает о том, как, придерживая дамское стремя, почувствовал в своих руках женскую ножку, и тогда его воображение «вскипает» (1, XXXIV).

Эротическое и поэтическое начала достигают кульминации одновременно, однако при этом Пушкин не дает читателю забыть в этом хаосе звуков, воспоминаний и желаний о том, что достижение подобного пика — культурно обусловленный процесс. Он подчеркивает это в пассаже, который посвящен условностям поэзии, танца и самого желания:

> Дианы грудь, ланиты Флоры
> Прелестны, милые друзья!
> Однако ножка Терпсихоры
> Прелестней чем-то для меня.
> Она, пророчествуя взгляду
> Неоцененную награду,
> Влечет условною красой
> Желаний своевольный рой.
> (1, XXXII)

Волшебство и очарование балетного фрагмента (1, XVII–XVIII, XX), сменившиеся в сцене бала безумным хаосом (1, XXIX, XXXI), теперь возвращаются: Пушкин подчеркивает эстетическую («Терпсихора») и обычную, стандартную («условною красой») стороны танца. Традиционные образы античной мифологии соотносятся с определенными предметами эротического увлечения («Дианы грудь» и т. д.), усиливающим это единение культуры и желания, которое крепнет еще больше за счет ассоциативной связи балетной роли Флоры (и, возможно, Дианы) с Истоминой — «русской Терпсихорой»[12]. Мысленно вернувшись

---

[12] Партия Флоры в балетах Дидло «Зефир» и «Флора» была одной из самых известных в репертуаре Истоминой. Существует мнение, что Пушкин предназначал свой набросок о Диане и Актеоне [V, 154] для Дидло в качестве балетной основы [Баевский 1986: 141–142].

к процитированной выше первой строфе балетного фрагмента (1, XXVIII), можно заметить, что бал фактически выполняет свою ритуальную функцию, состоящую в «обращении на службу общественному порядку тех самых сил беспорядка, которые заключены в природе человека как млекопитающего» [Turner 1977: 93]. Энергия и желания толпы обретают успокоение в социально приемлемой форме бала, позволяющей этой энергии, не причиняя никому вреда, сойти на нет за долгие часы утомительной физической активности. Ревнивый шепот, который мог бы посеять зерна несогласия между участниками бала, заглушен звуками скрипок. Даже Онегин, неспособный, как мы видели, разделить восторги зрителей балета, теперь полностью захвачен празднеством. После того как поэт отправляет Евгения на бал, мы его не видим до тех пор, пока почти восемь часов спустя он не появляется снова — «шумом бала утомленный» (1, XXXVI). Из этого можно заключить, что на балу, в отличие от театра, он вел себя «как все».

Однако вскоре Евгений оставит свое привычное увлечение петербургскими балами. Этому препятствует модная хандра. Автор-рассказчик, не желавший разделять разочарование Онегина в балете, теперь вступает в вымышленный мир романа, чтобы подружиться со своим героем и вместе с ним замкнуть свой слух для «шума света» (1, XXXVII)[13]. Однако безумие и шум балов и светских танцев не исчезнут из дальнейшего текста романа, как исчезли очарование и волшебные звуки балета. Танцы как обязательные приметы той или иной культурной среды будут поджидать поэта и его персонажей повсеместно — в городе и в деревне, в дворянском обществе и в крестьянской среде. Пушкин продолжит исследовать феномен танца в его объединяющей и эстетической функции, и потому отсылки к тем или иным его формам будут появляться в каждой из оставших-

---

[13] Набоков [Nabokov 1975: 2, 148] напоминает, что это выражение представляет собой «старое французское клише... стандартизированный отголосок Рима и его поэтов». Однако в контексте пушкинского романа оно обретает новую жизнь и конкретность благодаря шуму упомянутых выше бальных сцен. В романе «шум» оказывается полюсом бинарной оппозиции по отношению к «волшебным» звукам поэзии и музыки.

ся семи глав — правда, иногда всего лишь как метафоры или воспоминания[14].

В центральных главах романа герой, как и ссыльный поэт, оказывается в деревне. На этих страницах синкретическая сложность русской культуры обретает новое выражение — фольклорную традицию. Поместное дворянство, хорошо знакомое и с культурой крепостных крестьян, и с культурой западно ориентированной городской аристократии, могло обращаться к обеим этим традициям, и Пушкин делает это важной частью своего изображения жизни помещиков. Героиня романа и ее семейство организуют и осмысляют свою жизнь в соответствии с традициями национальной и западноевропейской культуры.

Народный танец хоровод играет ведущую роль в этих главах. Его значимость для поэта столь велика, что, наблюдая глазами Татьяны восход, он сравнивает с хороводом даже исчезающие звезды (2, XXVIII). В юношеской лирике Пушкин называл «хороводом» любой общий круговой танец — древнегреческий, черкесский или воображаемый. И только в этом пушкинском произведении это название впервые соотносится именно с русским народным танцем, который противопоставляется другим танцам, упомянутым в романе. Хоровод становится одной из характерных черт старой русской культуры, которую хранили помещики Ларины:

> Они хранили в жизни мирной
> Привычки милой старины;
> У них на масленице жирной
> Водились русские блины;

---

[14] Вторая и третья главы обращаются к фольклорному танцу; в четвертой главе лед, по которому скользят на коньках мальчишки, сравнивается с «модным паркетом» бальных зал; в пятой и шестой главах описывается бал в поместье Лариных; седьмая глава отправляет Татьяну на московский бал. В последней главе, однако, содержатся только скрытые упоминания о танцах, когда поэт говорит о вакхических празднествах своей юности. Предположение, что в этой строфе речь идет об обсуждении балета в обществе «Зеленая лампа», имеет право на существование, однако эта отсылка остается неявной. См. об этом [Слонимский 1974: 48].

> Два раза в год они говели;
> Любили круглые качели,
> Подблюдны песни, хоровод...
> (2, XXXV)

Если бы автор сделал Лариных богаче или действие романа происходило бы на несколько десятилетий раньше, он мог бы «подарить» им труппу хорошо обученных танцам крепостных танцовщиков, и те исполнили бы хоровод безукоризненно и в роскошных костюмах[15]. Однако поскольку изображенное в романе семейство живет довольно скромно, а мода на крепостные театры давно осталась в прошлом, то, похоже, хоровод в поместье Лариных — не постановка, а настоящий крестьянский танец, за которым хозяева с удовольствием наблюдают, сами же участники воспринимают его как празднество и увеселение. Так это выглядит в эпизоде, относящемся к весне 1821 года, когда Татьяна отправляется на вечернюю прогулку и видит, как «расходились хороводы» (7, XV).

Жизнь крепостных, разумеется, не состояла из одних танцев, и крестьяне не столько развлекали помещиков, сколько приносили им доход. Именно в этом контексте и появляется самое подробное и выразительное описание хоровода в романе. Хоровод имел различные формы: он мог представлять собой ряд драматических сцен и пантомим, сопровождавшихся пением. Обычно темами хороводов были полевые работы, любовь девушки к парню, или, например, молодой человек (одетый зайцем) пытался вырваться из круга танцующих [Красовская 1958: 9–10, 12]. Однако в конце третьей главы возникает сцена, где танцевальная составляющая хоровода отсутствует: девушек «изымают» из хоровода и заставляют во время сбора ягод петь песню (стилизованную под народную), чтобы они тайком не ели «барской ягоды». Необходимость одновременно петь и работать не лишает их песню игривости, очарования и свободы, но придумавшие «затею сельской остроты» помещики, несмот-

---

[15] Подробнее о крепостных балетах см. [Красовская 1958: 67–80].

ря на всю свою любовь к хороводу (3, XXXIX), придают хоровому пению, помимо эстетических функций, еще и практические, и потому девушки лишены возможности сопровождать пение танцем[16].

Провинциальное дворянство находило практическое применение и собственным танцам, прежде всего при заключении браков. Самая протяженная бальная сцена в романе происходит в день именин Татьяны, а в числе приглашенных оказываются потенциальные претенденты на руку девицы, достигшей брачного возраста. Родственницы Татьяны, не зная, что Евгений уже отверг ее любовь, позаботились о том, чтобы пригласить и его (4, XLIX). Пушкин использует любую возможность показать бал как искусство и как ритуал. Для этого он собирает на него всех главных героев романа (кроме самого себя), а затем навсегда разлучает их из-за любовных неурядиц, дуэли и смерти — всего того, что начинается именно на балу. Ольга, сестра Татьяны, покинет семью; Татьяна расстанется с Евгением; женитьбе Ленского на Ольге так и не суждено состояться: Евгений убьет Ленского на дуэли.

Эпизод начинается с приезда гостей на праздник. Наделив каждого гостя комической фамилией, Пушкин, как бы смакуя, перечисляет их, так не похожих на тех, кто мог бы гармонично объединиться, чтобы попировать и потанцевать. Тем не менее только двое оказываются чужды общему веселью. Это Татьяна, страшно смущенная присутствием Евгения, и сам Онегин, раздосадованный тем, что его заманили на столь большое и шумное собрание. Однако никто не замечает их чувств: все едят, пьют и слушают неуклюжие куплеты в честь именинницы. Автор-рассказчик подчеркивает гармоничную атмосферу вечера, описывая обязательную карточную игру не как соревнование, разъединяющее людей, а как один из способов общения гостей,

---

[16] Пушкин включает в свой роман еще две формы народного танца. В сцене сна Татьяны говорится о том, что «мельница вприсядку пляшет» [V, 17] — это указывает на то, как глубоко поместное дворянство усвоило и народную, и европейскую культуру. В «Отрывках из путешествия Онегина» поэт упоминает в числе «милых» ему прозаических картин «пьяный топот трепака» [VI, 201].

по заведенному порядку меняющих партнеров после каждого «роберта» (5, XXXVI).

Когда гости оставляют чай и приступают к танцам, автор-рассказчик отвлекается от описаний настоящего момента и обращается ко второму сюжетному уровню — истории его взросления как поэта. Припомнив свою попытку описать петербургский бал в первой главе, которая обернулась отступлением о женских ножках, Пушкин обещает, что на этот раз сделается умнее и исправится, очистив от подобных отступлений «пятую тетрадь» (5, XL). Обещание звучит иронически (чтобы это пообещать, уже нужно сделать отступление) и наводит читателя на мысль о том, что бальные сцены следует воспринимать *как единую тему*, рассматривать их в соотнесении друг с другом, а не по отдельности. Пушкин будет еще сильнее настаивать на подобном сопоставительно-тематическом прочтении двумя строфами ниже, при сравнении старомодного, сохранившегося только в провинции варианта танцевания мазурки с ее новомодной «городской» манерой исполнения.

Такое явное стремление упорядочить наши представления о танцах заставляет читателя обратить внимание на сходства и различия двух танцевальных эпизодов. Прежде всего, в пятой главе Пушкин дает более подробные описания самих танцев. Он начинает с вальса:

> Однообразный и безумный,
> Как вихорь жизни молодой,
> Кружится вальса вихорь шумный;
> Чета мелькает за четой.
>
> (5, XLI)

Первая строка содержит два эпитета и союз, причем второй эпитет напоминает читателю об отношении поэта к петербургским балам. Здесь «безумие», похоже, сохраняет некий эротический оттенок, как это было в пассаже из первой главы, в особенности потому, что петербургский денди Евгений кружит в вихре вальса Ольгу. Но при этом Пушкин еще и воспроизводит ритмику вальса с помощью игры ударениями в последующих стихах:

три ударных слога — четыре — снова три. Тяжесть этих ударений, повторы аллитераций и удвоения слов («чета — чета», «вихорь — вихорь») могут показаться излишними современному читателю, привыкшему к скользящему вальсу на три четверти такта. Однако, как показал Ю. И. Слонимский, Пушкин здесь совершенно точно воссоздает фоническими средствами более быстрый по вращению *valse deux temps* — вальс на две четверти [Слонимский 1974: 11][17].

«Деревенская» мазурка не уступает вальсу в живости:

> Мазурка раздалась. Бывало,
> Когда гремел мазурки гром,
> В огромной зале все дрожало,
> Паркет трещал под каблуком,
> Тряслися, дребезжали рамы;
> Теперь не то: и мы, как дамы,
> Скользим по лаковым доскам.
> Но в городах, по деревням,
> Еще мазурка сохранила
> Первоначальные красы:
> Припрыжки, каблуки, усы
> Всё те же: их не изменила
> Лихая мода, наш тиран,
> Недуг новейших россиян.
>   (5, XLII)

Это описание разительно отличается от строки, посвященной петербургской мазурке, которую Евгений танцевал «легко» (1, III). Поэт на мгновение превращается в историка танца, чтобы описать изменения, произошедшие в этом горделивом и энергичном танце, — от чуть ли не народной пляски до нынешнего благородного светского варианта (который тем не менее заставляет шпоры звенеть, а изящные ножки летать, как было показано в первой главе). В тексте пятой главы, вышедшей отдельным изданием в 1828 году, мазурке была посвящена еще

---

[17] Лотман [1983: 85–86] отмечает, что вальс в 1820-е годы воспринимался как эротический, новомодный и романтический танец.

одна строфа, где описывались некоторые допустимые в этом танце сольные импровизации [VI, 610].

Возможно, Пушкин изъял эту вторую строфу о мазурке из полного издания романа, чтобы не отвлекать читателя от развития сюжета в тот момент, когда возникает еще один важный контраст по отношению к сцене бала из первой главы. В первой главе на балу уже слышался ревнивый шепот и начинался флирт, но разговоры глохли в водовороте бальных танцев, а любовная игра не приводила ни к чему дурному, разве что иногда к скуке. Деревенский бал в пятой главе выходит за рамки невинной игры или сватовства.

Поначалу кажется, что бал у Лариных выполняет свою ритуально-гармонизирующую функцию, особенно когда Татьяна справляется со своими чувствами и начинает вести себя, как полагается в обществе. Однако ситуация усложняется, когда в происходящее привносится элемент соревновательности. Онегин, досадуя на то, что его затащили на многолюдный праздник, пытается утолить свой гнев, отказываясь от возможности танцевать с Татьяной и вместо этого уделяя внимание исключительно Ольге и флиртуя с ней, к изумлению всех присутствующих (5, XLI). Таким поведением он обманывает ожидания Лариных, что он будет ухаживать за Татьяной, и вызывает ярость Ленского, вступая с другом в состязание за благосклонность его легкомысленной невесты. Ленский приглашает Ольгу на танец, однако получает отказ. Евгений дразнит его, продолжая ухаживать за Ольгой. Это наскучивает в итоге и Онегину, и Ольге, однако в тот момент, когда ни Ленский, ни Ольга уже не могут ничего изменить: только трагическая развязка — дуэль — способна разрешить ситуацию. Карточные игры, соревновательные по своей сути, способствуют сближению гостей на балу, а нежелательная любовная интрига, наоборот, разъединяет, и провинциальный бал, при всей энергии его танцев, в итоге оказывается недостаточно гибким, чтобы эта ритуальная объединяющая цель была достигнута.

Попытка использовать бал в честь именин Татьяны для устройства ее замужества потерпела неудачу, и семейство Лариных решает попытать счастья в Москве на «ярмарке невест», предполагающей череду обедов, посещений театров и балов — всего того, чем живет «свет пустой» (7, XLVIII). Московские сцены окрашены грустью любовного разочарования Татьяны, а на уровне сюжета — все более крепнущим тяготением поэта к «суровой прозе» (6, XLIII). Бал, который посещает Татьяна в Московском Благородном собрании, равно как и балет, на который ее привозят родные, описывается поэтом довольно живо, но не слишком подробно. Как и пристало Москве, где деревенским помещикам и аристократам встретиться легче, чем в столице, бал совмещает черты двух предыдущих бальных сцен, описанных в романе:

> Там теснота, волненье, жар,
> Музыки грохот, свеч блистанье,
> Мельканье, вихорь быстрых пар...
>   (7, LI)

Описание кружащихся пар напоминает строки, посвященные вальсу на деревенском балу (5, XLI); используются те же слова — «вихорь» и «мельканье». А явившиеся «прогреметь» и «улететь» гусары вызывают в памяти образы петербургского бала из первой главы:

> Сюда гусары отпускные
> Спешат явиться, прогреметь,
> Блеснуть, пленить и улететь.
>   (7, LI)

Список танцев совпадает с описаниями балов в других эпизодах, что вполне понятно, учитывая регламентированность этой формы досуга: галоп, мазурка и вальс (7, LIII). Однако Пушкин учитывает временной зазор между более ранними сценами и этой, и в эпизоде московского бала появляется новый танец — галоп. Оживленный танец на две четверти такта, исполнявшийся парами в стремительном движении по кругу, быстро набирал популярность по всей Европе, но едва ли можно было ожидать, что он достиг российской провинции в описываемую эпоху или Петербурга в то время, когда происходит действие первой главы.

В этих строфах поэта привлекает нерушимое спокойствие Татьяны, и он не позволяет ей танцевать в окружающем ее светском обществе, «волненье» которого она «ненавидит» (7, LIII). Хотя мысли героини далеки от танцев, московский бал тем не менее выполняет свою функцию соединения людей. Татьяну в конце концов замечает некий важный генерал (7, LIV), который — как мы вправе предположить — станет ее мужем и появится в этом качестве в последней главе романа (8, XIV). «Судьба» (8, XLII), нашедшая ее, — это замужество, и балы сыграли в нем существенную роль.

В последней главе романа мы уже не найдем прежнего бального оживления: ни мелькающих ножек, ни гремящих каблуков, ни «душой исполненного полета». И это не упущение автора-рассказчика: доминирующее обозначение светских собраний здесь — «раут», слово, которое Пушкин объясняет в специальном комментарии, чтобы читатель уловил смысл: «Rout, вечернее собрание без танцев, собственно значит толпа» [VI, 195]. И автор, и его персонажи повзрослели, стали мудрее, танцевальные вихри превратились для них в воспоминания юности (8, III). Ту функцию, которую раньше выполняли балы — сплачивать людей, — выполняет теперь другая традиционная форма общения — салон. По тому, как изображены Пушкиным эти две формы, можно сказать, что хозяйке салона отводится более ответственная и более творческая роль. Балы проходят в соответствии с общепринятой последовательностью: ужин — карты — танцы, и потому как бы сами себя организовывают[18]. Кто были хозяева балов, изображенных в первой и седьмой главах? Об этом поэт нам не говорит. Какую роль играла мать Татьяны на балу, представленном в пятой главе? Снова нет ответа. Но салон, или раут, в гораздо большей степени зависит от личных качеств своего устроителя. У светского раута, которым восхищается пушкинская муза в начале последней главы, есть хозяйка [VIII, 6, 14]; Татьяна преодолевает свою неприязнь к светскому обществу

---

[18] Лотман [1983: 81] делает важное замечание о том, что салонные разговоры, в отличие от разговоров на балах, имели более интеллектуальный характер.

и устраивает салон, где можно провести время в приятной, разумной и благопристойной беседе (8, XXIII). Эстетизируя тот невыразительный материал, который предлагает ей общество, Татьяна начинает играть самую творческую роль из всех доступных дворянке в ее время. Поэтому восторженное определение, которое дает ей Пушкин, — «богиня» (8, XXVII) — оказывается ей к лицу, так же как в предшествующих главах было к лицу Истоминой и другим балеринам (1, XIX). Если их искусство служило источником вдохновения для его юношеских стихов, то социально-культурное творчество Татьяны выступает теперь как «идеал» для романиста.

Несмотря на то что к концу романа тема танца сходит на нет, можно заключить, что танец выполнял важные функции почти на всем протяжении «Евгения Онегина». Танцевальные собрания сближают или разлучают героев. Конкретная ситуация, в которой исполняется тот или иной танец, а также его назначение помогают читателю осознать различия, которые Пушкин проводит между различными областями русской культуры. Точно так же то, как именно персонажи (включая автора-рассказчика) участвуют в танце, помогает нам понять их различия; ибо «персонаж» в романе Пушкина — это явно выражение того или иного отношения к возможностям, предоставляемым культурой, способ выбора одной из этих возможностей, а не некая «внутренняя сущность», которую текст якобы призван раскрыть.

Танец сам по себе может воплотить многие из высших ценностей романа: творчество, красоту, жизненную силу и поэзию, понимаемую как образное и смысловое единство значения стихов и техники их сложения. Хотя танец не вербальное искусство, в пушкинском романе он наделяется особым смыслом, поскольку, подобно литературе или социальному поведению, занимает определенное место в культуре как системе основанных на конвенциональных процессах означивания. В зависимости от своих и читательских умений, знаний и способностей к смыслопорождению персонажи языком танца выражают душу, чувство, желание и «живость воображения». Балет — форма танца, требующая наибольшего воображения и напряжения сил, — наделяется в романе волшебной силой, завораживающей зрителей.

Тем не менее пушкинский роман в стихах остается рассказом о взрослении поэта, о том, как он постепенно переходил от сказочного мира «Руслана и Людмилы» (1, II) к «суровой прозе» (4, XLIII) и жанру романа и как пришел в конце концов в последней строфе «Онегина» к пониманию жизни как романа (8, LI). В центре внимания поэта оказалась не очаровательная балерина и ее «поэтичный» балетмейстер, а обычная барышня, Татьяна, чья жизнь и образ мыслей сложились под воздействием романов. Обворожительные ножки танцовщицы или танцующей на балу светской дамы уступают паркет звенящим шпорам мужа Татьяны, что положило конец чувствительным мечтаниям и утвердило романный мир общественных отношений, семьи и необратимых решений. Чтобы остаться верным традициям романного жанра, автор «Евгения Онегина» должен был отказаться от всякого волшебства и очарования, в том числе и от балета.

Так он и поступил. «Отставка» Дидло и пушкинских «богинь» исторически совпала с отсутствием танцев в восьмой главе. Возможно, из-за этого отсутствия «Евгения Онегина» трудно назвать полной «энциклопедией танцев», и тем не менее роман остается важнейшим воплощением истории танца в русской культуре 1820-х годов[19].

Источники

Белинский 1953–1959 — Белинский В. Г. Полн. собр. соч.: в 13 т. М.: Изд-во АН СССР, 1953–1959.

Пушкин 1937–1959 — Пушкин А. С. Полн. собр. соч.: в 17 т. М.; Л.: Изд-во АН СССР, 1937–1959.

---

[19] Я чрезвычайно благодарен своим коллегам Кэрол Аншютц, Виктории Бонелл, Грегори Фрейдину, Герберту Линденбергеру и Джону Малмстаду, которые прочитали эту работу в рукописи и сделали ценные замечания.

Справочники

Черейский 1975 — Черейский Л. А. Пушкин и его окружение: словарь-справочник / Отв. ред. В. Э. Вацуро. Л.: Наука, 1975.

Библиография

Баевский 1986 — Баевский В. С. О театральных строфах «Евгения Онегина» // Временник Пушкинской комиссии. Л.: Наука, 1986. Вып. 20. С. 139–150.

Винокур 1941 — Винокур Г. О. Слово и стих в «Евгении Онегине» // Пушкин: Сб. ст. / Под ред. А. Еголина. М.: Гослитиздат, 1941.

Корнилович 1960 — Корнилович А. О. О первых балах в России // «Полярная звезда», изданная А. Бестужевым и К. Рылеевым / Под ред. В. А. Архипова и др. М.; Л.: Изд-во АН СССР, 1960.

Красовская 1958 — Красовская В. М. Русский балетный театр от возникновения до середины XIX века. М.; Л.: Искусство, 1958.

Лотман 1973 — Лотман Ю. М. Театр и театральность в строе культуры начала XIX века // Лотман Ю. М. Статьи по типологии культуры: Материалы к курсу теории литературы. Тарту: Изд-во ТГУ, 1973. Вып. 2.

Лотман 1983 — Лотман Ю. М. Роман А. С. Пушкина «Евгений Онегин». Комментарий. 2-е изд. Л.: Просвещение, 1983.

Слонимский 1974 — Слонимский Ю. И. Балетные строки Пушкина. Л.: Искусство, 1974.

Томашевский 1918 — Томашевский Б. В. Ритмика четырехстопного ямба по наблюдениям над стихом «Евгения Онегина» // Пушкин и его современники. Пг.: Тип. Рос. акад. наук, 1918. Вып. XXIX–XXX. С. 144–187.

Томашевский 1956 — Томашевский Б. В. Пушкин: Книга первая (1813–1824). М.; Л.: Изд-во АН СССР, 1956.

Тургенев 1810 — Тургенев А. И. О плясанье и танцах // Вестник Европы. 1810. № 23. С. 207–217.

Цявловский 1951 — Цявловский М. А. Летопись жизни и творчества А. С. Пушкина: в 3 т. Т. 1. М.: Изд-во АН СССР, 1951.

Iser 1978 — Iser W. The Act of Reading: A Theory of Aesthetic Response. Baltimore: Johns Hopkins UP, 1978.

Levi-Strauss 1966 — Levi-Strauss C. The Savage Mind. Chicago [Illinois]: The University of Chicago Press; London [England]: Weidenfeld and Nicolson Ltd., 1966.

Nabokov 1975 — Nabokov V. Eugene Onegin: A Novel in Verse by Aleksandre Pushkin. Trans. and commentary by Vladimir Nabokov: In 4 vols. Princeton, NJ: Princeton UP, 1975.

Stilman 1958 — Stilman L. Проблемы литературных жанров и традиций в «Евгении Онегине» Пушкина // American Contributions to the Fourth International Congress of Slavists. Moscow, September 1958. The Hague: Mouton, 1958.

Todd 1986 — Todd W. M. III. Fiction and Society in the Age of Pushkin: Ideology, Institutions and Narrative. Cambridge, MA: Harvard UP, 1986.

Turner 1977 — Turner V. The Ritual Process: Structure and Anti-Structure. Ithaca, N. Y.: Cornell UP, 1977.

Достоевский как профессиональный писатель: профессия, занятие, этика[1]

В писательской карьере Достоевского есть один неочевидный, но тем не менее переломный момент: начиная с повести «Двойник» (1846) его персонажам начинает хватать на жизнь, а затем финансовые заботы и вовсе перестают играть в их судьбах существенную роль («Записки из подполья», 1864) — чего не скажешь о его первом романе «Бедные люди» (1845). В книгах, за которые Достоевского помнит весь мир, уже нет крутых поворотов сюжета, основанных на внезапной перемене материального положения (банкротство, неожиданно обнаруженное завещание, как с неба свалившееся наследство и т. п.); теперь главных героев тяготят не столько денежные проблемы, сколько моральные, идеологические и психологические. В молодости Достоевскому не давала покоя мысль о сокрушительном воздействии внешних обстоятельств; в его зрелых работах эта тема отходит на второй план, уступая место глубокому и проницательному исследованию вопросов моральной ответственности и свободы воли. Обращение именно к этим проблемам принесло ему славу писателя-философа, знатока человеческой души и даже пророка.

Только в последние десятилетия исследователи начали заново открывать то, что прекрасно знали современники Достоевского (как собратья по перу, так и читатели): что он был по-настоящему *профессиональным* писателем во всех смыслах этого слова;

---

[1] Dostoevsky as a Professional Writer // Cambridge Companion to Dostoevsky. Ed. by W. J. Leatherbarrow, Cambridge UP, 2002. P. 66–92. Русский перевод: Достоевский как профессиональный писатель: профессия, занятие, этика // НЛО. 2002. № 58. С. 15–43.

что жизнь его после ссылки была тесно связана со средствами массовой коммуникации, читательской аудиторией, общественной и благотворительной деятельностью; и что, в отличие от большинства своих героев, он крайне редко мог позволить себе не обращать внимания на финансовые трудности и пренебрегать профессиональной репутацией. На его долю выпало все, что щедро отмеряла русским писателям судьба: от тюрьмы, цензуры и неподъемных долгов до славы, владычества над умами и относительного материального благополучия. Не менее разнообразна была и его профессиональная деятельность — художественная литература, критика, публицистика, редактура, издание журнала, ответственная должность в первом российском объединении писателей.

Слово «профессиональный» в словаре Достоевского, похоже, не встречается[2]. Представители свободных профессий (врачи, юристы, учителя) играют в его произведениях в лучшем случае второстепенные роли. Однако, как я намерен показать в этой работе, Достоевскому за его творческую жизнь (1845–1881) удалось стать настоящим профессионалом. При этом он не только принял самое деятельное участие в преображении русской литературы и культуры в целом, но и сыграл определенную роль в процессе, весьма характерном для эпохи «великих реформ», — в становлении профессий. В этой статье я намерен проследить, как именно Достоевский участвовал в этом постепенном социокультурном движении. Я даже позволю себе предположить, что профессиональная писательская деятельность так или иначе повлияла на главные произведения Достоевского и многими творческими решениями он обязан тем материальным условиям, в которых ему приходилось работать.

Термин «профессиональный», если употреблять его по отношению к литературе, включает в себя три различных значения. Во-первых, слово «профессия» может означать «призвание». Призвание к литературному творчеству было знакомо русским

---

[2] Поиск был осуществлен по Конкордансу всех произведений Достоевского под ред. В. Н. Захарова (Петрозаводский государственный университет).

за много поколений до того, как юный, едва за двадцать, Достоевский перевел бальзаковскую «Евгению Гранде» и написал своих «Бедных людей». Для Державина, Карамзина, Жуковского, Батюшкова, Гоголя, Пушкина, Лермонтова — и это лишь немногие из длинного списка — художественная литература стала главным делом жизни, делом, которым они занимались больше всего и чаще всего. Этой одержимостью проникнуты их письма, воспоминания, разговоры. В России конца XVIII — начала XIX века образованному светскому человеку приличествовало уделять внимание литературному творчеству, но то была литература салонная, необременительная, — а эти люди посвящали писательству едва ли не все свое время. Их произведения пережили имперскую, советскую и постсоветскую эпохи и навеки вошли в канон русской классики. Однако ни одного из этих писателей — дворян, помещиков, чиновников и офицеров разных рангов — нельзя назвать профессионалом во втором смысле этого слова, а именно: человеком, превратившим призвание в *финансово стабильное занятие и основное средство к существованию*.

Пушкин яснее, чем его собратья по перу, понимал, что такое профессия литератора, — благодаря проницательным наблюдениям над европейской, в особенности английской, литературной жизнью и язвительной критике литературной жизни России. Он смелее всех бросил вызов великосветским предрассудкам против того, что называл писательским «ремеслом». Однако стремительный успех южных поэм все же не стал для Пушкина началом независимой литературной карьеры, и умер поэт с чудовищными долгами, презираемый многими представителями своего (да и более позднего) времени как малозначительный «аристократ»[3].

Но и за несколько десятилетий до первой публикации Достоевского кое-кому все-таки удавалось зарабатывать на жизнь литературной и окололитературной деятельностью: книгопродавцам, переводчикам, издателям периодических журналов,

---

[3] О статусе писателя в России XVIII века и в особенности о статусе Пушкина см. классические труды Менье [Meynieux 1966a; Meynieux 1966б].

авторам поэтических и прозаических бестселлеров. Имена некоторых из них пережили века: это Николай Иванович Новиков — издатель, журналист, критик; книготорговец Александр Филиппович Смирдин; Фаддей Венедиктович Булгарин — издатель газет и журналов, романист, фельетонист; Осип Иванович Сенковский — издатель журнала, беллетрист, критик. А вот переводчики беллетристики и авторы лубочной литературы оставались для читателя безликими и безымянными. Дворяне, рассчитывавшие на профессиональную литературную карьеру, как огня боялись того, что в читательском сознании они окажутся сближены с этими представителями массовой словесности, и Пушкин в язвительной полемике с Булгариным использовал эту ассоциацию как сатирический прием.

Чтобы талант и труд позволили писателю безбедно жить своим трудом, требовалось нечто большее, нежели призвание. Требовались определенные общественные институты, которые еще только зарождались в России в 1830-е годы, когда Достоевский начал задумываться о литературной карьере. Начинающему профессиональному писателю, конечно, необходимы были талант, воображение, образованность и — на первых порах — финансовая поддержка. Все это было вполне достижимо, и пример тому — сам Достоевский. Не обладавший ни высоким происхождением, ни большим состоянием, он полюбил литературу еще в детстве благодаря семейной традиции и полученному в пансионе образованию (Библия, лучшие образцы русской литературы его времени, западноевропейская литература в переводах). В Инженерном училище ему преподавали русскую и французскую литературу, немецкий язык, историю[4]. Этого культурного капитала и семейных средств ему вполне хватало, чтобы в 1840-е годы начать литературную карьеру.

Однако особенности русской литературной жизни воздвигали на пути писателя, вознамерившегося полностью посвятить себя творчеству, серьезные препятствия — и Достоевскому так

---

[4] Подробный и проницательный рассказ об образовании и воспитании Достоевского см. [Frank 1976: 35–66, 92–93].

никогда и не удалось полностью их преодолеть. Для начала следует упомянуть малочисленность читательской аудитории. Обследование уровня грамотности населения Российской империи было впервые произведено только в 1897 году, и оказалось, что доля грамотных составляет всего лишь 21 % — намного ниже уровня, обеспечивавшего прибыльность издательского дела в Англии и Соединенных Штатах. А в годы юности Достоевского эта цифра, вероятнее всего, колебалась между пятью и десятью процентами, притом в это число входило и множество людей, чья грамотность была минимальной и функциональной — они не были способны читать художественную литературу, даже если могли позволить себе сравнительно дорогие книги и периодические издания. Много позже, в 1863 году, Достоевский подсчитает, что лишь каждый пятисотый русский имеет доступ к элитарной литературе [Достоевский 1973, 5: 51].

Столь мизерные читательские потребности могли поддерживать существование лишь горстки периодических изданий, издателей и писателей. Наиболее популярным журналом в 1830-х и начале 1840-х была «Библиотека для чтения» О. Сенковского (1834–1864), насчитывавшая около 7000 подписчиков в пору своего наибольшего успеха, в 1837 году — том самом году, когда было продано 5000 экземпляров второго издания «Евгения Онегина». Можно представить профессиональные возможности русской литературы в денежном выражении, если знать, что в тот год Смирдин заплатил Сенковскому за редактирование журнала 29 000 рублей; а издатель Пушкина заплатил поэту — кумиру юности Достоевского — жалких 3000 рублей за это более чем прибыльное издание первого великого русского романа [Куфаев 1927: 136; Гриц 1929; 167]. Издатели и редакторы могли рассчитывать на большие доходы — авторы же нет. Все они боролись за эту мизерную аудиторию, способную читать книги и журналы и либо покупать их, либо платить довольно высокий ежегодный взнос за пользование библиотекой.

Кроме того, в годы юности Достоевского литературный рынок не был свободным. Политика российского самодержавия в отношении прессы была непоследовательной и недоброжелательной. В 1780–1848 годах частные издательства были разрешены, запрещены и вновь разрешены; сомнительные пассажи в тексте сначала решительно трактовались не в пользу автора, позже на них вроде бы перестали обращать внимание, но de facto брали на заметку и при случае припоминали; ввоз иностранных книг был запрещен, затем дозволен, затем жестко урезан. Цензурные ведомства множились как грибы — к концу этого периода их было не менее дюжины, — а требования их зачастую были взаимоисключающими [Ruud 1982, ch. 4–6]. Но неустойчивое, стремительно меняющееся законодательство было далеко не главной проблемой, стоявшей перед начинающим профессиональным писателем — таким как Достоевский. Законы, с какой бы скоростью они ни менялись, все же позволяли писателям и издателям прогнозировать последствия своей деятельности. Некоторые законы могли быть и на руку: например, цензурный устав 1828 года, с прилагавшимся к нему «Положением о правах сочинителей», давал российскому литератору права, делавшие писательство занятием вполне стабильным с финансовой точки зрения[5]. Главной же трудностью авторов и издателей были непредсказуемость, произвол и злопамятность властей — от императора до любого чиновника. Хотя перед выходом в свет все тексты подвергались цензуре, автора или издателя могли наказать и после публикации — пусть даже законы формально их защищали, — если опубликованное произведение навлекало на себя недовольство в верхах. У цензора Никитенко в 1830 году были все основания жаловаться на то, что в России нет законности [Никитенко 1955].

Не менее капризными и непоследовательными, чем самодержавие, были диктуемые переменчивой модой вкусы читающей публики: в 20-е и 30-е годы XIX века русская литература еще только нащупывала путь из светских салонов и студенческих кружков на рынок, а критика, способная направлять читательское мнение, еще не сложилась — время забвения для писателя

---

[5] О роли авторского права в развитии писательства как профессии см. [Woodmansee, Jaszi 1994; Rose 1993].

наступало почта сразу же вслед за периодом короткой славы. Даже Пушкин, впоследствии канонизированный (отчасти и усилиями Достоевского) как «национальный поэт» России, в полной мере испытал на себе эти превратности судьбы — за нежданным успехом повествовательных поэм начала 1820-х годов последовало неприятие его прозы и поэзии широким читателем и критикой в 1830-е. Если периодическим изданиям, уродуемым цензурой, обычно все-таки удавалось протянуть несколько лет, то книгоиздателям, зависевшим от узкого круга покупателей, грозил еще и финансовый крах. Предприимчивый Смирдин, например, попытался перейти на менее дорогие издания, но не рассчитал свои финансовые возможности — и дело кончилось полумиллионными долгами [Гриц и др. 1929: 344–355].

В годы, предшествовавшие началу литературной деятельности Достоевского, русское общество было увлечено двумя концептуальными спорами, которые свидетельствовали о растущих проблемах писательства как зарождающейся профессии. Первый спор, начавшись как полемика о непреходящей ценности «Истории государства Российского» Карамзина, вскоре перерос в дискуссию о достоинстве писателя — и шел между Булгариным и его единомышленниками, с одной стороны, и «аристократической» партией Пушкина — с другой. По мере того, как эта дискуссия переходила сперва на колкие замечания, а затем и грубые выпады и обвинения в адрес печально известного Третьего отделения, становилось все яснее, что в России нет ни публичной критики, ни условий для публичных дебатов. До боли очевидным было отсутствие профессионализма в третьем смысле этого слова — в смысле подчинения выработанным элитарной группой коллег этическим нормам. Всем участникам дискуссии стало понятно, что у русских писателей и критиков таких норм нет; более того — литераторы и журналисты не осознают себя самостоятельной и самоуправляемой группой.

В начале 1830-х годов эта дискуссия сошла на нет, но тогда же разгорелась новая. Масла в огонь подлил успех «Библиотеки для чтения» Сенковского и других предприятий, финансировавшихся Смирдиным. Этот новый спор — о «словесности и коммерции» — не только показал, что прежние проблемы никуда не ушли, но и определил новые, касавшиеся не менее важных аспектов тогдашней литературы и журналистики: редактирование, издание, круг читателей, превращение печатного слова в товар. Противоборствующие стороны остались прежними, но теперь тон в дискуссии задавали О. И. Сенковский, С. П. Шевырев, В. Г. Белинский и Н. В. Гоголь. Говоря о монополии Смирдина на прессу (включая «Библиотеку для чтения»), Белинский метко и иронично определил 1830-е годы как «эпоху Смирдина»: все русские писатели, питавшие надежды на общественное признание, вынуждены были считаться с его редакторами и торговой сетью. Отдавая должное честности и надежности Смирдина, Белинский все же отмечал, что у книг, изданных не Смирдиным и не под эгидой его редакторов, невелики шансы на широкое распространение [Белинский 1976–1982, 1: 489].

Почему столь успешные предприятия — включая журнал, который выходил в свет с неправдоподобной по тем временам регулярностью, щедро платил своим авторам и публиковал такие шедевры, как пушкинская «Пиковая дама», — вызвали такой шквал споров? Ответ на этот вопрос показывает, как далеко было России до профессиональной литературы — или хотя бы до внятного представления о ней. Протест против профессионализации литературного ремесла ярче всего выразился в нападках Шевырева на «Библиотеку для чтения». Многие его статьи близки к истерике: тут и обвинения в том, что авторы, которым платят за печатный лист, грешат многословием; и опасения, что торговля погубит вкус, мысль, мораль, ученость, честную критику; и лицемерно-возвышенные тирады о том, что одна лишь поэзия не попала в цепкие лапы торговцев [Шевырев 1835: 3, 8–10, 25–27].

Гоголь и Белинский приветствовали профессионализацию литературы, поэтому, возражая Сенковскому, они все же были далеки от мысли, что оплата писательского труда способна повредить литературному дарованию. Их больше волновали этические требования, делающие литературу достойной профессией. Их заботил профессионализм в третьем смысле этого слова —

уважение к авторскому тексту, ответственность критиков перед читателем и осознание ими культурных потребностей этого читателя. Едва ли не самым поразительным в деятельности Сенковского была бесстыдная редакторская вседозволенность, которую Гоголь находил беспрецедентной для русской культуры. Он в изумлении цитировал Сенковского: «…мы никакой повести не оставляем в прежнем виде, всякую переделываем: иногда составляем из двух одну, иногда из трех, и статья значительно улучшается нашими переделками» [Гоголь 1937–1952, 8: 162]. Так далеко Сенковский, возможно, и не заходил, однако он и впрямь добавил счастливый конец к «Отцу Горио» Бальзака, изменил несколько научных работ и не раз вставлял собственные idées fixes в статьи других авторов. Некоторые его исправления свидетельствовали об определенной издательской политике, дотоле неведомой в России; но большинство их отражало откровенное пренебрежение к авторскому тексту и — в более широком смысле — к званию и особой миссии поэта, столь высоко превознесенному в век романтизма. В глазах Белинского это было не чем иным, как предательством доверия читателей. В то время как Белинский, Шевырев и философски настроенные авторы нового поколения призывали к ответственной критике, «Библиотека для чтения» поражала их безответственностью, ненадежностью и откровенной бесчестностью. Она была, по меткому выражению Лидии Гинзбург, «принципиально-беспринципной» [Очерки 1950, 1: 332].

В таком неопределенном состоянии и пребывала русская литература в то время, когда Достоевский был студентом. И все же успех Карамзина, Пушкина, Гоголя вполне мог воодушевить молодого литератора на мечтания о литературном поприще, а политика Смирдина, какой бы ущерб она в конечном итоге ни наносила писательскому делу, давала автору возможность получить ощутимое денежное вознаграждение вне зависимости от того, пользовался ли он покровительством двора и состоял ли на государственной службе. Молодые, подающие надежды русские литераторы в поисках образцов для подражания обращали взгляды за границу: высокий образ поэта в немецкой философской эстетике; идея ответственности писателя перед обществом во французской беллетристике (Жорж Санд, Эжен Сю); литературные победы французских и английских государственных деятелей (Констан, Шатобриан, Дизраэли); сочетание коммерческого успеха и высокой оценки критиков (Скотт, Диккенс, Бальзак — всего лишь несколько имен из длинного ряда). Белинский, самый влиятельный критик 1840-х годов, попытался сформулировать идеал профессионального литератора своего поколения. Он смотрел на литературу не только как на товар, но как на "*res publica*" — дело общественное, великое, важное, источник высокого нравственного наслаждения, живых восторгов». Необходимая такой литературе читательская аудитория — это «одиночная живая личность, исторически развившаяся, с известным направлением, вкусом, взглядом на вещи». Для такого читателя литература будет «своя, плоть от плоти своей, кость от костей своих, а не что-нибудь чуждое, случайно наполнившее собою известное число книг и журналов». Только такой читатель, утверждал Белинский, способен наполнить смыслом звания «писатель» и «критик» [Белинский 1976–1982, 3: 195–198].

Достоевский впервые столкнулся с хрупким образованием, именуемым «русская литература», после окончания Инженерного училища — полный творческих устремлений и пребывающий в блаженном неведении о реальных трудностях литератора в России 1840-х годов. Из трех упомянутых смыслов слова «профессия» ему тогда соответствовал лишь один — «призвание». Годы спустя Достоевский в своем «Дневнике писателя» (январь 1876-го) вспомнит наивные мечты о «прекрасном и высоком», планы написать роман о Венеции, стихи брата Михаила. Судя по сохранившимся письмам конца 1830-х — начала 1840-х годов, все эти мечты о поэзии, прозе, драматургии и философии — вовсе не преувеличение. Достоевский выказывает мало интереса к занятиям в училище и к офицерской карьере. Смерть отца избавляет его от этой карьеры, и он выходит в отставку, как только это становится возможным — в 1844 году.

С головой погрузившись в чтение и литературное творчество, Достоевский по-прежнему пребывает в блаженном неведении относительно материальных сторон жизни писателя. Вскоре, однако, ему предстояло познакомиться с ними — у Достоевского, в отличие от других великих русских романистов его поколения, практически не было источников дохода, кроме литературных заработков. Лев Толстой унаследовал большое имение (примерно 800 душ мужского пола), у Ивана Тургенева на двоих с братом было имение в 4000 душ. На фоне этих огромных владений мизерное, отягченное долгами имущество отца Достоевского выглядело совсем убого. Гончаров и Салтыков-Щедрин происходили из семей, где дворянский титул подкреплялся купеческим богатством; оба преуспели на государственной службе — Достоевский же оставил эту службу при первой возможности. Да и знатностью он похвастаться не мог — мать его происходила из купеческой семьи, а отец, принадлежавший по рождению к менее зажиточной прослойке духовного сословия, лишь тяжелым трудом выслужил дворянство. Поскольку от службы Достоевский отказался, а свою долю крохотного отцовского имения продал за тысячу рублей, единственным его источником дохода были писательские гонорары — не считая небольших сумм, которые он брал взаймы у друзей и родственников[6].

Поначалу Достоевский относился к этим затруднениям беспечно. Он вел типичную жизнь молодого офицера — был завсегдатаем театров и ресторанов, влезал в долги и вообще служил примером «низкого экономического временного горизонта», характерного для его возраста, сословия и времени [Gerschenkron 1975]. Вскоре им завладела несбыточная фантазия, свойственная образованным молодым людям середины века, — получать доход от переводов; но тут он, в отличие от многих, добился успеха — его перевод «Евгении Гранде» почти сразу же был опубликован.

За этим анонимным началом карьеры литератора последовал более чем своевременный дебют — позже, уже опытным журна-

---

[6] Этими и другими сведениями о жизни Достоевского до ссылки я обязан книге [Frank 1976]. Исследуя тексты Достоевского в их социокультурном контексте, профессор Франк уделил внимание и материальным обстоятельствам жизни писателя.

листом, Достоевский будет прилагать огромные усилия, чтобы так же удачно подгадать момент. Его однокашник Дмитрий Григорович, большой поклонник французского социального романтизма, прочел в рукописи первый роман Достоевского «Бедные люди» и, потрясенный, показал его Николаю Некрасову, который сам незадолго до этого успешно дебютировал как публицист, поэт и публикатор «физиологических очерков». Некрасов тут же кинулся показывать роман Белинскому — критику на тот момент столь влиятельному, что даже ходили слухи, будто провинциальные книгопродавцы заказывают товар, основываясь на его рецензиях [Куфаев 1927: 123]. Критик пришел в восторг, что не удивительно: критический и вместе с тем глубоко человечный взгляд Достоевского на тогдашнее общество был созвучен эволюции воззрений самого Белинского; кроме того, этот невесть откуда взявшийся Достоевский стал первым русским писателем, выразившим такой взгляд в полновесном романе.

В тесном литературном мирке 1840-х весть о новом романе разнеслась быстро, задолго до того, как он вышел из печати, и Достоевский внезапно ощутил себя в центре внимания и интереса. Несмотря на профессионализацию, русская литературная жизнь все-таки оставалась средой салонов и кружков. Завсегдатаями их были люди куда более светские и утонченные, чем молодой Достоевский, отвечавший на внимание к собственной персоне со всей экстравагантностью своих еще не написанных (или уже известных к тому времени бальзаковских) «подростков». Воспоминания современников и собственные письма Достоевского к брату Михаилу свидетельствуют о поистине выдающихся *faux pas*: нагрубил в салоне самому что ни на есть доброжелательному гостю; упал в обморок к ногам светской красавицы, пожелавшей с ним познакомиться; недозволенными способами рекламировал юмористический журнал, задуманный его кружком, чем обрек его на цензурный запрет...

Белинский, человек уже вполне зрелый, реагировал на юношеские выходки Достоевского спокойно, чего никак нельзя сказать о сверстниках последнего. Некрасов и Тургенев в совместном сатирическом стихотворении окрестили его «новым прыщом» на носу литературы. То, что среди переписывавших это стихотворение были Герцен и Григорович, говорит о степени раздражения, которое Достоевский вызывал у писателей, входивших в «плеяду» Белинского [Некрасов 1967, 1: 515, 666]. Интеллектуалы-разночинцы (такие как Чернышевский и Добролюбов) вскоре еще сильнее, чем Достоевский, почувствуют, насколько чужды они нравам уходящей дворянской культуры [Paperno 1988: 75–88]. Белинский, который, как и Достоевский, был сыном военного врача, вряд ли мог преподать молодому писателю уроки великосветских манер — но он, по крайней мере, пытался вбить в его кружащуюся от успеха голову хоть какие-то зачатки здравого смысла в том, что касалось денежных вопросов:

> Белинский недели две тому назад прочел мне полное наставление, каким образом можно ужиться в нашем литературном мире, и в заключение объявил мне, что я непременно должен, ради спасения души своей, требовать за мой печатный лист не менее 200 р. асс.

Однако душе Достоевского, видимо, предстояло спасаться как-то иначе, поскольку означенная сумма была бы едва ли не самым высоким гонораром для того времени, вовсе неуместным для начинающего автора, что Достоевский вскоре и выяснил в переписке с издателем своего первого романа, Некрасовым:

> Терзаемый угрызениями совести, Некрасов забежал вперед зайцем и к 15 генварю обещал мне 100 руб. серебром за купленный им у меня роман «Бедные люди». Ибо сам чистосердечно сознался, что 150 р. сереб. плата не христианская. И посему 100 р. сереб. набавляет мне сверх из раскаяния.

Но кающийся Некрасов, включивший «Бедных людей» в альманах, пока еще не сделался преуспевающим литературным предпринимателем, каким станет позже, — и Достоевский сообщает о новых трудностях:

> Но вот что скверно. Что еще ровнешенько ничего не слыхать из цензуры насчет «Бедных людей». Такой невинный роман таскают, таскают, и я не знаю, чем они кончат. Ну как запретят? Исчеркают сверху донизу? Беда, да и только, просто беда, а Некрасов поговаривает, что не успеет издать альманаха, а уж истратил на него 4000 руб. ассиг.[7]

Три месяца спустя, в январе 1846 года, роман все-таки вышел — но ни он, ни «Двойник» не принесли прибыли, на которую рассчитывал Достоевский. Обеспокоенного и встревоженного писателя вскоре ждало еще одно разочарование — далеко не такая восторженная критика, к какой он успел привыкнуть. Даже Белинский, настроенный в целом благожелательно, несколько сдержанно отозвался о романе в рецензии, написанной им для «Отечественных записок» — журнала, который он привел к процветанию, став в 1839 году его ведущим критиком. Когда же Белинский ушел из «Отечественных записок» в «Современник», его отзыв о «Бедных людях» в годовом обзоре оказался еще более прохладным, и он обвинил роман в многословии и повторах.

Тут было от чего прийти в уныние даже не столь чувствительному и тревожному человеку, а Достоевский был явно далек от современной точки зрения, что лучше плохая реклама, чем никакой. Он оказался в шатком и уязвимом положении: критики и так обвиняли его в излишней близости к филантропической эстетике «натуральной школы» Белинского, а теперь он к тому же ощущал, что человек, который помог ему пробиться в печать, отвернулся от него. Кроме того, меняющиеся писательские интересы Достоевского влекли его в направлении психологическом («Двойник») и фантастическом («Хозяйка»), что не слишком нравилось Белинскому; и это еще больше отчуждало Достоевского от Белинского и его круга.

---

[7] [Достоевский 1972–1990, 28: 112–113]. Письмо к М. М. Достоевскому от 8 октября 1845 года. Во времена Достоевского один рубль серебром был равен 3,5 рублей ассигнациями. Далее в статье, если не оговорено иначе, подразумеваются рубли в ассигнациях.

И наконец, Достоевский, чьи «Бедные люди» открыли путь прозе «натуральной школы», вскоре обнаружил, что его первый роман «догнали» не менее значительные литературные достижения: уже выходили рассказы Тургенева, из которых позже были составлены «Записки охотника»; «Кто виноват?» Герцена (1847) отличался более широким спектром персонажей, чем «Бедные люди»; первый роман Гончарова, «Обыкновенная история», завоевал похвалы Белинского за то, что в нем наивному романтизму была противопоставлена реальная жизнь; Григорович в повестях «Деревня» (1846) и «Антон Горемыка» (1847) подробно, как никто до него, описал жизнь крестьянскую; а Александр Васильевич Дружинин вспахал новое (по крайней мере, для России) литературное поле, посвятив свою повесть «Полинька Сакс» (1847) эмансипации женщин. Достоевский терял благосклонность критиков и репутацию модного писателя, а другие авторы его поколения приобретали и то и другое успешней, нежели он, восполняя явную потребность в книгах, которые затрагивали бы важные социальные проблемы, не вступая в открытое противостояние с цензурой.

Эти события пошатнули и без того хрупкую самооценку Достоевского, но он уже был профессиональным писателем в той степени, в какой это было возможно в середине 1840-х. Он получил аванс от А. А. Краевского, издателя «Отечественных записок», за будущий роман «Неточка Незванова», и (хотя этот аванс привязывал его к журналу, из которого Белинский уже ушел в «Современник», а Достоевский сделался едва ли не посмешищем в литературных кругах за то, что не сумел предоставить книгу в срок) эта крупная сумма (4000 рублей) стала для него источником к существованию — равно как и доход от рассказов, опубликованных до ареста (1849 год). Тексты, написанные Достоевским до каторги, регулярно появлялись в «Отечественных записках» — в том числе три части «Неточки Незвановой» (1849), которую он в итоге так и не закончил. Тот факт, что Достоевскому в те годы удавалось публиковать свою художественную прозу, ясно свидетельствует, что он завоевал прочное место в русской литературе. Что бы ни думали собратья по перу о нем самом и о стиле его письма, они все же печатали его в ведущих журналах той поры и писали рецензии на его произведения. Как бы горько ни сетовал Достоевский на большие долги Краевскому и на то, что писать быстро значит писать в ущерб качеству, денежные авансы давали ему возможность — едва ли не единственному в то время — жить литературным трудом[8]. Однако определение, которое Достоевский применяет по отношению к себе в этих жалобах, — «поденщик» — еще чрезвычайно далеко от исполненного достоинства «профессионал».

Не удивительно, что Достоевский не печатал в те годы свои сочинения отдельными томами. Экономические условия того времени позволяли делать это разве что самым преуспевающим и знаменитым писателям. Достоевский же приобрел такую репутацию лишь после ссылки, но и тогда его романы и рассказы сначала появлялись в журналах частями, с продолжением. Отдельное же издание приносило автору примерно в десять раз меньше, чем журнальный гонорар [Рейтблат 1991: 32].

В этот ранний период своего творчества Достоевский начал осваивать еще один вид профессионального писательства — журналистику; однако арест и каторга едва ли не сразу прервали эти его опыты. Хотя современники в большинстве своем не гнушались подобным заработком, Достоевский этим занятием не гордился и никогда не переиздавал свои ранние фельетоны. И все же публицистика внесла свой вклад в стиль, тематику, образность и даже сюжетные ходы его художественной прозы. Непринужденный тон фельетона давал возможность легко переходить от одной темы к другой, повышать эмоциональный накал, создавать образы и психологические портреты, полемизировать и даже исповедоваться. В этом смысле он не был первым; Батюшков, Вяземский, Белинский (особенно двое послед-

---

[8] [Достоевский 1972–1990, 28: 135–136]. Письмо к М. М. Достоевскому от 17 декабря 1846 года. К чести Краевского следует отметить, что ставка аванса, предложенная им Достоевскому — 50 рублей серебром за печатный лист, — не так уж отличалась от той, которую, по словам Федора Михайловича, ему предложил «Современник» (60 рублей серебром).

них) уже приспосабливали разговорную манеру к своим прозаическим произведениям. Однако благодаря жанру фельетона эта манера сделалась особенно популярной, возможности ее расширились, и Достоевский не расставался с ней до конца жизни — причем не только в публицистике, но и в таком в высшей степени незаурядном сочинении, как «Дневник писателя» (1873, 1876–1881), а также в речи рассказчиков и мнимых авторов своих романов и повестей — например, «Записок из подполья» и «Братьев Карамазовых».

Четыре фельетона, под названием «Петербургская летопись» (1847), написанные Достоевским для «Санкт-Петербургских ведомостей», дали ему возможность раскрыть свое видение современной городской культуры. Выводы, к которым он приходит, по большей части неутешительны — он язвительно критикует Россию, где за неимением свободной прессы узнать новости можно только в своем узком кругу: «Даже известно, что весь Петербург есть не что иное, как собрание огромного числа маленьких кружков, у которых у каждого свой устав, свое приличие, свой закон, своя логика и свой оракул». Только в этих кружках человек может получить ответ на вопрос «что нового?» [Достоевский 1972–1990, 18: 12]. Но рано или поздно эти кружки распадаются, и в них уже, как и в прессе, не узнать настоящих новостей. В этом первом из четырех фельетонов Достоевский саркастически подводит итог своим наблюдениям о плачевном состоянии интеллектуальной жизни в России и о неспособности русских к участию, посредством печати, в жизни общественной.

В апреле 1849 года Достоевскому приходится расстаться с еще одной иллюзией — о надежности и незыблемости привычных связей. За участие в политических кружках он был арестован, заключен в тюрьму, едва не казнен и приговорен к каторжным работам. Четыре года каторги в Омске отрезали его от литературной жизни и даже от семьи; он не получал писем и сам отправил всего два. Но он изо всех сил развивал наблюдательность и память, копил впечатления, открытия и обобщения, которые позже, будучи собраны в «Записки из Мертвого дома» (1860–1861), принесут ему славу выдающегося писателя.

Когда Достоевский после каторги был отправлен на солдатскую службу, ему должно было казаться, что придется начинать все сначала. Его литературные замыслы в 1854–1855 годы — это возврат в прошлое: патриотическая ода (жанр, который еще в начале столетия вышел из моды, поскольку сильно скомпрометировал себя продажностью), возможно, переводы. Получение офицерского звания и разрешение печататься открыли перед ним более широкие перспективы, но такого бурного успеха, как с «Бедными людьми», уже не было, а влиятельные издатели хорошо помнили его юношеские эскапады. Едва ли не первым «приветствием» освободившемуся Достоевскому стал злобный и ядовитый памфлет о молодом тщеславном писателе, в котором Достоевскому было нетрудно узнать себя [Frank 1983: 236–240]. Написал его Панаев, издававший тогда «Современник» вместе с Некрасовым.

Первые художественные произведения Достоевского, созданные им после ссылки и столь важные для его профессионального роста, были так же плохо приняты критикой и издателями, как и последние написанные до ареста. «Отечественные записки» отвергли «Дядюшкин сон» (1859), «Русский вестник» отказался от «Села Степанчикова» (1859). В довершение всего издатель «Русского вестника» Катков уже успел выслать Достоевскому аванс, в котором тот отчаянно нуждался, и теперь его нужно было возвращать. В конце концов «Отечественные записки» взяли «Село Степанчиково», но всего за 120 рублей за печатный лист, то есть гораздо меньше, чем до ссылки [Достоевский 1972–1990, 2: 499].

Каким бы мрачно знакомым ни показался ему литературный мир (все те же издатели и журналы, все тот же полицейский надзор), Достоевский все же не мог не заметить перемен в нем, вернувшись в Петербург в декабре 1859 года. Эпоха разгула цензуры миновала, близились «великие реформы», которым предстояло преобразить государственные и общественные институты Российской империи. Цензурные послабления и неведомая прежде терпимость к политическим обзорам в прессе способствовали развитию журналистики: между 1855 и 1860 годами появилось 150 новых газет и журналов. Однако рост грамотности не поспевал за ростом периодики, и многие из свежеиспеченных изданий быстро умирали, а подписчиков у ведущих журналов того времени было не больше, чем в 1830-е годы у «Библиотеки для чтения» [Куфаев 1927: 154]. Среди новых периодических изданий, разрешенных властями, был и журнал «Время», основанный Михаилом Достоевским. Предполагалось, что цензором его станет собрат по перу — Иван Гончаров, уже пропустивший в печать «Село Степанчиково» без сколько-нибудь существенных купюр.

За этим многообещающим событием последовало еще одно: в 1860 году Достоевскому удалось издать двухтомное собрание своих ранних работ. Деньги за это он получил небольшие, всего 2000 рублей, но это обеспечило ему минимальный (по мнению одного из обозревателей 1870-х годов) годовой доход, необходимый писателю, обремененному семьей [Шашков 1876: 43]. Из указаний, которые Достоевский шлет брату Михаилу, следует, что он уже определил для себя основные принципы литературных сделок:

> Контракт следующий: 1) Рукопись в руки — деньги в руки. 2) Печатать 2000 экземпляров — никак не больше (в крайнем случае можно 2400). 3) Я имею право печатать после этого издания через 2 года. 4) В течение этого времени, если все экземпляры выйдут, книгопродавец не имеет права делать 2-ого издания. 5) Начать издание немедленно. (Письмо от 9 октября 1859 г.) [Достоевский 1972–1990, 28, 1: 351].

Иными словами, Достоевский прекрасно видел недобросовестность, царившую в окололитературном мире, и старался как можно тщательнее подстраховаться.

Эти изменения касаются профессионализации литературы во втором — коммерческом — смысле. Но, обосновавшись в Петербурге, Достоевский довольно скоро обнаружил разительные перемены и в третьем смысле — социально-этическом. Здесь следует отметить два существенных события. Первое касалось Гончарова: он безосновательно обвинил Тургенева в плагиате, заявив, будто тот использовал замысел его «Обрыва» в собственных сочинениях — «Дворянском гнезде» (1859) и «Накануне» (1860). Десятилетием раньше этот прискорбный конфликт, который все объясняли завистливостью и паранойей Гончарова, разрешился бы на дуэли или (что менее вероятно) в зале суда. Теперь же Тургенев потребовал, чтобы их рассудили коллеги-литераторы, и в марте 1860 года «третейские судьи» Павел Анненков, Александр Дружинин, Степан Дудышкин и Александр Никитенко уверенно разрешили спор в пользу Тургенева [Ehre 1973: 54–59; Yarmolinsky 1960; 174–177]. Судя по этому примеру, литература уже стала профессиональной сферой деятельности, регулируемой теми, кто был в ней сведущ. За четверть века до того только цензурное ведомство смогло придать цивилизованную форму войне между Булгариным и Пушкиным.

Второе важное событие, ставшее вехой в процессе профессионализации русских писателей, вскоре коснулось самого Достоевского: в 1859 году, незадолго до возвращения писателя в Петербург, был учрежден Литературный фонд («Общество для пособия нуждающимся литераторам и ученым»). Дружинин, зная, что Тургенев посещает ежегодные обеды Королевского литературного фонда в Англии, попросил его описать одну из таких встреч, что тот и сделал для январского номера «Библиотеки для чтения» в 1858 году. Большая группа русских писателей подала заявку на учреждение русского аналога этого фонда — общества, которое поддерживало бы писателей, ученых и их семьи посредством займов, пособий и пожертвований. Самодержавие по-прежнему враждебно относилось к идее самостоятельных и самоуправляемых профессиональных организаций, но в 1859 году власти понемногу начали разрешать неполитические благотворительные общества, которые с 1848 года были запрещены. Тургенев в заявке ссылался на прецеденты создания подобных обществ[9]. Литературный фонд

---

[9] Об основании и первых двух десятилетиях деятельности Литературного фонда см. [Иванов-Натов 1983; Заборова 1975].

объединил большинство писателей, критиков и издателей 1840–60-х гг., упоминавшихся в этой статье. Первое его собрание состоялось в ноябре 1859 года, и братьев Достоевских немедленно туда порекомендовали. Они вступили в общество в декабре того же года.

В ожидании грядущих великих преобразований, в том числе освобождения крестьян, вся петербургская интеллигенция находилась в возбуждении. Идея благотворительного фонда сблизила представителей самых разных групп, не пересекавшихся ни ранее, ни позднее. Радикальные мыслители нового поколения — например, Чернышевский и Добролюбов — примкнули к старшим и «умеренным» — таким как Тургенев, Анненков, Григорович, Краевский. Первый его Комитет возглавил Ковалевский, министр народного образования, а пожертвования в Литературный фонд вносило, по свидетельству Тургенева, даже само царское семейство [Иванов-Натов 1983: 258]. Вскоре Достоевский получил возможность наблюдать радикальные тенденции недавно созданного общества: Чернышевский, Добролюбов и Некрасов выступили в защиту арестованных студентов и бывших политических заключенных — таких как петрашевец Сергей Дуров, друг Достоевского. Материалы Литературного фонда свидетельствуют, что Достоевский неизменно выступал за предоставление материальной помощи творческим людям, не ладившим с властями; как бывший политзаключенный, он прекрасно понимал всю тяжесть их положения.

В феврале 1863 года Достоевский был избран секретарем Литературного фонда и членом его Комитета и занимал эти посты до тех пор, пока ему не пришлось сложить с себя полномочия, чтобы самому обратиться в фонд с просьбой о займе (1865). Он составлял письма от имени фонда, разбирал просьбы о помощи, лично навещал бедствующих литераторов на дому и в больницах. Столь ответственная административная деятельность явно не вяжется с расхожим представлением о Достоевском как о человеке непрактичном, зато вполне согласуется с общинными традициями русской православной церкви и если не с идеологией, то с обычаями русской интеллигенции[10]. Достоевский всю свою жизнь подавал милостыню, даже если подавать было почти нечего, и тема благотворительности занимает особое место в его произведениях — от «Бедных людей» до «Братьев Карамазовых». В последнем его романе Иван Карамазов и старец Зосима по-разному подходят к благотворительности: Иван — отстраненно и абстрактно, Зосима — искренне и пылко. Благодаря деятельности в Литературном фонде Достоевскому пришлось побывать в шкуре и того, и другого — равно как и его современнику (и временами злейшему сопернику) Тургеневу, который, подобно Достоевскому, лично помогал тем писателям, которым фонд был помочь не в силах.

Средства Литературного фонда складывались из пожертвований, добровольных отчислений из писательских гонораров и из доходов от публичных выступлений. В этом смысле Достоевский тоже не остался в стороне: в апреле 1860 года состоялась знаменитая постановка гоголевского «Ревизора», в которой Федор Михайлович сыграл роль почтмейстера Шпекина — вот когда пригодился его недооцененный комический дар! [Frank 1986: 12–14] Всю свою жизнь он поддерживал Литературный фонд и другие благотворительные инициативы (воскресные школы, высшее образование для женщин), участвуя в литературных вечерах и концертах; его воодушевленное чтение приковывало к себе внимание аудитории. Даже в последние два года жизни, больной и переутомленный, он постоянно выступал перед слушателями — вплоть до того, что жене пришлось вести расписание таких выступлений; список насчитывал четырнадцать пунктов [Достоевская 1876–1880]. Надо сказать, что Достоевский не любил больших собраний; писательское тщеславие мешало ему переносить присутствие соперников — к примеру, куда более элегантного Тургенева. И то, что Достоевский все-та-

---

[10] В шестидесятые годы XIX века некоторые радикалы — например, Чернышевский и Петр Ткачев — выступали против благотворительности, утверждая, что она не ведет к улучшению социального положения. Н. Н. Страхов во «Времени» защищал благотворительность как вид деятельности, способный духовно возвысить и сплотить богатых и бедных. См. [Lindenmeyr 1994].

ки заставлял себя принимать участие в подобных мероприятиях, где часто читал отрывки из еще неоконченных книг, позволяет судить о мере его профессионализма и преданности Литературному фонду.

Достоевский довольно быстро устроился в Петербурге, нашел старых друзей и обзавелся новыми, приступил к писательству и принял самое деятельное участие в издании журнала «Время». В ту эпоху толстый журнал сделался средоточием литературной и интеллектуальной жизни. Бесконечные собрания редколлегий заменили литераторам былые салоны и книжные лавки. Теперь начинающие писатели могли рассчитывать на то, что их статьи, фельетоны, переводы, рассказы (а иногда и стихи) появятся на страницах журнала, перемежая собою более внушительные публикации — романы с продолжением, мемуары, научные труды. Издательская политика была такова, что новые художественные произведения, даже вышедшие из-под пера самых маститых и популярных романистов, вначале появлялись в толстых журналах. Журналы завлекали подписчиков, обещая им, что за год подписки они прочтут до конца роман того или иного прославленного писателя, а интерес к новому роману подогревался журнальными и газетными рецензиями, которые появлялись еще до завершения публикации полного текста.

Не менее важным, чем литературный и интеллектуальный уровень такого журнала, было его направление. В этом смысле на протяжении 1850–70-х годов палитра была довольно пестрой: леволиберальные «Русское слово», «Современник» и «Дело»; более умеренные «Отечественные записки» и «Вестник Европы»; правоцентристская «Библиотека для чтения»; наконец, консервативные — «Русский вестник» и «Заря». Направление журнала могло меняться, поскольку критики и редакторы нередко переходили из одного издания в другое, и обычно не было жестким — по крайней мере, до ареста Чернышевского в 1862 году. Год 1866-й стоит в этом списке дат особняком — он был отмечен первой попыткой покушения на Александра II, попыткой, которая глубоко потрясла патриархальную Россию и привела к цензурным репрессиям по отношению к журналам, поскольку журналы ассоциировались с радикальным движением 1860-х.

Братья Достоевские и главные их сотрудники, Николай Страхов и Аполлон Григорьев, довольно скоро определили направление нового журнала — «почвенничество». Журнал заполнил идеологическую нишу между славянофилами и западниками и сосредоточился скорее на культурных, чем на экономических сторонах жизни. Он пропагандировал «русскую идею», которая синтезировала бы культурные достижения русского народа и европейского Просвещения. Такая программа способна была привлечь непредвзятых читателей самых разных убеждений. И действительно, «Время» стало одним из самых популярных журналов начала 1860-х, с внушительным числом подписчиков — 4000. Издателем и официальным редактором был Михаил Достоевский, но большую часть редакторской работы выполнял Федор, который, кроме того, выступал на страницах журнала как фельетонист, критик, автор полемических статей и беллетрист. Он напечатался в более чем трех четвертях из всех вышедших (28) номеров «Времени», опубликовав в журнале два романа — «Униженные и оскорбленные» (1861) и «Записки из Мертвого дома» (1861–1862), а также «Зимние заметки о летних впечатлениях» (1863). В свете Достоевский был неуклюж, раздражителен и угрюм, но как журналист он умел привлекать к себе внимание читателей, особенно молодых; репутация бывшего «политического» делала его притягательной и героической фигурой в глазах интеллигенции — особенно после «Записок из Мертвого дома», где он первым решился заговорить о жестокости российской пенитенциарной системы.

Журнал защищал народное образование и образование женщин, что укрепляло к нему доверие. Но Достоевский не просто хотел потрафить либеральным вкусам; он, как и другие авторы журнала, выступал и против догматов тогдашней критики. Так, например, он ярко и остроумно отстаивал ценность, свободу и внутреннюю действенность искусства, опровергая заявления (преимущественно Добролюбова и Чернышевского) о том, что искусство обязано служить злободневным и конкретным общественным целям («Г-н —бов и вопрос об искусстве» — «Время», февраль 1861 года). В общем и целом, журнал придерживался центристской позиции, за что подвергался критике со стороны как левых «нигилистов», так и правых ура-патриотов.

По оценке самого Достоевского (не исключено, что несколько завышенной), по возвращении в Санкт-Петербург он зарабатывал от 8000 до 10 000 рублей в год — вполне достаточно для безбедного существования[11]. Казалось бы, он наконец-то состоялся как профессиональный писатель — но тут на него лавиной обрушились несчастья. Судьба словно решила продемонстрировать, что в 1860-е годы профессия литератора все еще оставалась ненадежным ремеслом. Первой катастрофой стало запрещение «Времени» в мае 1863 года. Польское восстание 1863 года восстановило общественное мнение против инсургентов. Большинство радикалов поддерживало поляков, но открыто в печати это мог делать только Герцен из эмиграции. Московские журналисты во главе с Катковым не упустили случая нанести удар своим петербургским конкурентам, которые сообщали о ходе восстания в более нейтральном, чем москвичи, тоне. В этой взрывоопасной обстановке Страхов, чьи ученые и запутанные рассуждения годились скорее для научного, чем для публицистического журнала, написал статью, которая могла быть истолкована как восхваление польской культуры в ущерб русской. Московская пресса немедленно накинулась на «Время» с яростными обличениями, и власти, воспользовавшись этим поводом, закрыли журнал. Тот факт, что под запрещение попал русский националист Достоевский, чьи произведения изобилуют малосимпатичными поляками, многое говорит о самодурстве властей, которые одновременно закрыли «Время» и разрешили издать утопический роман Чернышевского «Что делать?», в одночасье ставший «библией» радикально настроенной молодежи. Запретить «Время» распорядился император по просьбе министра внутренних дел, сославшись в качестве оснований не только на замыс-

---

[11] [Достоевский 1972–1990, 28, 2: 118]. Письмо к А. Е. Врангелю от 31 марта/14 апреля 1865 года.

ловатую статью Страхова, но и на «вредное направление» журнала [Нечаева 1972: 306–308]. В конце 1870-х члены царской семьи сведут знакомство с Достоевским и окружат его вниманием, но до этого еще далеко — пока он считается потенциально опасным политическим заговорщиком.

Страхов выказал глубокое раскаяние — настолько убедительно, что Катков заступился за него перед властями, — но воскрешать «Время» было уже поздно. Однако Михаил Достоевский добился разрешения издавать новый журнал под названием «Эпоха». Выход первого номера планировался на начало 1864 года. Но тут последовала целая полоса смертей: Федор Михайлович теряет племянницу (февраль 1864 года), жену (апрель 1864 года) и брата Михаила (июль 1864 года). Эти утраты не могли не повлиять на его работоспособность. Работа над «Эпохой» продвигалась медленно; в первый год существования журнала каждый номер выходил с двухмесячным запозданием. Доход был невелик, так как к подписчикам «Времени» новое издание поступало по льготной цене, в качестве компенсации за неполученные номера прежнего, запрещенного. К тому же, что было особенно печально, с художественной точки зрения «Эпоха» не дотягивала (за одним ярким исключением) до того высокого уровня, который ранее задало «Время». Например, в первом номере были опубликованы «Призраки» Тургенева — длинная мистическая повесть, которую братья Достоевские охотно взяли у автора знаменитых романов: это произведение не соответствовало ни вкусам тогдашнего читателя, ни литературным пристрастиям самого Федора Михайловича; позднее он назвал «Призраков» «ерундой».

Упомянутым исключением из общего ряда публикаций «Эпохи» стали «Записки из подполья» самого Достоевского, — возможно, самое глубокое его произведение. Но и тут обстоятельства — а именно тот факт, что повесть была растянута на несколько номеров, — обернулись против издателя и автора: вторая часть увидела свет лишь через два с лишним месяца, так что читатели журнала вряд ли сумели оценить сложные и тонкие связи между первой и второй частями. В периодике не появилось ни одной рецензии на «Записки из подполья», если не считать мимолетного упоминания в сатире М. Е. Салтыкова-Щедрина «Стрижи» («Современник» за июнь 1864 года).

Тем временем семья Михаила, т. е. вдова с маленькими детьми, унаследовала его огромные долги — 33 000 рублей, — связанные не только с журналом, но и с затеянной им новой типографией. Чтобы восполнить убытки и обеспечить себя, пасынка и семью брата, Федор Достоевский принял два чрезвычайно рискованных в финансовом смысле решения. Первое: не уступать журнал (в качестве ликвидного имущества) кредиторам брата, а продолжать его издание и кормить семью на литературные заработки. Однако он сильно переоценил шансы на успех. Обремененный обязанностями по руководству журналом (редактура, сбор материала, переговоры с авторами, финансовые вопросы, споры с цензурным ведомством), Достоевский сумел дать для публикации лишь несколько произведений, да и то небольших. Так, в последнем номере «Эпохи», вышедшем в марте 1865 года, было опубликовано начало рассказа «Крокодил». Чтобы «Эпоха» приносила доход, ей требовалось 2500 подписчиков, а привлечь удалось вдвое меньше — всего 1300. В итоге «Эпоха» разделила судьбу подавляющего большинства русских журналов XIX века — светлые надежды и глубокие замыслы разбились о нехватку сотрудников, средств и подписчиков. Как редактор, критик и публицист, Достоевский почти не имел себе равных по энергии и одаренности, но даже это не спасло его от тяжелого бремени долгов.

Не менее рискованную позицию Достоевский занял в отношении издания собственных произведений. У него возникла идея переиздать самое популярное из них — «Записки из Мертвого дома» — с иллюстрациями и в нескольких выпусках. Насколько было известно Достоевскому, в Англии так делали многие писатели, в том числе Диккенс. Но чтобы это смелое предприятие окупилось, нужно было обладать массовой популярностью, сопоставимой по уровню с успехом Диккенса, что, в свою очередь, предполагало высокую грамотность населения и хорошо развитую сеть книготорговли. Все это имелось в Англии — но не в России[12]. Здесь никто не брался за подобные предприятия с тех пор, как Пушкин, в зените своей славы, выпустил отдельными главами «Евгения Онегина». Достоевский мечтал издавать себя сам, без посредников, но это стало для него возможно лишь в 1870-е годы. Весть о банкротстве «Эпохи» напугала издателей, и они опасались вкладывать деньги в публикацию произведений Достоевского. Краевский, в 1840-е годы поддерживавший его авансами, отказался взять будущий роман «Преступление и наказание» на условиях Достоевского (3000 рублей авансом и гонорар в 150 рублей за печатный лист — значительно меньше 250 рублей за лист, которые он получал во «Времени» [Достоевский 1972–1990, 28, 2: 127] Письмо от 8 июня 1865 года).

Эти обстоятельства вынудили Достоевского на второй крайне рискованный шаг — он обязался в течение 1866 года закончить два романа. Подобной «производительностью труда» а-ля Троллоп Федор Михайлович не отличался ни прежде, ни когда-либо после. О публикации «Преступления и наказания» он договорился с катковским «Русским вестником», однако за все те же 150 рублей за лист. Два следующих романа — «Идиот» и «Бесы» — были оплачены по такой же ставке. Нельзя не признать, что авансы Катков в те годы присылал писателю регулярно, почти как жалованье. Но у этого положения дел была и оборотная сторона: назначив Достоевскому подобную ставку гонорара, Катков фактически исключил его из высшего разряда русских писателей. В литературном мире было хорошо известно, кому сколько платят, и с подобным уменьшением доходов неминуемо должен был упасть и престиж автора, которому в дальнейшем становилось все труднее требовать высокий гонорар[13]. Достоевский пожалел, что согласился на такие условия,

---

[12] Об экономической стороне издания произведений отдельными выпусками в Викторианскую эпоху см. [Sutherland 1976: 21–24].

[13] [Шашков 1876: 35–37]. Анализ этой системы см. [Рейтблат 1991: 78–96]. Хотя выводы Рейтблата весьма ценны и убедительны, приводимые им по источникам цифры следует использовать с осторожностью, так как они противоречат многочисленным свидетельствам в опубликованной и неопубликованной переписке Достоевского. Архив «Русского вестника» погиб при пожаре в начале XX века.

когда осознал, что Тургенев и Толстой для Каткова не пишут, — иначе говоря, в журнале наблюдается нехватка первоклассной прозы (Толстой прервал журнальную публикацию «Войны и мира» в 1866 году, а «Дым» Тургенева вышел лишь в 1867-м). Когда благодаря «Преступлению и наказанию» журнал Каткова обрел около 500 новых подписчиков, Достоевский, вероятно, получил новые основания считать, что ему недоплачивают [Frank 1996: 46].

Положение автора «Русского вестника» заставляло идти и на идеологические, и на художественные компромиссы. По подозрениям Федора Михайловича, Катков навязал ему такой низкий гонорар с тайным умыслом — чтобы вынудить его писать романы подлиннее. «Роман есть дело поэтическое, — писал Достоевский А. Е. Врангелю, — требует для исполнения спокойствия духа и воображения» [Достоевский 1972–1990, 28, 2: 150–151]. В будущем писателю предстояло обнаружить, что редактура Каткова посягает не только на поэзию (творческий дух, фантазию) его романов, но и на конкретное воплощение замыслов, «художественность», как выражался Достоевский. Катков требовал переписать сцену чтения Соней Евангелия в «Преступлении и наказании», убрать из «Бесов» исповедь Ставрогина. Федор Михайлович с самыми дурными предчувствиями отослал в «Русский вестник» святотатственную речь Ивана против Бога и Христа в пятой книге «Братьев Карамазовых», но в этом случае ему все-таки удалось настоять на своем. Со временем Достоевский сумел превратить напряженный, безумный темп своего каторжного труда в неотъемлемую часть своей поэтики: герои-рассказчики, отчаянно пытающиеся зафиксировать пестроту событий, кипящих вокруг них («Бесы», «Братья Карамазовы»); повествователь-журналист, который использует распространенные тогда приемы (например, классификацию людей по «типам»), чтобы постичь — хотя бы приблизительно — устройство необыкновенных человеческих душ («Идиот»); горячечные, растягивающиеся на всю ночь сцены, на протяжении которых персонажи с истерическим надрывом разыгрывают пронзительные интеллектуальные драмы. Герои произведений зрелого Достоевского, в отличие от своего автора (каким он предстает в своих письмах), не помешаны на каждодневной борьбе за кусок хлеба, но их объединяет с писателем бешеный темп жизни, а также отчаянные старания упорядочить, увязать воедино множество сюжетных нитей и истолкований происходящего.

К моменту подписания договора на «Преступление и наказание» Достоевский еще не был знаком с Катковым лично, но не мог не помнить, что газета Каткова «Московские ведомости» сыграла не последнюю роль в закрытии «Времени». В то время Достоевский уже не был ни западником, ни социалистом и его политические убеждения не слишком расходились с линией катковских журнала и газеты. С другой стороны, в молодости власти обрекли его на каторгу и ссылку, а затем поставили на грань разорения, и потому он никогда не поддерживал полицейских мер по отношению к своим идеологическим противникам, хотя яростно полемизировал с ними на страницах «Времени» и «Эпохи». Катков же был чужд подобной профессиональной солидарности с коллегами — журналистами и издателями — и не стеснялся призывать к запрещению их изданий. Позднее Толстой назвал Каткова устрашающей, всемогущей силой. Этот издатель прекрасно разбирался в хитросплетениях петербургских интриг и умудрялся всегда оказываться на стороне победителя, так что его боялись даже губернаторы [Русановы 1972: 53]. Таким образом, Достоевскому потребовалась изрядная смелость, чтобы высказаться в защиту свободы слова в письме к Каткову, когда тот поддержал отклики реакционеров на неудачное покушение на императора 4 апреля 1866 года:

> 4-е апреля математически доказало могучее, чрезвычайное, святое единение царя с народом. А при таком единении могло бы быть гораздо более доверия к народу и к обществу в некоторых правительственных лицах. А между тем со страхом ожидают теперь стеснения слова, мысли. Ждут канцелярской опеки. А как бороться с нигилисмом без свободы слова? Если б дать даже им, нигилистам, свободу слова, то даже и тогда могло бы быть выгоднее: они бы насмешили тогда всю Россию *положи-*

тельными разъяснениями своего учения. А теперь придают им вид сфинксов, загадок, мудрости, таинственности, а это прельщает неопытных [Достоевский 1972–1990, 28, 2: 155].

Читатели Достоевского обнаружат в его доводах те же приемы, которые он применял в художественной литературе и журналистике против современников-радикалов. Его оружием против обольстительной таинственности революционных мыслителей были осмеяние и доведение до абсурда. С точки зрения Достоевского, именно такие средства, а не политические интриги пристали профессиональному (в нравственном смысле этого слова) литератору.

Договор на «Игрока» — второй роман, который Достоевский обязался написать в 1866 году, — был чреват еще большей опасностью для его творчества и благополучия, нежели катковский. Шестью годами ранее Достоевский выпустил собрание своих сочинений. Теперь же, вновь соблазнившись такой возможностью, он согласился подписать с Ф. Т. Стелловским договор, включавший в себя печально известную статью о штрафных санкциях:

> Я был в таких плохих денежных обстоятельствах, что принужден был продать право издания всего прежде написанного мною, на один раз, одному спекулянту, Стелловскому, довольно плохому человеку и ровно ничего не понимающему издателю. Но в контракте нашем была статья, по которой я ему обещаю для его издания приготовить роман, не менее 12-ти печатных листов, и если не доставлю к 1-му ноября 1866-го года (последний срок), то волен он, Стелловский, в продолжении девяти лет издавать даром, и как вздумается, все, что я ни напишу, безо всякого мне вознаграждения.

К несчастью для Достоевского, Стелловский отлично понимал, с кем имеет дело, — писатель уже много раз не выдерживал сроков сдачи рукописей:

> 1-е ноября через 4 месяца: я думал откупиться от Стелловского деньгами, заплатив неустойку, но он не хочет. Прошу у него на три месяца отсрочки — не хочет и прямо говорит мне: что так

как он убежден, что уже теперь мне некогда написать роман в 12 листов, тем более что я еще в «Русский вестник» написал только что разве половину, то ему выгоднее не соглашаться на отсрочку и неустойку, потому что тогда все, что я ни напишу впоследствии, будет его [Достоевский 1972–1990, 28, 2: 159–160] (Письмо к А. В. Корвин-Круковской от 17 июня 1866 г.).

Такой мелодраматический сюжет сделал бы честь любому романисту Викторианской эпохи, не исключая и самого Достоевского. К счастью, трагические начальные акты этой мелодрамы вылились в непременную комедийную развязку — произошедшее уже под занавес спасение героя. Достоевский благородно отверг идею старого друга Александра Милюкова, чтобы несколько приятелей написали «Игрока» за него, но согласился на другое предложение — воспользоваться услугами стенографистки, ученицы первого преподавателя стенографии в России. План был таков: писатель диктует ей текст, который она расшифровывает, аккуратно переписывает и возвращает для внесения правки. С помощью стенографистки Достоевский выполнил условия Стелловского, однако в этой драме был еще один поворот сюжета: в 10 утра 1 ноября 1866 года писатель был вынужден зарегистрировать рукопись в полиции, поскольку Стелловский, надеясь сорвать выполнение договора, скрылся.

В жизни, отмеченной нездоровьем, бедностью и несчастьями (которые Достоевский порой сам навлекал на свою голову), встреча со стенографисткой оказалась для писателя самым счастливым стечением обстоятельств. Молодая (вдвое моложе Достоевского) женщина, Анна Григорьевна Сниткина (1846–1918) получила хорошее образование, свободно владела немецким языком и, как было свойственно молодым русским интеллектуалам ее поколения, страстно любила литературу. В начале 1867 года она стала женой Достоевского. Вскоре после свадьбы молодожены, скрываясь от кредиторов, были вынуждены уехать за границу.

Говоря о Достоевском как о профессиональном писателе, никак нельзя обойти вниманием титанические заслуги Анны Григорьевны — все, что она сделала для творчества мужа и укрепления его авторитета. Она не только записывала под диктовку все его последующие сочинения, но и, когда после четырехлетних европейских странствий супруги вернулись в Россию, занималась всеми издательскими делами и семейным книготорговым предприятием. В ее архиве сохранился так называемый «Альбом признаний» конца 1880-х годов, где Анна Григорьевна называет распространение произведений мужа целью своей жизни [Достоевская]. Но распространение произведений — лишь малая толика сделанного ею для сохранения наследия Федора Михайловича. Она вела стенографический дневник их жизни за границей, написала ценнейшие мемуары и подготовила к изданию письма Достоевского. Для биографов ценен каждый из этих источников, но письма ярче всего свидетельствуют о том, каких мучений стоили Достоевскому переговоры с журналами, редакторами и издателями. Анна Григорьевна подготовила к публикации библиографическую информацию и архивные материалы. На плоды ее добросовестного и скрупулезного труда опираются современные библиографические указатели, архивы, литературные музеи. Сохранившиеся в ее записных книжках перечни подписчиков изданий Достоевского и сведения о гонорарах, выплаченных за произведения, — подлинная сокровищница, которой современным исследователям еще предстоит воспользоваться в полной мере.

Но в 1867 году о таком богатом наследии и не думали — главной заботой супругов тогда была угроза тюремного заключения за неуплату долгов. Дневник Анны Григорьевны и письма Федора Михайловича за последующие четыре года — хроника печальных подробностей их отчаянного экономического положения. Частые и мучительные приступы эпилепсии у Достоевского, игра в рулетку, ссора с Тургеневым, разочарование в Европе и тоска по России — все эти стороны его биографии широко известны. Однако нередко забывают о том, что за эти годы Достоевский сумел закончить два больших романа — «Идиот» и «Бесы», причем более или менее пунктуально сдавал их по частям в журналы, и при этом еще писал для нового журнала «Заря» рассказ «Вечный муж». В течение 1868 года был опубликован почти весь «Идиот». Публикация «Бесов», правда, несколько затянулась (начало вышло в «Русском вестнике» за 1871 год, а окончание размещено в двух номерах следующего подписного года — 1872-го), но в этой задержке был во многом виновен сам Катков — он не согласился напечатать даже смягченный вариант спорной главы «У Тихона», а редакция уведомила об этом автора с большим опозданием.

В отношениях с журналами Достоевский не всегда вел себя безупречно — так, в «Заре» он взял солидный аванс (900 рублей) на большой роман, но к моменту закрытия журнала рукопись не представил и аванса не вернул. Однако и другая сторона в те годы была небезгрешна — понадобились пять лет и угроза судебного иска для того, чтобы пресловутый Стелловский выплатил Достоевскому 3000 рублей — свой долг за второе издание «Преступления и наказания» [Frank 1995: 414–415]. Но даже в худших своих проявлениях Достоевский был образцом профессиональной ответственности по сравнению со многими своими собратьями по перу. Толстой, например, так и не завершил публикацию «Войны и мира» в «Русском вестнике»; издание «Анны Карениной» растянулось более чем на два с половиной года, пока в 1877-м Катков не отказался печатать последнюю часть. С двумя другими романами той поры дело обстояло еще печальнее: этнографический роман Мельникова «На горах» публиковался в «Русском вестнике» с 1875 по 1881 год, а «Господа Головлевы» Салтыкова-Щедрина переросли из цикла очерков в роман на страницах «Отечественных записок» в 1876–1881 годах. Романы Тургенева, правда, не требовали от читателя хорошей памяти, но они были куда короче и часто печатались в номере толстого журнала целиком («Отцы и дети», «Дым»). На этом фоне относительная обязательность Достоевского тем более поразительна, что обычно он отдавал в печать первую часть произведения, даже не набросав его окончания.

В 1871 году, с возвращением в Санкт-Петербург, началось, пожалуй, самое спокойное и благополучное десятилетие профессиональной жизни Достоевского. Журнальная публикация двух больших романов («Подросток» (1875) и «Братья Карамазовы» (1879–1880)), редакторская работа в еженедельнике «Гражданин» (1873–1874) и издание собственного в высшей степени оригинального «журнала одного автора» — «Дневника писателя» (1876–1878, отдельные номера в 1880 и 1881-м), — все это обеспечивало ему стабильный доход. Начиная с первого отдельного издания «Бесов» бесстрашная Анна Григорьевна взяла на себя переиздание крупных произведений Достоевского — она договаривалась с типографиями и торговала книгами прямо у себя на квартире. Контраст между этим успешным «домашним издательством» и широкомасштабными сетями книготорговли в Англии и Америке красноречиво свидетельствует о том, в каких стесненных условиях протекала литературная жизнь в России.

Но упорядоченность жизни Достоевского была лишь внешней; на деле он по-прежнему прилагал огромные усилия, чтобы сохранить не только финансовую, но и творческую независимость и целостность, лавируя между консервативными и радикальными изданиями, между воинствующим национализмом и христианским народничеством. В начале 1870-х бывший политический заключенный свел дружбу с К. П. Победоносцевым, архиконсервативным наставником будущих императоров Александра III и Николая II, а через него познакомился и с членами царской семьи. В 1880 году Достоевский лично преподнес великому князю Александру экземпляр «Братьев Карамазовых» [Гроссман 1934: 83–85, 91–92, 114–115]. При всем этом возвращение Достоевского в Россию ознаменовалось досмотром его бумаг на границе (маленькая дочь писателя расплакалась и тем самым прервала этот обыск), а позднее в Санкт-Петербурге он подвергся недолгому тюремному заключению за публикацию сведений о некоей важной особе без официального на то дозволения. Официальный надзор за ним власти прекратили в 1875 году, о чем сам Достоевский узнал (если узнал вообще) только в 1880-м. Возможно, он спокойнее бы воспринимал этот надзор, будь ему известно, что в том же 1875 году жандармы вычеркнули из списка лиц, подлежащих наблюдению, и Пушкина (скончавшегося, как известно, в 1837-м). Впрочем, атмосфера этого десятилетия, полного репрессий и казней, поневоле вселяла в писателя тревогу за судьбу его родины [Волгин 1970, Волгин 1986].

В круг вышеупомянутых новых знакомых Достоевский вступил благодаря тому, что был утвержден редактором «Гражданина», издаваемого князем В. П. Мещерским — публицистом-консерватором и весьма богатым человеком. Непреодолимым соблазном тут послужил не только оклад (250 рублей в месяц, не считая гонораров за собственные публикации в «Гражданине»), но и шанс обнародовать свое мнение по насущным проблемам. Живя за границей, Достоевский внимательно следил за происходящим в отечестве и гордился тем, что его художественные произведения необыкновенно точно предвосхищают развитие событий в российском обществе. К тому же он уже несколько лет подумывал об издании собственной газеты или альманаха [Достоевский 1972–1990, 28, 2: 224, 329]. Работа в «Гражданине» стала стимулом к созданию «Дневника писателя» — цикла из шестнадцати статей. Это одно из лучших публицистических произведений Достоевского, опиравшееся на опыт фельетонов 1840-х годов и полемических очерков во «Времени» и «Эпохе». В «Дневнике» в остроумном и непринужденном, порой откровенно-сатирическом тоне оспаривались догмы западнической интеллигенции — например, идея обусловленности характера средой. Испытывая эти постулаты на прочность, писатель делился своими язвительными наблюдениями над современным обществом и воспоминаниями о литературной жизни за последние три десятка лет [Morson Saul 1993: 54–57]. Неожиданные выводы, чеканные формулировки и обаятельный образ автора способствовали успеху статей и воодушевили Достоевского на то, чтобы расширить эту «колонку» до самостоятельного ежемесячного издания. Однако другие обязанности, связанные с работой в «Гражданине»: рутинные деловые переговоры, редактирование материалов, приглаживание неуклюжих текстов владельца журнала — стали писателю в тягость, и в марте 1874 года Достоевский оставил эту должность. Впрочем, если бы он на ней остался, это вряд ли прибавило бы ему душевного спокойствия. Хотя консервативная монархистская позиция Мещерского не противоречила убеждениям Достоевского, писатель, как истинный представитель своей профессии, считал, что правительственные дотации компрометируют прессу [Достоевский 1972–1990, 28, 2: 153–154] (Письмо к М. Н. Каткову от 15 апреля 1866 г.); «Гражданин» же имел дурную славу получателя крупных сумм из фондов, отведенных государством для поддержки прогосударственной пропаганды.

Следующий шаг Достоевского наверняка был воспринят многими его старыми друзьями как предательство прежних убеждений. Он согласился отдать свой новый роман «Подросток» в «Отечественные записки» — либеральный журнал, издателем которого в то время был его давнишний противник Некрасов. Конечно, определенную роль тут сыграло и то, что Некрасов предложил солидный аванс и гонорар по высшей ставке — 250 рублей за лист — в момент, когда авторское самолюбие Достоевского было сильно уязвлено баснословным гонораром, который незадолго до этого согласились заплатить Толстому за «Анну Каренину» в «Русском вестнике» — 500 рублей за лист. Узнав о намерении Достоевского напечататься в журнале противоположного направления, Любимов довольно неуклюже предложил компромисс, который вряд ли показался Федору Михайловичу лестным:

> Прибавить три тысячи уважаемому сотруднику, на это редакция без сомнения может решиться. Но возвышение гонораров, так сказать, официальных может иметь последствия, которые сделают издание невозможным. Некрасов уже не раз прибегал к приему, который и мы имеем в виду. Так было и с Тургеневым и с Мельниковым. Если сделается известным значительное повышение гонорара при Вашем новом романе, то со многих сторон могут быть заявлены требования о повышении платы, и тогда издавать будет совсем невозможно, если бы даже и подписка много возросла. Если бы было возможно, сохранив номинальные гонорары прежние, прибавить вам круглою суммою столько, чтобы общее получение соответствовало Вашему желанию, то дело уладилось бы без тех общих последствий, о которых говорю. Надлежит только это прибавление сохранить

в тайне между нами. Таким образом условие Ваше на деле было бы принято, но частный случай не обратился бы в общее правило [Любимов 1874].

Однако Любимов не выказал желания немедленно увидеть роман — и это, вероятно, лишний раз напомнило Достоевскому, что произведениям Толстого отдается приоритет перед его собственными; вот и еще одна причина согласиться на предложение Некрасова. Но вряд ли решение Достоевского мотивировалось всего лишь соображениями выгоды и уязвленным самолюбием. Он отнюдь не был Ракитиным из «Братьев Карамазовых», этим персонажем с сомнительной репутацией, писавшим одновременно для радикальной и епариальной прессы. К 1874 году идеологическая дистанция между Достоевским и «Отечественными записками» значительно сузилась, так что их позиции уже не были несовместимы: нигилизм радикалов-шестидесятников отступил перед идеалистическим народничеством 1870-х. У Достоевского было много общего с молодым поколением, обратившим взоры к идеалам русской деревни, — ведь он и сам еще с 1860-х ратовал за такой поворот [Frank 1970].

К этому времени финансовое положение Достоевского окончательно упрочилось, и он смог вернуться к «Дневнику писателя», сделав его периодическим изданием. По формату каждый номер этого ежемесячника представлял собой брошюру, обычно объемом в полтора листа; номера за год можно было переплести, так что получался томик. Предприятие оказалось успешным, и уже в 1879 году номера за первый год были переизданы в виде книги. Теперь писательский статус Достоевского был достаточно высок, чтобы осмелиться на такое рискованное дело, как публикация произведений отдельными выпусками — или, по крайней мере, на что-то в этом роде. Достоевский (а точнее, Анна Григорьевна) ежемесячно заказывал в типографии в два-три раза больше экземпляров, чем имелось подписчиков; «лишние» удавалось продавать через торговцев газетами и книжные магазины [Волгин 1974]. Лучшие страницы «Дневника» запечатлели выдающиеся образцы художественного, публицистического и полемического дара Достоевского; худшие же отмечены национальным, религиозным и великодержавным шовинизмом. «Дневник» оказался на удивление своевременным, и тому был целый ряд причин: он подхватил прилив патриотических чувств, вызванных Русско-турецкой войной; он импонировал как народникам, так и консерваторам; он полемизировал со всеми лагерями сразу [Martinsen 1988], а главное — делал это с подкупающей интонацией непринужденного и откровенного разговора с читателем. Из всех произведений Достоевского именно «Дневник» вызвал самый большой поток писем — притом читатели писали о том, что их лично, непосредственно волновало.

Два года Достоевский пунктуально выпускал свой дневник. Работавший с ним наборщик М. А. Александров оставил подробные мемуары, свидетельствующие о высоком профессионализме Достоевского. Однако, по словам Александрова, журналистский труд не благоприятствовал писательскому вдохновению [Александров 1990, 2: 305–307]. Пошатнувшееся здоровье, а также желание полностью отдаться работе над последним в его жизни романом вынудили Достоевского прекратить издание «Дневника». В 1880-м он вернулся к нему только для того, чтобы опубликовать свою «Речь о Пушкине». Впрочем, у него были планы возобновить регулярное издание журнала в 1881 году, но им помешала смерть.

Весна 1878 года застала Достоевского за работой над новым романом, журнальную публикацию которого он планировал на 1879 год. К тому времени Толстой окончательно разорвал отношения с Катковым, а Тургенев, уже на закате своей писательской карьеры, печатался в «Вестнике Европы». В этой ситуации Достоевский вновь пришел в «Русский вестник», имея больше возможностей, чем когда бы то ни было, диктовать собственные условия. Хотя Катков и выслушал Достоевского, потребовавшего аванс и 300 рублей за лист, с неудовольствием, а затем пригрозил вообще прекратить издание «Русского вестника», он все-таки согласился на предложенные условия [Достоевский 1972–1990, 30, 1: 32] (Письмо к А. Г. Достоевской от 20–21 июня 1878 г.). Достоевский, может быть, и опасался за наиболее спорные пассажи романа, памятуя все исключенное Катковым из «Бесов» и «Преступления и наказания», однако с «Карамазовыми» издатель обошелся намного уважительнее. Из спора с Любимовым и Катковым, а также с могущественным Победоносцевым Достоевский вышел победителем, одолев редакцию и цензуру, и ему оставалось беспокоиться лишь о том, не будет ли дерзкая «Легенда о Великом инквизиторе» истолкована читателями — в общем контексте романа либо сама по себе — как сокрушительное опровержение убеждений самого писателя. Письма Достоевского к трем вышеупомянутым потенциальным критикам являют собой едва ли не лучшее, что было написано им о мастерстве писателя, и в частности об искусстве разделения произведения на части для журнальной публикации.

Вопреки надеждам и планам автора, завершить публикацию «Братьев Карамазовых» в 1879 подписном году не удалось. Последняя, шестнадцатая «порция» увидела свет лишь в ноябре 1880 года. В отличие от Толстого, который предоставил журналу извиняться за то, что публикация «Анны Карениной» затянулась на третий подписной год, Достоевский подошел к делу профессионально и сам попросил прощения у подписчиков в письме, включенном в декабрьский номер за 1879 год. Задержки были связаны с его нездоровьем, а также с работой над речью о Пушкине; но, помимо этого, Достоевский осознал, что не может выпустить в свет окончание романа, не изучив прежде жизнь монашества и процедуру полицейского дознания. Развивая эксперименты, начатые в «Дневнике писателя», Достоевский сознательно разработал новый тип «романа-сериала», который опирался уже не на проверенные временем приемы нагнетания напряжения и неожиданного сюжетного поворота, а на идею относительной целостности каждой из двенадцати книг романа, которые объединялись бы одной темой.

Смерть настигла Достоевского, когда он уже был профессионалом во всех трех смыслах этого слова. Храня верность призванию, он намеревался продолжать «Дневник писателя» и «Братьев Карамазовых». После отставки со службы он жил исключительно литературным трудом и в своем последнем в жизни письме, адресованном Любимову, интересовался, когда же ему будут выплачены 4000 рублей за последний роман. Его преданность профессии, статус которой он помог упрочить благодаря своим художественным и публицистическим принципам, получила признание со стороны как читательской аудитории, так и властей. Многие мемуаристы сообщают о невиданных дотоле проявлениях народной скорби на похоронах писателя, когда гроб с его телом несли с квартиры в церковь, а затем на кладбище. Немалую часть шедших за гробом и приславших венки составляли студенты и учащиеся школ. Власти назначили вдове и детям Достоевского пенсию в 2000 рублей в год. Достоевский первым из писателей, не находившихся на государственной службе в момент смерти, удостоился таких почестей. Иными словами, он был оценен ими таким образом исключительно за литературный труд[14]. Смерть Достоевского, этого мастера парадоксов, выявила еще два из них: русская интеллигенция, которую он часто упрекал в шаблонном мышлении и чрезмерном теоретизировании, сделала его одним из величайших своих кумиров; не менее критично он относился и к представителям свободных профессий (врачам, преподавателям, юристам), порицая их за близорукость и утилитаризм, — но оказался одним из первых настоящих русских профессионалов в своей сфере, одним из тех, кто установил нормы этики и коллегиальной ответственности литераторов.

Архивы

Достоевская 1876–1880 — Достоевская А. Г. Список устных выступлений в 1876–1880 гг. // ОР РНБ. Ф. 93. Разд. III. Карт. 5. Ед. хр. 17.

Достоевская — Достоевская А. Г. Альбом признаний // ОР РНБ. Ф. 93. Разд. III. Карт. 3. Ед. хр. 2. Л. 3.

Любимов 1874 — Любимов Н. А. Письмо к Ф. М. Достоевскому от 4 мая 1874 г. // ОР РНБ. Ф. 93. Р. II. К. 6. Ед. хр. 33. Л. 14.

---

[14] [Волгин 1986: 488]. Волгин отмечает, что Пушкин и Карамзин, чьи семьи также получили вспомоществование от императора, в момент смерти занимали то или иное официальное положение на государственной службе.

Источники

Белинский 1976–1982 — Белинский В. Г. Несколько слов о «Современнике» // Белинский В. Г. Полн. собр. соч.: в 9 т. М.: Художественная литература, 1976–1982.

Гоголь 1937–1952 — Гоголь Н. В. О движении журнальной литературы в 1834 и 1835 году // Гоголь Н. В. Полн. собр. соч.: в 14 т. М.: Наука, 1937–1952.

Достоевский 1972–1990 — Достоевский Ф. М. Полн. собр. соч.: в 30 т. Л., 1972–1990.

Некрасов 1967 — Некрасов Н. А. Послание Белинского к Достоевскому // Некрасов Н. А. Полн. собр. стихотворений: в 3 т. / Под ред. К. И. Чуковского. Л.: Советский писатель, 1967.

Русановы 1972 — Русановы Г. А. и А. Г. Воспоминания о Л. Н. Толстом, 1883–1901 гг. Воронеж: Центрально-черноземное книжное издательство, 1972.

Шашков 1876 — Шашков С. Литературный труд в России // Дело. 1876. № 8. С. 1–148.

Шевырев 1835 — Шевырев С. П. Словесность и торговля // Московский наблюдатель. 1835. № 1. С. 5–29.

Библиография

Александров 1990 — Александров М. А. Федор Михайлович Достоевский в воспоминаниях типографского наборщика в 1872–1881 годах // Ф. М. Достоевский в воспоминаниях современников. М.: Художественная литература, 1990. Т. 2. С. 251–324.

Волгин 1970 — Волгин И. Л. Достоевский и царская цензура: к истории издания «Дневника писателя» // Русская литература. 1970. № 4. С. 112–114.

Волгин 1974 — Волгин И. Л. Редакционный архив «Дневника писателя» // Русская литература. 1974. № 1. С. 154–161.

Волгин 1986 — Волгин И. Л. Последний год Достоевского. М.: Советский писатель, 1986. С. 126–130.

Гриц и др. 1929 — Гриц Т., Тренин В., Никитин М. Словесность и коммерция (книжная лавка А. Ф. Смирдина). М.: Федерация, 1929.

Гроссман 1934 — Гроссман Л. П. Достоевский и правительственные круги 1870-х годов // Лит. наследство. 1934. Т. 15. С. 82–162.

Заборова 1975 — Заборова Р. Б. Ф. М. Достоевский и литературный Фонд // Русская литература. 1975. № 3. С. 158–170.

Иванов-Натов 1983 — Иванов-Натов А. И. С. Тургенев и Литературный фонд в России // Transactions of the Association of Russian-American Scholars in U. S. A. 1983. Vol. XVI. P. 241–275.

Куфаев 1927 — Куфаев М. Н. История русской книги в XIX веке. Л.: Начатки знаний, 1927.

Нечаева 1972 — Нечаева В. С. Журнал М. М. и Ф. М. Достоевского «Время» 1861–1863. М.: Наука, 1972.

Никитенко 1955 — Никитенко А. В. Дневник. Т. 1–3. М., 1955.

Очерки 1950 — Очерки по истории русской литературы / Под ред. В. Е. Евгеньева-Максимова и др. Л.: Изд-во Ленинградского университета, 1950. Т. 1.

Рейблат 1991 — Рейтблат А. От Бовы к Бальмонту: очерки по истории чтения в России во второй половине XIX века. М.: Издательство МПИ, 1991.

Ehre 1973 — Ehre M. Oblomov and His Creator: The Life and Art of Ivan Goncharov. Princeton: Princeton UP, 1973.

Frank 1970 — Frank J. Dostoevsky and Russian Populism // The Rarer Action: Essays in Honor of Francis Fergusson / Eds. Alan Cheuse and Richard Koffler. New Brunswick: Rutgers UP, 1970. P. 301–319.

Frank 1976 — Frank J. Dostoevsky: The Seeds of Revolt, 1821–1849. Princeton: Princeton UP, 1976.

Frank 1983 — Frank J. Dostoevsky: The Years of Ordeal, 1850–1859. Princeton: Princeton UP, 1983.

Frank 1986 — Frank J. Dostoevsky: The Stir of Liberation, 1860–1865. Princeton: Princeton UP, 1986.

Frank 1995 — Frank J. Dostoevsky: The Miraculous Years, 1865–1871. Princeton: Princeton UP, 1995.

Gerschenkron 1975 — Gerschenkron A. Time Horizon in Russian Literature // Slavic Review. 1975. December 1975. Vol. 34. № 4. P. 692–715.

Lindenmeyr 1994 — Lindenmeyr A. The Rise of Voluntary Associations During the Great Reforms // Russia's Great Reforms, 1855–1881 / Eds. Ben Eklov, John Bushnell, Larissa Zakharova. Bloomington: Indiana UP, 1994. Pp. 264–281.

Martinsen 1988 — Martinsen D. A. Dostoevsky's "Diary of a Writer": Journal of the 1870s // Literary Journals in Imperial Russia / Ed. Deborah A. Martinsen. 1988. P. 150–168.

Meynieux 1966a — Meynieux A. La Littérature et le métier d'Ecrivain en Russie avant Pouchkine. Paris: Librairie des cinq continents, 1966.

Meynieux 1966б — Meynieux A. Pouchkine homme de lettres et la littérature professionelle en Russie. Paris: Librairie des cinq continents, 1966.

Morson Saul 1993 — Morson G. Saul. Introductory Study // Dostoevsky Fyodor. A Writer's Diary. Volume One, 1873–1876 / Trans. Kenneth Lanz. Evanston: Northwestern UP, 1993.

Paperno 1988 — Paperno I. Chernyshevsky and the Age of Realism: A Study in the Semiotics of Behavior. Stanford: Stanford UP, 1988.

Rose 1993 — Rose M. Authors and Owners: The Invention of Copyright. Cambridge, MA.: Harvard UP, 1993.

Ruud 1982 — Ruud C. A. Fighting Words: Imperial Censorship and the Russian Press, 1804–1906. Toronto: University of Toronto Press, 1982.

Sutherland 1976 — Sutherland J. A. Victorian Novelists and Publishers. Chicago: University of Chicago Press, 1976.

Woodmansee, Jaszi 1994 — Woodmansee M., Jaszi P., eds. The Construction of Authorship: Textual Appropriation in Law and Literature / Eds. Woodmansee Martha, Jaszi Peter. Durham: Duke UP, 1994.

Yarmolinsky 1960 — Yarmolinsky A. Turgenev: The Man, His Art and His Age. N. Y.: Collier, 1960.

«Идиот» Ф. М. Достоевского как вызов условностям романного жанра[1]

Отрывисто звучащее, сохранившее в русском языке фонетическую ауру заимствования-«варваризма» слово «факт» было одним из излюбленных у Ф. М. Достоевского. В произведениях писателя оно часто появляется, когда герои сплетничают, и именно такие моменты оказываются ключевыми для понимания романа «Идиот». Жизнь самого Достоевского стала частью общественной мифологии благодаря ряду подобных поразительных «фактов»: его грубый и жестокий отец был убит собственными крепостными (а может быть, отец не был груб и жесток и никто его не убивал); сам писатель виновен в растлении невинной девочки (грязная сплетня, не имеющая ни малейших доказательств); он страдал височной эпилепсией; жил в ужасающей бедности; скрывался от кредиторов; был арестован и возведен на эшафот по обвинению в «возмутительном заговоре»; провел несколько лет на сибирской каторге; в течение шести лет страдал игорной зависимостью. Все эти события и ситуации не раз становились предметом рассмотрения в работах, посвященных его биографии, и психоаналитических штудиях — из последних изыскания Зигмунда Фрейда приобрели наиболее сомнительную известность, а репутацию самого справедливого и глубокого исследования снискал труд Джозефа Франка.

В массовом сознании факты из биографии Достоевского смешались с сюжетными ходами его произведений: убийство

---

[1] Introduction // The Idiot. Penguin Books, 2004. P. xi-xxxiv.

Федора Павловича Карамазова; многочисленные сцены, изображающие поруганную невинность; припадки, которым подвержен князь Мышкин; нищенское существование Макара Девушкина из романа «Бедные люди»; адские картины из «Записок из Мертвого дома» и романа «Игрок». Российские критики осмысляли его сочинения именно таким образом, да и зарубежные авторы часто возводили свои «научные исследования» на столь же шатком фундаменте. Наиболее опрометчивый диагноз, несомненно, поставил Эмиль Эннекен:

> Удивительная оригинальность Достоевского, та черта, которую можно считать отличительной и наиболее характерной для него, состоит в вопиющей несогласованности между чувством и разумом. Этот человек видит вещи и сущности с той живостью и удивлением, которые отличают полусумасшедшего. Он лишен способности к предвосхищению, которая могла бы предупредить его о возможном изменении явлений; необходимость размышлять не побуждает его различать причины и следствия; он с удивлением дикаря разглядывает нечто, что воздействует на его чувства разрозненно и бессвязно. Сходным образом малоразвитый ум, которому чувства непрерывно приносят разрозненные впечатления, не сможет представить идею какого-либо развития, будь это сюжетное повествование или характеристика, и потому находит сочинение неясным, а душу нестабильной. <...> Вот откуда у Достоевского столь удивительные персонажи — означенные свойства развились у него до уровня гения. Вот в чем состоят прежде всего истоки плотской, дикой, неистовой, брутальной, неразумной природы его героев: Достоевский обнаружил ее в скрытой форме в своем собственном грубом характере, скорее животном, чем духовном [Hennequin 1889: 181–182].

В качестве характеристики поведения героев Достоевского в самые отчаянные для них моменты это звучит довольно правдоподобно, и повествователь в «Идиоте», уступающий автору интеллектом и восприимчивостью, похоже, действительно часто оказывается в растерянности, когда ему нужно истолковать сюжетный поворот или изменение характера героя. Нет сомнений и в том, что сам Достоевский бывал раздражителен и безрассуден, а в светском обществе должен был казаться «грубым». В романах Джона Кутзее «Осень в Петербурге» [Coetzee 1994] и Леонида Цыпкина «Лето в Бадене» [Tsypkin 2001] эти особенности личности писателя изображаются даже лучше, чем у литературоведов или психологов. Всю жизнь Достоевский находился на грани физического срыва, финансового краха и психического расстройства. По его собственной оценке, начиная с 26-летнего возраста ему приходилось переживать припадки каждые три недели [Rice 1985: 13–14].

Однако все эти сенсационные подробности его жизни и творчества нуждаются в существенных оговорках. Джеймс Райс в скрупулезном и глубоком исследовании болезни Достоевского замечает, что, в отличие от Мышкина, Достоевский предчувствовал приближение припадка, и это редко происходило с ним на публике [Rice 1985: 77]. Он мог управляться со своей игорной зависимостью и в конечном итоге избавился от нее, а литературная работа помогла ему выплатить долги. Безумие, жестокость и иррациональность — свойства персонажей Достоевского, на которые при его жизни ополчались русские критики и которые восторженно принимали критики иностранные, — чаще являлись не более чем трансформациями прочитанных им в детстве литературных произведений начала XIX века. Читатели-европейцы не осознавали, что русский писатель возвращает им темы, сюжеты и персонажей их собственной романтической прозы, драматургии и поэзии.

В ходе изучения материалов, вошедших в академическое Полное собрание сочинений Ф. М. Достоевского в 30 томах (1972–1990): писем, записных книжек и черновых вариантов произведений — ученые конца XX века осознали и показали, насколько те или иные художественные решения писателя были обусловлены его глубокими литературными познаниями. В отличие от Генри Джеймса, который, как известно, низко оценивал искусство русских прозаиков (за исключением И. С. Тургенева), Достоевский не предварял свои тексты авторскими предисловиями и не оставил трудов по поэтике романа. Однако черновые записи показывают, что он очень тонко понимал риторические и художественные последствия выбора повествовательной точки зрения, архетипов, последовательности мотивов или эстетической категории (комическое, трагическое, сатирическое, ироническое). Особенно много в этом отношении открывает авторитетная работа Робина Миллера, в которой разбираются подготовительные материалы к роману «Идиот».

Детальные исследования текстов и творческого процесса Достоевского не только опровергают первоначальное отношение критики к русскому писателю как к невежественному дикарю, но и позволяют представить в новом, совершенно ином свете Достоевского-игрока. Хорошо известно, что одно время он страдал маниакальной тягой к азартным играм, рулетке и то и дело уходил в игровой «загул», однако своей самой большой игре писатель предавался не шесть лет, а почти четыре десятилетия: Достоевский стремился доказать, что может жить исключительно на литературные заработки, и стал одним из первых в России профессиональных писателей в полном смысле слова.

Чтобы оценить рискованность такого предприятия, надо в полной мере понимать обстоятельства, при которых приходилось работать Достоевскому. Светская литература в России возникла за сто с небольшим лет до рождения писателя. Первые робкие попытки сделать ее самодостаточной и престижной профессией, не зависящей от салонных игр и придворных покровителей, предпринимались авторами, которые были всего лишь на два поколения старше Достоевского: это прежде всего Н. И. Новиков (1744–1818), Н. М. Карамзин (1766–1826), А. С. Пушкин (1799–1837), Н. В. Гоголь (1809–1852) и М. Ю. Лермонтов (1814–1841). Всем им приходилось бороться с условиями, которые никак не назовешь благоприятными для развития литературного рынка. Начать с того, что самодержавие придерживалось весьма непоследовательной политики по отношению к печати — ее неуправляемости и крайностям, как выразился Александр II[2]. В 1750–1854 годы частные типографии то разре-

---

[2] См. об этом [Ruud 1982: 186].

шались, то запрещались, то снова разрешались; двусмысленные пассажи в текстах сначала трактовались не в пользу автора, потом стали пропускаться, потом де факто снова прочитывались не в его пользу; ввоз иностранных книг сначала запрещался, потом сделался свободным, потом был резко сокращен. Осуществлявшие цензуру ведомства множились, и часто их решения противоречили друг другу. Правительство так мало уважало собственные законы, что цензор А. В. Никитенко имел все основания сетовать на то, что «на земле русской нет и тени законности» [Никитенко 1955: 95].

После поражения России в Крымской войне и воцарения нового императора положение печати улучшилось, но все же оставалось далеко не идеальным. Достоевский почувствовал на себе тяжесть железной руки режима, когда в 1863 году издаваемый им с братом Михаилом вполне успешный журнал «Время» был закрыт из-за совершенно невинной статьи о начавшемся в тот год Польском восстании. Тот факт, что Достоевский — пылкий русский националист, включавший чуть ли не во все свои романы несимпатичных персонажей-поляков, — должен был пережить такую трагедию, показывает, насколько непредсказуемыми оставались в то время действия правительства. Как раз тогда, когда было запрещено «Время», Н. Г. Чернышевскому позволили напечатать утопию «Что делать?» — роман, который стал своего рода «библией» для радикально настроенной молодежи, в том числе несколько позднее и для В. И. Ленина.

Препятствия, мешавшие авторам сделаться профессионалами, были столь серьезны, что немногие из современников Достоевского пытались их преодолеть: в обзоре, составленном С. С. Шашковым, говорится, что в России насчитывалось очень немного писателей, зарабатывавших те 2000 рублей в год, которые были необходимы для поддержания их семейств, и что в 1870-е годы ситуация оставалась немногим лучше, чем за сорок лет до этого [Шашков 1876: 43]. Даже известные писатели либо жили за счет своих наследственных состояний, либо не решались уйти со службы. Л. Н. Толстой унаследовал большое имение (примерно 800 крепостных мужского пола), И. С. Тургенев совместно с братом владел имением в 4000 душ. Эти огромные владения значительно превосходили скромное и погрязшее в долгах имение отца Достоевского. И. А. Гончаров и М. Е. Салтыков-Щедрин не только происходили из благородных и зажиточных семейств, но и достигли больших высот на государственной службе, в то время как Достоевский вышел в отставку вскоре после окончания Инженерного училища. Состояние семьи Достоевских, несомненно, было невелико: мать происходила из небогатого купеческого рода, а отец заслужил дворянский титул, будучи выходцем из еще менее обеспеченного социального слоя — приходского духовенства.

Рассчитывать на доход от своих книг было игрой не менее азартной, чем бросить вызов российской государственной системе. За пять лет до начала работы над «Идиотом» Достоевский писал, что только один русский из пятисот оказывается достаточно образован, чтобы читать те произведения, которые публикуются в нескольких литературных журналах, газетах (их число быстро росло) и малотиражных отдельных изданиях[3]. Восемь лет каторги и ссылки в Сибири, проведенные по большей части среди простого народа, заставили Достоевского остро почувствовать огромный разрыв между малочисленной западно ориентированной элитой и неграмотными народными массами, сохранившими традиции русской православной культуры. Писатель сожалел об этом разрыве; в народной жизни ему виделись несокрушимые ценности, и он посвятил всю оставшуюся жизнь примирению двух групп интеллектуалов: тех, кто ориентировался на современный им Запад (западников), и тех, кто оглядывался на прошлое России (славянофилов). Этого примирения Достоевский пытался достичь, пропагандируя принципы и идеи почвенничества в своем недолго просуществовавшем журнале «Время». Избранную концепцию Достоевский намеревался воплощать как профессиональный литератор, а не как любитель-памфлетист из дворян или салонный болтун. Как

---

[3] См. «Зимние заметки о летних впечатлениях» [Достоевский 1972–1990: V: 51]. В дальнейшем ссылки на это издание даются в тексте с указанием только номера тома (римской цифрой), полутома (арабской цифрой) и страницы.

профессионал он понимал, что должен не только полемизировать с культурной элитой, но еще и развлекать ее и стремиться захватить ее внимание.

Возможно, финансовые средства Достоевского были скромны, однако накопленный им культурный капитал был весьма велик по меркам его времени. Любовь к литературе проявилась у него еще в родительском доме, а потом развилась во время учебы. В Военно-инженерном училище, которое окончил будущий писатель, преподавалась русская и французская словесность, немецкий язык и история. В ранние годы, проведенные сначала дома, затем в пансионах, а потом в Санкт-Петербурге, он внимательно изучал и обсуждал с другими библейские тексты: Книгу Иова, Откровение Иоанна Богослова, Евангелия (в особенности Евангелие от Иоанна). Эти тексты сформировали его мировоззрение. Родители, далеко отстоявшие на социальной лестнице от франкофильской аристократии, приучили его преклоняться перед лучшими произведениями русской литературы, и позднейшие произведения Достоевского, включая и роман «Идиот», переполнены цитатами из А. С. Пушкина, Н. В. Гоголя и Н. М. Карамзина. Влияние Гоголя оставалось особенно значительным на протяжении всего творческого пути Достоевского; оно сказалось в таинственных и страшных отношениях между его персонажами; в зачастую фантастической атмосфере Петербурга; в использовании в одном произведении множества нарративных масок автора-рассказчика. Пушкин и Гоголь привили Достоевскому взгляд на Петербург как на город крайностей, бесчеловечный и опасный, способный мгновенно меняться. Само представление Достоевского о действительности — «фантастической», как он охарактеризовал ее вскоре после окончания романа «Идиот»[4], — во многом объясняется влиянием эти двух писателей по изображению российской бюрократии в «самом отвлеченном и умышленном городе на всем земном шаре», как скажет один из его героев — «подпольный человек». Но Достоевский ограничил полет фантазии своих предшествен-

---

[4] См. письмо Н. Н. Страхову от 26 февраля (10 марта) 1869 года [XXIX-1: 19].

ников социальной, экономической и культурной ситуацией, которую они и вообразить не могли. Это видно уже на первых страницах «Идиота», где действие происходит сначала в железнодорожном вагоне, а потом в доме капиталиста-нувориша.

В. В. Набоков, высмеивая национализм Достоевского, не удержался от искушения сказать, что тот «был самым европейским из русских писателей» [Nabokov 1981: 103]. Действительно, письма молодого Достоевского, как и его поздняя публицистика, не говоря о прозе, показывают, что он раз и навсегда увлекся несколькими не соотносящимися друг с другом жанрами, получившими распространение в России благодаря переводам в литературных журналах. Фридрих Шиллер подарил ему ощущение жизни как праздника, экстатическую веру в то, что человечество может стать совершенным и все люди сделаются братьями, достигнув умственной, эмоциональной и чувственной гармонии. Подобные представления возникают у будущего писателя уже в юношеские годы, впоследствии сходными прозрениями делится князь Мышкин, затем они возникают в стихах, которые декламирует Дмитрий Карамазов, и звучат в финальной речи Алеши в том же романе. Еще одним ранним увлечением Достоевского была готическая проза; ее мотивы можно встретить в самых разных текстах писателя — в таинственной обстановке, в душевных болезнях, которыми страдают персонажи, в сюжетах, которые продвигаются вперед из-за нарушений Божественного миропорядка. Если употреблять термин «готический» в его историческом, а не современном уничижительном значении, то многое от этой литературы обнаружится и у зрелого Достоевского: его герои осмеливаются бросать вызовы общественной морали и Божественной власти. С не меньшим рвением он читал в молодости произведения французских социальных романтиков: Жорж Санд, Виктора Гюго, Оноре де Бальзака, социалистов-утопистов. Эти авторы давали ему уроки критики современного общества и учили мечтать о будущем гармоническом общественном устройстве. Достоевский начнет свои литературные занятия с перевода романа Бальзака «Евгения Гранде» (1833). Высоко ценимые романтиками произведения, например шекспировские пьесы, станут для него источниками цитат и сюжетных мотивов до конца жизни. При этом Достоевского привлекали и другие типы сочинений, находящиеся в литературной иерархии на другом конце: статьи в популярных газетах и романы «с продолжением». С годами литературные предпочтения юности никуда и не исчезли; к этим произведениям только прибавлялись новые, и среди них — романы Гюстава Флобера «Госпожа Бовари» (1857) и Александра Дюма-сына «Дама с камелиями» (1848), героини которых резко контрастируют с образом измученной Настасьи Филипповны.

Вот насколько разнообразный материал ставил на кон Достоевский, и ему удавалось выигрывать в этой азартной игре за профессионализацию литературы — по крайней мере, на первых порах. Его первый роман «Бедные люди» (1846) привлек внимание критики и позволил в дальнейшем, вплоть до ареста, постоянно получать литературные гонорары за новые произведения. Немногие избранные, составлявшие читающую публику, приветствовали его по возвращении с каторги и ссылки в 1859 году. В 1860 году он опубликовал двухтомник созданных еще до ареста произведений — случай сравнительно редкий во времена, когда наибольший коммерческий успех ожидал тех, кто печатался в нескольких так называемых толстых литературных журналах: и читательская аудитория, и книготорговля были еще не способны сделать окупаемыми отдельные книжные издания. Выпуск журнала «Время» и публикация написанных от чужого лица воспоминаний о каторжной жизни («Записки из Мертвого дома») приносили Достоевскому солидный доход — 8–10 тысяч рублей в год.

Закрытие «Времени» оказалось лишь первым несчастьем в череде катастроф, предшествовавших написанию романа «Идиот». Смерть в 1864 году племянницы (февраль), жены (апрель) и брата Михаила (июль) стали для писателя тяжелыми личными потрясениями, подорвавшими к тому же возможность вести жизнь профессионального литератора. Незадолго до смерти Михаил получил разрешение на издание нового журнала — «Эпохи», — однако это предприятие началось крайне неудачно: в течение первого года выпуска каждый номер задерживался на два месяца. Новый журнал принес мало дохода, поскольку следовало компенсировать подписчикам «Времени» материальные потери за те номера, которые они недополучили после его закрытия. Еще хуже было то, что печатавшаяся в «Эпохе» проза была гораздо слабее по сравнению с тем уровнем, который задало «Время». Единственным исключением оказалось произведение самого Достоевского — «Записки из подполья», которые в XX веке стали одним из самых известных и чтимых образцов художественной прозы. Однако в 1864 году печатание «с продолжением» негативно отразилось на восприятии читателями этой нарушавшей все литературные правила повести: вторая часть появилась только через два месяца после первой, и читатели журнала едва ли сумели понять тонкую и сложную связь двух частей. Критика обошла «Записки» молчанием.

После смерти Михаила к его семье, жене и маленьким детям, перешел огромный долг в 33 тысячи рублей. Достоевский взял на себя ответственность за благополучие этих людей. Теперь ему нужно было содержать, помимо самого себя и своего пасынка, еще и семейство брата. В этих условиях писатель принял два крайне рискованных деловых решения: во-первых, продолжил выпускать «Эпоху», вместо того чтобы предоставить этот журнал кредиторам брата в качестве ликвидного актива. «Эпоха» вскоре прогорела из-за отсутствия подписчиков, и это вынудило Достоевского пойти еще на один крупный риск: взять на себя обязательство закончить в 1866 году два романа — темп, достойный Энтони Троллопа; сам Достоевский ни раньше, ни позже с такой скоростью не работал. О публикации первого из этих романов — будущего «Преступления и наказания» — он договорился с издателем «Русского вестника» М. Н. Катковым, по 150 рублей за печатный лист (составлявший приблизительно 12 страниц). Такую же плату он будет получать от Каткова и за два следующих больших романа — «Идиот» и «Бесы». «Русский вестник» принадлежал к тем немногим периодическим изданиям, которые в 1860–1880-е годы поддерживали крупных русских романистов. В конце 1860-х годов Катков будет регулярно высылать Достоевскому авансы, как бы выплачивая ему своего рода жалованье, но это произойдет за счет снижения уровня оплаты. Ставка, которую установил Катков, исключала Достоевского из числа русских писателей первого ряда. В литературном мире все хорошо знали, кто сколько получает, и подобное уменьшение ставки влекло за собой падение престижа и осложняло будущие переговоры с издателями о гонорарах.

Публиковать свои произведения в «Русском вестнике» было опасно и с художественной, и с идеологической стороны. Достоевский подозревал, что Катков срезал ему ставку для того, чтобы заставить писать более длинные вещи. «Роман есть дело поэтическое, требует спокойствия духа и воображения», — сетовал писатель своему другу А. Е. Врангелю [XXVIII-2: 150]. В последующие годы Достоевский обнаружит, что журнал Каткова посягает не только на «поэзию» его романов, но и на их конкретное воплощение, или «искусство», как он это называл. Катков, убежденный консерватор в политике и культуре, будет настаивать на том, чтобы Достоевский поменял в «Преступлении и наказании» сцену чтения проституткой Соней Мармеладовой Евангелия, а в «Бесах» удалил исповедь Ставрогина Тихону. Что касается романа «Идиот», то при его создании на писателя оказывала давление не столько цензура, сколько необходимость торопиться, чтобы поспевать к сроку. Эта ситуация всегда преследовала Достоевского, заставляя его решать вопросы, связанные с сюжетом и характеристиками героев, на ходу. У него никогда не было возможности вернуться к написанному и переделать предыдущие части: надо было двигаться вперед, сочинять новые главы.

Другой договор, заключенный в 1866 году — на написание романа «Игрок», — в еще большей степени угрожал и искусству Достоевского, и его способности зарабатывать средства к существованию, чем договор с Катковым. Соблазнившись возможностью выпустить еще одно собрание сочинений, Достоевский подписал с издателем Ф. Т. Стелловским соглашение, сделавшееся знаменитым благодаря предусмотренным в нем штрафным санкциям: если писатель не предоставит издателю в срок до 1 ноября 1866 года роман объемом в 12 печатных листов, то Стелловский получает исключительное право на публикацию произведений Достоевского в течение девяти лет, не выплачивая ему никакого гонорара. Такого мелодраматического осложнения сюжета не изобретал ни один романист XIX века, включая и самого Достоевского. К счастью для писателя, трагически начавшаяся пьеса завершилась обязательным для мелодрамы счастливым финалом со спасением в последнюю секунду. Героиней пьесы оказалась одна из первых в России стенографисток — Анна Григорьевна Сниткина. Достоевский по ночам записывал идеи, приходившие ему в голову в связи с романом, а днем диктовал Анне большие куски; та стенографировала, а потом, расшифровав и аккуратно переписав, своевременно возвращала автору для редактирования. С ее помощью писатель не только успел к поставленному Стелловским сроку, но и обрел новый для себя рабочий ритм, в котором будет творить до самой смерти, все оставшиеся ему пятнадцать лет жизни. Жак Катто полагает, что постоянно встречающиеся у зрелого Достоевского стилистические особенности обусловлены именно таким способом производства:

> Диктуя, Достоевский безостановочно вышагивал по комнате и в трудные моменты даже рвал на себе волосы... <...> Его стиль, с тройными повторами, нагнетанием существительных и прилагательных со сходными значениями, с постоянным недоговариванием, отражает это непрерывное движение внутри ограниченного пространства. Начиная с этого времени ритм предложений Достоевского можно определить как «шагающий», и дыхание устного слова чувствуется в письменной речи [Catteau 1989: 178].

Окончательный текст оказывается сплавом лихорадочно набросанных разрозненных заметок, устной диктовки и тщательной редакторской обработки в дневное время. Все это требует невероятной концентрации и исключительной интенсивности мышления, позволяющей держать в уме сотни созданных таким образом страниц: ведь Достоевский не создавал полных черновых вариантов своих произведений, чтобы затем по частям обрабатывать и печатать. Он публиковал части по мере их написания и по окончании печатания в журнале не переделывал их (за исключением исправления опечаток) перед публикацией отдельным изданием. Книжное издание романа «Идиот» выйдет только в 1874 году, через пять лет после окончания журнальной публикации.

Анна Григорьевна родилась в тот год, когда ее будущий муж выпустил свой первый роман, и к моменту знакомства была в два раза его моложе. Хорошо образованная, свободно владевшая немецким, она была, как и многие в среде образованной русской молодежи, всецело предана литературе. Вскоре после венчания, состоявшегося в начале 1867 года, новобрачные были вынуждены уехать за границу, спасаясь от кредиторов. Ни один биограф Достоевского не может упустить из вида ту исключительную роль, которую супруга писателя сыграла в его творчестве и формировании его литературной репутации. Он не только диктовал ей все свои тексты: когда через пять лет скитаний по Европе Достоевские вернулись в Россию, Анна Григорьевна взяла в свои руки публикацию и распространение произведений мужа. Однако распространение книг было только частью ее забот о сохранении наследия писателя. Во время пребывания за рубежом Анна Григорьевна вела стенографический дневник, а впоследствии написала очень ценные воспоминания и подготовила к публикации адресованные ей письма Федора Михайловича. В дневнике в гораздо большей степени, чем в ее благоговейных мемуарах, запечатлены его припадки игромании, приступы гнева, конфликты с родственниками и другие повседневные проблемы, дававшие Достоевскому материал для творчества. По письмам можно судить, насколько отчаянно ему приходилось бороться с журналами, редакторами и издателями.

Именно благодаря Анне Григорьевне мы хорошо знаем, как создавался роман «Идиот»: она сохранила три записные книжки мужа, по которым можно восстановить формирование замысла и первые наброски романа. Собираясь возвращаться в Россию,

Достоевский опасался долгого таможенного досмотра и намеревался их уничтожить — как уничтожил черновики романа, однако супруге удалось уберечь записные книжки: во время досмотра ребенок Достоевских расплакался, и таможенники не стали долго задерживать семью.

В свой самый плодотворный творческий период писателю приходилось публиковать романы в журналах «с продолжением», не имея по ходу публикации законченного текста. Это был изматывающий процесс, настоящая азартная игра, поскольку оставалось неясно, насколько автору удастся выстроить весь текст в печатавшихся в течение года номерах журнала. Для семьи Достоевских этот период был не лучшим в их жизни. Пока Федор Михайлович лихорадочно сочинял роман — с сентября 1867 года по январь 1869 года, — он вместе с женой постоянно менял свое место жительства, курсируя между четырьмя разными городами (Женева, Веве, Милан, Флоренция). У писателя то и дело случались эпилептические припадки; он срывался и снова отправлялся играть. Их не отпускала бедность. Самым тяжелым испытанием стала смерть маленькой дочери Сони в мае 1868 года. Записные книжки отражают это отчаянное положение писателя. В ранних изданиях сочинений Достоевского заметки к будущему роману аккуратно распределены по восьми планам, за которыми следуют записи для частей второй, третьей и четвертой. Однако более современные издания воспроизводят записи не в виде отдельных планов, а как хаотический набор заметок о сюжете и персонажах, расписанных в длинных абзацах и множестве лихорадочных «NB» на полях. Ряд последовательных заголовков, которые Достоевский давал некоторым из записей, показывает, что он пытался убедиться в том, что роман продвигается в определенном направлении, но эти попытки обычно заканчивались неудачей: «новый и *последний* план», «новый план», «новый план», «окончательный план», «план на Яго», «опять новый план» [IX, 154–161]. Ни один из «планов» не превышал двух печатных страниц, и содержащийся в них материал по большей части не вошел в окончательный текст романа. Заметки местами весьма примечательны по осмыслению характеров героев, построению сюжета, риторике. В них проводятся тонкие различия, помогающие лучше понять роман. Например, автор выделяет три вида любви, выраженных в образах трех главных мужских персонажей: «1) страстная непосредственная любовь, Рогожин; 2) любовь от тщеславия, Ганя; 3) христианская любовь, князь» [IX, 220]. Или проводит различие между изображением положительно прекрасного («невинного») человека у себя самого и у Сервантеса или Диккенса, замечая, что Дон Кихот и Пиквик «смешны» [IX, 239].

Еще более примечательно, однако, количество заметок и планов, ведущих в никуда: отвергнутые и не вошедшие в окончательный текст черты персонажей и события. Достоевский отбрасывает те возможности, которые кажутся ему одновременно и слишком сенсационными, и чересчур литературно-условными. В ранних версиях будущий князь Мышкин насилует свою сводную сестру (героиню, из которой вырастет образ Настасьи Филипповны) и поджигает их дом. Этот персонаж, прототипом которого является шекспировский Яго, гордится умением сдерживать свои страсти, но он же является женоубийцей. Сходную изменчивость и неуравновешенность проявляют Настасья Филипповна и ее соперница за любовь князя Мышкина — Аглая Епанчина. Первая из них — жертва изнасилования (в одной из версий насильником оказывается «Идиот», в другой — ее брат-красавец, отсутствующий в финальном тексте). Она выходит замуж за князя и сбегает от него в бордель. Аглая же колеблется в своих симпатиях к князю, Настасье Филипповне и Гане Иволгину.

Всю осень 1867 года Достоевский обдумывал эти варианты сюжета и в конце концов отверг биографический рассказ о «забитом» герое, исключил наиболее жестокие эпизоды и множество запутанных семейных связей протагониста. В результате план стал гораздо меньше напоминать страшный готический роман или произведение социального романтизма, где персонажи забиты и раздавлены «средой». Писатель отбросил первый вариант начала романа и в начале декабря принялся за него заново. К 18 декабря из хаоса путаных начал стали проступать контуры романа, и 5 января 1868 года Достоевский отправил в «Русский вестник» первые пять глав первой части. За ними 11 января последовали еще две главы, и первый фрагмент для журнальной публикации был готов. Таким образом, меньше чем за месяц Достоевский написал почти сто страниц[5]. Остаток первой части романа был напечатан в февральском выпуске журнала. Как часто случалось в те годы, когда Достоевский печатал свои вещи по частям в журналах, он успевал к назначенному сроку, но у него не оставалось времени на то, чтобы внести исправления в отсылаемый материал. Необходимость жить за границей еще сильнее ограничивала его возможности вносить в текст последние поправки.

Отбросив шелуху беллетристических условностей и нарочитых писательских приемов, Достоевский затеял крайне рискованную литературную игру, которая и легла в основу его романа. В письме к своему другу поэту А. Н. Майкову от 12 января 1868 года писатель подробно разъяснил, в каком направлении пошел у него процесс сочинения:

> Давно уже мучила меня одна мысль, но я боялся из нее сделать роман, потому что мысль слишком трудная и я к ней не приготовлен, хотя мысль вполне соблазнительная и я люблю ее. Идея эта — *изобразить вполне прекрасного человека*. Труднее этого, по-моему, быть ничего не может, в наше время особенно. <...> Идея эта и прежде мелькала в некотором художественном образе, но ведь только в *некотором*, а надобен полный. Только отчаянное положение мое принудило меня взять эту невыношенную мысль. Рискнул, как на рулетке: «Может быть, под пером разовьется!» [XXVIII-2, 240–241].

У нас есть возможность прочесть записные книжки, зная окончательный текст, и увидеть, в какую форму воплотилось это решение: автор превращает своего героя в князя и юродивого (тип православной святости, особенно важный для России:

---

[5] Даты даются по григорианскому календарю, который был принят в Западной Европе. В Российской империи использовался юлианский календарь, отстававший на 12 дней от григорианского. Таким образом, январский номер «Русского вестника» вышел 31 января по русскому календарю, но 12 февраля по западному.

юродивый подражает Христу тем, что подвергает себя крайним унижениям и говорит правду сильным мира сего), и в конце концов 10 апреля следует загадочная запись: «Кн<язь> Христос» [IX, 253].

Достоевский прекрасно понимал сложности, встающие перед писателем, решившим изображать положительных героев: он помнил о неудаче Гоголя при написании второго тома «Мертвых душ», где действуют идеальные помещики, о которых сам Достоевский отзывался с насмешкой. Не менее образцовые и не менее безжизненные «новые люди» Чернышевского из романа «Что делать?» получили одобрение в обществе, но скорее в идеологическом отношении, чем в художественном. Достоевский понимал, что его христоподобный герой не будет высоко оценен радикально настроенной интеллигенцией. Поставить подобного персонажа в центр романа было большим риском, и, может быть, самым серьезным за весь творческий путь Достоевского, — возможно, даже более значительным, чем теодицея — составная часть «Братьев Карамазовых». Последнее тоже шло вразрез со скептическими настроениями, господствовавшими в среде образованной публики, но этот шаг был предпринят уже в то время, когда писатель завоевал более твердую репутацию в общественном мнении.

Достоевский играл в азартные игры не только со своим финансовым положением и будущим как литератора, но и со своими самыми заветными убеждениями. Задолго до погружения в православную теологию и историю православия, задолго до того, как он в 1870-е годы подружился с православными мыслителями и священнослужителями, Достоевский нарисовал в своем воображении образ Христа, неразрывно слитый с понятиями красоты, истины, братства и России. Этот образ и эти верования дались писателю не без труда; они были ставкой в его игре. И его жизненный опыт — эпилептические припадки или пребывание на краю смерти — с большим трудом перерабатывался в сюжетный материал. Как вера и представления о Христе, так и жизненные впечатления превращались в сложные, неоднозначные, лишенные дидактизма элементы сюжета и характеристик персонажей. Излюбленные идеи — например, о том, что в современном мире отсутствуют положительные направляющие доктрины, — вкладывались в уста шутов вроде авантюриста Лебедева. Правду герой Достоевского может высказать случайно, как делает другой шут — генерал Иволгин в разговоре с Аглаей. Больной чахоткой юноша Ипполит будет насмехаться над идеей красоты и гармонии Божьего мира, другие герои посмеются над Ипполитом, а хранить молчание при этом будет только князь Мышкин.

Желание автора сделать Мышкина не комическим персонажем, а «невинным» героем привело к определенной концепции, восходящей к философским повестям эпохи Просвещения, таким как вольтеровский «Кандид» (1759), где «невинность» протагониста становится сатирическим средством для раскрытия испорченности общества, нарушенной системы ценностей и неудовлетворительности существующих институций. Нет сомнений, что Мышкин используется именно с этой целью, когда автор сталкивает его с меркантильными капиталистами, светскими интриганами, нечистыми на руку чиновниками и другими обитателями Петербурга XIX века, изображенного Достоевским. То, что смысловой потенциал образа главного героя выйдет далеко за пределы подобных сатирических функций, становится ясно уже в стремительно продвигающейся вперед и в то же время всеохватной первой части.

Читатели, знакомые с русскими романами XIX века, будут поражены интенсивностью завязки сюжета: события начинаются в вагоне железной дороги — не в экипаже и не теплым летом, а в холодный туманный ноябрьский день. Оказавшиеся попутчиками в вагоне третьего класса разгульный купеческий сын (Рогожин), чиновник-всезнайка (Лебедев) и молодой человек не от мира сего (Мышкин) незамедлительно начинают рассказывать друг другу о самых сокровенных вещах. Выхода из тесного, неудобного положения, в котором они оказались, не предвидится, и князь, должно быть, с тоской вспоминает красоты Швейцарии: ведь даже деревенские виды, открывающиеся за тусклым окном, не сулят облегчения. В этой сцене Достоевский использует ту повествовательную технику, которая принесла ему заслуженный успех: драматичные столкновения, показанные через обрывки разговоров, при сравнительно небольшом освещении подробностей биографий героев. Вся первая часть занимает только пятнадцать часов, а на протяжении всего романа автор удостоил описания лишь десять дней. Втискивая роман в такие узкие временные рамки, Достоевский достигает предельной интенсивности в изображении душевной жизни своих героев. Рогожин к концу первой части не будет спать 48 часов; в третьей части и князь, и многие другие персонажи будут оставаться на ногах в течение целой ночи — кульминацией этого эпизода станет неудачная попытка Ипполита покончить с собой.

В первой части автор гиперболизирует и стремительно запутывает готовые романные приемы. Капиталы, которыми владеют и различаются герои, не унаследованы и не получены в качестве доходов с поместий. Эти капиталы — чистые деньги, беспрецедентно большие суммы — приобретаются и теряются с головокружительной быстротой. И повествователь, и многие из его героев буквально заворожены этим процессом. Птицын и вдова Терентьева — акулы-ростовщики; Фердыщенко и генерал Иволгин — приживальщики; генерал Епанчин сдает внаем пять шестых своего дома и занимается промышленными предприятиями; Ганя верит, что деньги сделают его талантливым и принесут ту «незаурядность», которой ему так остро не хватает. Семейства выводятся на сцену только для того, чтобы тут же показать их хрупкость: нигде в сочинениях Достоевского семья как институт не предстает столь уязвимой. Семья, некогда бывшая основой патриархальной жизни, становится теперь источником алчности, лжи и раздоров. Рогожины обманывают друг друга, и один из братьев срезает золотые кисти с гроба своего отца. Род Мышкиных прерывается. Ганя Иволгин стыдится своего отца и заставляет его заходить в квартиру с черной лестницы. Его младший брат Коля хотел бы уйти из семьи. Тоцкий растит свою воспитанницу Настасью Филипповну только для того, чтобы уже в отрочестве сделать ее своей любовницей. Епанчины представляют наиболее устойчивое и традиционное из изображенных семейств, но даже здесь не всё в порядке: три своевольные дочери командуют родителями, а генерал Епанчин в начале романа надеется добиться благосклонности Настасьи Филипповны, подарив ей «удивительный жемчуг, стоивший огромной суммы» [VIII: 44]. Отдельные герои мечтают о возможностях взлетов, и эти мечты оборачиваются как взлетами, так и падениями. Два изображенных в романе генерала занимают разное положение и как бы движутся навстречу друг другу по социальной лестнице: генерал Епанчин, солдатский сын, стал богатым промышленником, в то время как генерал Иволгин превратился в пьяницу и шута, способного поддерживать свой социальный статус только гипертрофированным враньем.

Уже в начальных главах Достоевский показывает исключительный эгоизм своих персонажей, как главных, так и второстепенных, и тем самым противопоставляет их Мышкину. Все герои, кроме князя, стремятся к самоутверждению и реализации собственных амбиций и при этом отрицают те правила и образцы, которые навязывает им общество, отбиваясь от окружающих не только словами, но даже физически. Достоевский привносит в эту часть тему болезни: Мышкин страдает эпилепсией, другие персонажи (швейцарка Мари и Ипполит) — туберкулезом, Настасья Филипповна склонна к самоуничтожению, к совершению своего рода «харакири». Эти три недуга разовьются во второй, третьей и четвертой частях как физические, психологические и философские проблемы соответственно.

Среди этих необычных персонажей князь Мышкин выделяется как самый необыкновенный — именно потому, что все время ускользает от понимания окружающих. Не зная правил приличия и ничуть этого не стыдясь, он с ходу обращается к «последним вопросам», без умолчаний рассказывая в гостиной Епанчиных о соблазненной девушке или о смертной казни. Мышкин не оглядывается на то, как выглядит в глазах других, и он единственный герой в романе, способный посмеяться над собой. Вовсе не пытаясь бунтовать, он выпадает из системы, и это выделяет его из числа его собеседников, воспринимающих князя то как подозрительного человека (прихлебателя или обманщика), то как идеолога, то как предмет насмешек, то как простофилю. Его взгляд на искусство бесхитростен; например, в пятой главе первой части на просьбу Аделаиды найти ей сюжет для картины он отвечает: «Мне кажется: взглянуть и писать» [VIII: 50]. Князь провоцирует «диалектическое» поведение, как называет это повествователь в пятой главе второй части [VIII: 188], или «*двойные* мысли», как он сам называет их в одиннадцатой главе второй части [VIII: 258], у всех персонажей на протяжении всего романа, заставляя их выказывать сначала свои худшие качества, потом — лучшие, а затем снова худшие. Так, Рогожин назовет Мышкина юродивым, предложит ему поделиться одеждой, обменяется с ним крестами — и в конце концов попытается перерезать ему горло. Генерал Епанчин будет подозревать Мышкина, потом предложит ему деньги, затем будет строить планы, как заманить князя в ловушку. Ганя будет сердиться на «идиота», даст ему пощечину, будет просить прощения, а потом попытается использовать его. Сестры Епанчины посмеются над ним, потом примут его и сделают своим конфидентом, но в конце концов отвернутся от него.

Уже в начале романа становится ясно, что князю отведена особая роль среди других персонажей. Поскольку Мышкин ни на кого не обижается, ни с кем не соперничает, никого не судит, он обладает способностью разрешать ссоры и напряженные ситуации, если только другие пойдут ему навстречу, оценят его кротость и сумеют радоваться жизни так, как радуется он — когда рассказывает про осла или про то, как мать радуется своему ребенку. Трагично, что очень немногие способны, подобно швейцарским ребятишкам, воспринимать Мышкина подобным образом. Большинство пытается оценивать его поведение, руководствуясь привычными им чувствами недоверия, ненависти к самому себе, лжи и обмана, проецируя на него собственную испорченность и аморальность.

Все неудачные истолкования и враждебные отношения концентрируются в последних четырех главах первой части — в сцене вечера у Настасьи Филипповны. Эта сцена представляет собой, наряду с еще двумя сценами романа, пример наиболее напряженного эпизода у Достоевского (другие две сцены — это бунт Ипполита в третьей части и встреча Аглаи с Настасьей Филипповной в четвертой). Здесь, у камина в гостиной героини, не только сходятся воедино все виды отношений и все темы романа, но и в буквальном смысле собираются почти все персонажи, за исключением матери и дочерей Епанчиных. Здесь выплескиваются ненависть и обида, копившаяся на протяжении девяти лет и двухсот страниц. «Сцена скандала» — излюбленный композиционный прием позднего Достоевского. В данной сцене, как и во многих ей подобных, присутствуют четыре элемента: 1) герои собираются вместе в момент наивысшего возбуждения, и все они друг на друга обижены и друг друга боятся; 2) происходит некий взрыв на психологической, социальной, политической или религиозной почве; 3) персонажи провоцируют и разоблачают друг друга, произносят ужасные слова и стремятся ранить собеседника психологически и даже физически; 4) затем герои расходятся в различных направлениях различными группами, чтобы приготовиться к следующей «сцене скандала». В подобных эпизодах у Достоевского соединяются индивидуальные и эгоистичные мотивы поступков отдельных людей и более широкие философские вопросы. Так, в сцене с Бурдовским и нигилистами во второй части эти вопросы оказываются экономическими и политическими, а в сцене с участием Ипполита из третьей части — философскими и религиозными. Что касается сцены скандала у Настасьи Филипповны, то здесь соединяются все социальные, экономические и моральные вопросы первой части романа, включая темы болезни и любви.

Центральное положение в этом противостоянии занимает исключительная красавица Настасья Филипповна, чей гнев доходит до высшей точки кипения во время предложенной Фердыщенко «игры»: гостям предлагается рассказать о самом дурном поступке в жизни. И Тоцкий, и Епанчин обещают публично исповедаться и раскрыть какую-то свою тайну, однако на деле оба рассказывают нечто в высшей степени литературное, мелкое и в конечном счете лестное для себя. Тоцкий тем самым отказывается признать, что его насилие над несовершеннолетней воспитанницей было неслыханным и позорным поступком. Повествователь отмечает, что Настасья Филипповна слушает его рассказ с горящими глазами, и мы не сомневаемся в том, что она ему отомстит. Вокруг нее — трое любящих ее мужчин, каждый из которых представляет один из трех описанных Достоевским видов любви: тщеславную (Ганя), страстную (Рогожин) и христианскую (Мышкин); каждый претендент предлагает бо́льшую сумму денег, чем предыдущий, однако Настасья Филипповна их резко обрывает. Почему она не может принять предложение князя? Ответ на этот вопрос ведет к пониманию того, что такое психология у Достоевского: героиня колеблется между ролью жертвы (по отношению к Тоцкому) и ролью этического субъекта (по отношению к самой себе). Отказываясь от брака с князем, она тем самым не дает Тоцкому возможности жениться на старшей из сестер Епанчиных и этим мстит своему обидчику. Отказываясь от титула княгини и огромного состояния, она становится выше всех ценностей этого общества и доказывает, что не продается. Мышкин страстно отвергает ее декларацию независимости, провозглашая, что она больна, «в лихорадке» [VIII: 141] и ни за что не отвечает. Настасья Филипповна платит князю той же монетой, объявляя его больным и отказываясь от возможности вырваться из продолжающейся уже пять лет ситуации самоунижений и унижения окружающих. Один из гостей остроумно сравнивает ее поступки с японским ритуалом самоубийства.

Первая часть «Идиота» принадлежит к лучшим страницам прозы Достоевского. Однако писатель завершал ее, не зная, куда двигаться дальше после заключительной «сцены скандала», и разноречивые «планы» в записных книжках не могли ему помочь быстро найти решение. У Достоевского не было текста для мартовского номера «Русского вестника», и в следующих двух частях сюжет продвигается вперед рывками. Два самых интригующих и сильных персонажа, Рогожин и Настасья Филипповна — те, кто лучше других понимают князя Мышкина, —

отсутствуют в большинстве эпизодов этих центральных частей, сведения о них доходят до читателя только в форме слухов и писем.

Стремясь во что бы то ни стало продолжать роман, Достоевский обращается к той манере повествования, которую разовьет впоследствии в «Бесах» и «Братьях Карамазовых». Хотя повествователь временами обладает даром всеведения и способен читать мысли героев, бóльшую часть истории рассказывает «хроникер», строго следующий за событиями и передающий их так, как их понимает один из персонажей. Иногда такой хроникер узнает о происшедшем спустя долгое время и просто фиксирует, а не анализирует различный материал: слухи, визиты, письма. Подобная техника побуждает читателя попытаться ухватить нечто, ускользающее от повествователя, который — как становится ясно из его многословного и неуместного отступления о «практических людях» в начале третьей части — все меньше понимает сложность ситуации в романе. Хроникер уклоняется от объяснений действительно сложных вопросов, разглагольствуя вместо этого о том, что доступно его пониманию, — например, об общественных типах своего времени. Возможно, его рассуждения сгодились бы для традиционного викторианского романа «о нравах» или для газетной заметки о современной жизни, но такой ограниченный взгляд явно не соответствует представленным в романе героям и положениям. Смущенный повествователь часто предлагает нам иллюзию сюжетности: упоминает о встречах героев, при которых мы не присутствовали (такова, например, встреча Ипполита и Рогожина). Однако часто бывает и так, что мы просто не узнаём о том, что случилось, и только мучаемся смутными подозрениями. О событиях шести месяцев, прошедших между первой и второй частями, мы знаем далеко не все, да и то только из слухов или кратких упоминаний в разговорах героев. Автор побуждает читателя домысливать, вмешиваться и пытаться все больше объяснять происходящее самостоятельно, составляя воедино разрозненные кусочки. Такой способ повествования представляется весьма рискованным, но это блестящее решение сюжетных проблем; таким образом автор дает читателям возможность разделить с ним бремя обязанности соединить все сюжетные линии и всех персонажей. Он просит читателей пролистать назад несколько сот страниц и припомнить подробности, сцены, важные диалоги — задание слишком сложное даже для современного читателя его однотомника, каким же оно должно было показаться читателю журнальной версии, которому приходилось знакомиться с романом на протяжении целого года!

Достоевский связал воедино различные нити своего романа не столько за счет условного сюжета, сколько за счет введения нескольких новых персонажей и новых тем, когда подчеркивал, что в изображаемом мире господствуют две болезни: эпилепсия (вторая часть) и туберкулез (третья часть). Столкновения князя с Рогожиным (вторая часть) и с Ипполитом (третья часть) выдвигают тему болезни на первый план. В обоих случаях «Идиот» выходит за рамки традиционного семейного романа, которые наметились было в тех сценах, где Мышкин завоевывал доверие семейства Епанчиных, и в особенности Аглаи. Ипполит и Рогожин, при всех их различиях, похожи в некоторых отношениях, что делает их идеальными фигурами для обсуждения «последних вопросов». Они оба не принадлежат к «хорошему обществу» и не обладают ни изысканной ироничностью Радомского, ни здравым смыслом генеральши Епанчиной. Оба балансируют на краю безумия или гибели, как и сам Мышкин. Рогожин отрицает жизнь, охваченный страстью, и ему вторит также отрицающий жизнь, готовый на богохульство и самоубийство Ипполит. Эти два персонажа дают читателю представление об уродстве, противопоставленном экстатическому чувству красоты и восприятию жизни Мышкина: темный дом Рогожина, по которому словно бродят призраки скопцов, чудовище, вызывающее у Ипполита непомерный ужас. Каждый из этих героев так или иначе соотносится с копией картины Ганса Гольбейна «Мертвый Христос во гробу» (1522), висящей в доме Рогожина.

С Рогожиным князь Мышкин разговаривает притчами, подобно Христу, но не спешит разъяснять эти притчи. Становится понятно, что его вера — это религия экстаза или радости, а не ритуалов, институций и формальных предписаний. Когда у князя начинается эпилептический припадок, мы понимаем, что его чувство радости, надежды и высшего понимания, возможно, есть не что иное, как преходящее последствие его болезни, такое же, как затмение сознания и отупение, которые могут наступить после припадка (часть вторая, глава пятая). Однако ни здесь, ни в других эпизодах Мышкин не покоряется этой угрозе.

Ипполит, будучи куда более развитым человеком, чем Рогожин, представляет дух отрицания на уровне сознания, намерения и рационального мышления. Именно Ипполит, которого чахотка обрекает на постоянные размышления, делает самые пессимистические выводы из картины Гольбейна. Рогожин, в доме которого висит копия этого полотна, только чувствует в нем что-то особенное, но не может понять, в чем секрет его воздействия. Ипполит же — образованный человек, бывший студент, он осознает весь ужас послания художника: даже совершеннейший и прекраснейший из людей обречен стать жертвой безличных и чудовищных законов природы. Похоже, Ипполита эта картина так пугает еще и потому, что Христос на ней выглядит чахоточным, измученным болью и совершенно изнуренным.

Достоевский выстраивает противостояние Ипполита и Мышкина с редкими для этого романа изяществом и симметрией. Каждый из героев находится на краю смерти. Каждый страдает болезнью, которая может в конечном итоге обернуться безумием, у каждого есть сомнения в справедливости устройства Божьего мира, каждый чувствует себя чужим на «празднике» (часть третья, глава седьмая). Однако в этих условиях они ведут себя очень по-разному. Князь принимает природу в порыве веры, в то время как Ипполит остается отчужден от природы и ненавидит князя за его жизнелюбие. Мышкин считает, что сострадание — единственный закон существования; в его речах крайне редко звучит местоимение «я». Ипполит, напротив, видит в самоубийстве единственный значимый акт, который он еще способен совершить, и речь его изобилует местоимениями первого лица единственного числа. Князь страдает священной болезнью, у него психология эпилептика. Чахотка Ипполита (медленная, мучительная, изматывающая болезнь) делает его раздражительным, а к концу романа этот герой становится совершенно невыносимым.

Чтение Ипполитом «необходимого разъяснения» — страшная сцена. Все ее участники, не исключая князя и самого Ипполита, нетрезвы: каждый выпил один за другим три бокала шампанского. Все много часов не спали, все утомлены. Шумные и в большинстве незваные гости хотят посмотреть, как умрет Ипполит, и осыпают его насмешками. Родные его бросили. Ипполит рассказывает о своем несчастном жребии, и Мышкин не может привести контраргументы, а только просит у него прощения. В то же время аргумент о «связующей мысли» приводит Лебедев [VIII: 315]. Его критика современной безбожной цивилизации звучит как пародия на речь защитника в суде, и таким образом Достоевский показывает нам один институт (церковь) через риторику другого (судебной системы), через слова и интонации пьяного человека. Жизнь и радость — явления абсурда. Обещание искупления, данное Христом, пока не выполнено, и картина Гольбейна олицетворяет это невыполнение.

Проблемы понимания, истины и фальши играют центральную роль в четвертой части, и читателю для их осознания требуется гораздо меньше помощи от повествователя, чем в частях второй и третьей. Прослеживать очередность событий и понимать их значение становится все труднее. Наконец, повествователь сдается, сосредоточившись на второстепенных персонажах и признав, что «всего лучше иногда рассказчику ограничиваться простым изложением событий» [VIII: 402]. В начале девятой главы он отказывается от права объяснять неудачу князя с Аглаей Радомскому, чье понимание к тому времени оказывается ограниченнее, чем у читателя, и основывается на ряде неадекватных детерминистских утверждений (нервы, эпилепсия, петербургский климат и т. п.). Аглае также не удается понять Мышкина, поскольку она основывает свое истолкование его незаурядной натуры на ряде традиционных героических образов: рыцарь, дуэлист, судья.

Характеристика Мышкина, данная ему Аглаей в четвертой части, — одно из самых явных недопониманий и отказов; такие отказы заставляют вспомнить проницательное замечание Аглаи в письме к Настасье Филипповне о том, что Христа надо рисовать «одного и с ним только одного маленького ребенка» [VIII: 380]. Сюжет не дает этого сделать персонажам романа, поскольку князь Мышкин все время предстает в окружении «отрицательных» героев или символов. При этом сам он не моралист и не судья, он не обдумывает своих поступков, а действует под влиянием сочувствия и по интуиции. Он не привержен формальностям и ритуалам, не думает об институциях, но невольно тяготеет к человеческим общностям, желая примирить других людей, сделать их всех братьями. Последнее ставит его в особую зависимость от правил приличия на вечере у Епанчиных. Он может многое угадывать по лицам как детей, так и тех взрослых, которые выпадают из общества, как Рогожин и Настасья Филипповна, но не способен ничего угадать по лицам людей, привыкших к притворству. Главную ценность для Мышкина — если только уместен столь формальный термин — составляет красота, понимаемая широко и захватывающая как физическое, так и духовное; природная красота, невинность детей и братская (неэгоистическая) любовь. К этим ценностям не стремятся другие, и сам князь может выразить их не логически связной речью, а только с помощью похожих на притчи рассказов. Аглая прямо запрещает ему говорить о красоте на своем семейном вечере.

В заключительной сцене Мышкин, Рогожин и Настасья Филипповна соединены в трагически-симметричной картине. Лежа рядом с убитой, Мышкин и Рогожин как бы представляют две стороны ее потенциальных возможностей, которые князь угадал с первого взгляда: разрушительно-страстную и сочувственно-нежную. Финал, в свою очередь, оставляет читателя размышлять над двумя мучительными вопросами: какое влияние оказало явление Мышкина на изображенный в романе мир? и как повлиял этот мир на князя? В романе можно найти множество ответов на эти вопросы. Можно сказать, что в конце концов Мышкин «пал» (не случайно в народе эпилепсию называют «падучей») — «пал» в мир, который не ждал мессии, не мог понять его, не принял те дары, которые он принес, да и сами эти дары испортились в этой разрушительной среде. Страстную речь князя на вечере у Епанчиных можно рассматривать как такой испорченный дар.

Хотя писатель и собирался изобразить «положительно прекрасного человека», он не превратил мир романа в евангельский. Испорченные и боязливые слуги государства и законники в Евангелии выглядят довольно безобидно по сравнению с персонажами романа Достоевского. И Христу никогда не приходилось сталкиваться одновременно с такими двумя характерами, как Аглая и Настасья Филипповна. Евангельский Христос совершал чудеса, но эти чудеса всегда зависели от веры тех, кто его окружал. Мир романа совсем иной: это мир цинизма, жадности и свирепого эгоизма. Здесь признают только внешнюю, а не духовную красоту. В конечном итоге князь Мышкин остается тут непонятым, и он не совершает в этом мире чудес.

Источники

Достоевский 1972–1990 — Достоевский Ф. М. Полн. собр. соч.: в 30 т. Л.: Наука, 1972–1990.

Никитенко 1955 — Никитенко А. В. Дневник: в 3 т. Т. 1. 1826–1957. М.: ГИХЛ, 1955.

Библиография

Шашков 1876 — Шашков С. С. Литературный труд в России // Дело. 1876. № 8. С. 1–48.

Catteau 1989 — Catteau J. Dostoyevsky and the Process of Literary Creation. Cambridge: Cambridge UP, 1989.

Coetzee 1994 — Coetzee J. M. The Master of Petersburg. London: Seeker and Warburg, 1994.

Hennequin 1889 — Hennequin E. Études de critique scientifique: Écrivains francisés: Dickens, Heine, Tourguénef, Poe, Dostoïewski, Tolstoï. Paris: Perrin et Cie, 1889.

Nabokov 1981 — Nabokov V. Lectures on Russian Literature. N. Y.: Harcourt Brace Jovanovich, 1981.

Rice 1985 — Rice J. L. Dostoevsky and the Healing Art: An Essay in Literary and Medical History. Ann Arbor: Ardis, 1985.

Ruud 1982 — Ruud Ch. A. Fighting Words: Imperial Censorship and the Russian Press, 1804–1906. Toronto: Toronto UP, 1982.

Tsypkin 2001 — Tsypkin L. Summer in Baden-Baden / Translated by R. and A. Keys. New York: New Directions, 2001.

«Братья Карамазовы» и поэтика сериализации[1]

Шестьдесят лет назад Виктор Шкловский бросил вызов науке о литературе, выдвинув тезис о том, что каждая новая интерпретация хорошо известных литературных текстов должна быть основана на 'затруднении' восприятия [Шкловский 1923: 220]. Этот призыв к исследовательскому «остранению» находился у Шкловского в прямой перекличке с его концепцией искусства. Осужденная сразу же за антиисторизм и субъективизм, теория Шкловского на деле подразумевала, наряду с переоценкой произведений старого искусства в свете новейших идей, также и восстановление исходных структурных качеств литературных текстов, обусловленных особенностями их первоначального обнародования и реакции современников. Такую научную задачу может, между прочим, выполнить история публикации того или иного произведения, позволяющая нам видеть, как меняющийся облик текста в печати не только отражает изменения в интерпретации его читателями, но, в свою очередь, определяет их[2]. Такое исследование обнаруживает, сколь радикально отличается наше представление о произведении и его культурно-историческом контексте от оценки читателя-современника.

В настоящей статье, по необходимости носящей предварительный характер, затрагиваются проблемы первоначальной

---

[1] «The Brothers Karamazov» and the Poetics of Serial Publication // Dostoevsky Studies. V. 7, 1986. Русский перевод: «Братья Карамазовы» и поэтика сериализации // Русская литература. 1992. № 4. С. 32–38.

[2] О возникающих в этой связи текстологических проблемах см. [Лихачев 1983; McGann 1983; Saul Morson 1981: 70–71].

публикации и первоначального восприятия читателями «Братьев Карамазовых». Роман, как известно, печатался на протяжении почти двух лет — с января 1879 по ноябрь 1880 года — в журнале «Русский вестник», заняв шестнадцать его номеров. Это делает «Братьев Карамазовых» наиболее крупным из «серийных», печатавшихся «с продолжением» романов Достоевского, что создавало особенные трудности для восприятия его у тогдашних читателей. К тому же автор вынужден был по разным причинам не менее одиннадцати раз пропустить очередное выступление в журнале и, вероятно, в некоторых случаях отступить от первоначального замысла[3].

В целом ряде исследований были тщательно рассмотрены первая стадия работы Достоевского над романом (начиная с 60-х годов), творческая переработка писателем книг, читанных и перечитываемых им с детства (к примеру, Шиллера), и жизненно-биографические источники романа. Другие работы (в основном новейшие) представили «Братьев Карамазовых» как целостный текст, как художественное единство, состоящее из разнопорядковых подсистем. Вопрос о соотношении части и целого, текста и контекста, затронутый этими учеными, вынуждает нас снова вернуться к рассмотрению факта печатания романа в форме «серии» отдельных книг и глав. Толчком к этому служат «тактические» (пользуясь выражением самого Достоевского)[4] высказывания его в переписке с редактором, реакция современников на части романа по мере его печатания и самый зачин («От автора»), в котором содержится рассуждение об отношении отдельных компонентов (таких, как, скажем, Алеша) ко всему произведению и который дает читателю понять, что предлагаемый текст является только частью другого, большего текста[5].

---

[3] Ср. письмо Достоевского к С. А. Юрьеву от 11 июля 1878 года [Достоевский 1972–1990, 30: 37–38].

[4] Письмо к В. Ф. Пуцыковичу от 11 июня 1879 года [Достоевский 1972–1990, 30: 70]. Письма Достоевского к Н. А. Любимову, помещенные в этом томе, служат ценнейшим источником для изучения истории публикации романа в журнале.

[5] Яркую иллюстрацию читательского подхода к проблеме взаимоотношения части и целого, вставшей в результате «серийной» формы романа, представляет письмо К. П. Победоносцева к Достоевскому, приведенное в [Гроссман 1934: 139]. «Серийный»

Даже исследователи, посвятившие все свои усилия имманентному анализу текста, как он был напечатан в отдельном однотомном издании, не могут обойти роман в его первоначальной, журнальной форме. Дело в том, во-первых, что это отдельное книжное издание, появившееся сразу по завершении журнальной публикации и служащее основой для всех последующих изданий, сохраняет в себе основные особенности журнального текста «Братьев Карамазовых»: заглавия, подзаголовки, разбивка на абзацы — даже тогда, когда такая разбивка объяснялась не намерением автора, а ошибкой наборщика, как, например, сплошной «абзац» «Великого инквизитора»[6]. Придерживаясь этой формы, Достоевский решительно расходился с западной традицией в лице Диккенса, Теккерея или Троллопа, которые перекомпоновывали свои «серийные» романы при подготовке отдельных книжных изданий [Sutherland 1976: 204]. Во-вторых, отдельное издание «Братьев Карамазовых» соблюдает и специфически мнемотехнические приемы (сводки, повторения фраз и образов), которые нужны были Достоевскому для того, чтобы дать читателю возможность уловить связи между кусками текста, появившимися в разных номерах журнала[7]. Эти мнемотехнические приемы, предназначенные для журнальной аудитории, оказались не менее уместными и в отношении читателей, обратившихся к семисотстраничному фолианту. В-третьих, первоначальные критические отклики на роман, которые сохраняют свою актуальность и для современного литературоведения, появились еще до того, как роман был дописан[8]. Автор, успевший написать только несколько глав («книг») романа, прежде чем он приступил к публика-

---

аспект текстуальной истории «Братьев Карамазовых» учтен в превосходных комментариях к академическому Полному собранию сочинений [Достоевский 1972–1990, 15: 411–447].

[6] Письмо к Любимову от 7 августа 1879 года [Достоевский 1972–1990, 30, 1: 103].

[7] Ср. анализ «внутренних связей» и «повествовательной структуры» в романе в [Belknap 1974], гл. 2 и 4.

[8] Комментарии к [Достоевский 1972–1990, 15: 487–501] содержат обзор более тридцати отзывов на роман, появившихся еще в период его публикации в журнале; для анализа этих рецензий см. [Todd 1991].

ции в журнале, располагал возможностью ответить на эти критические замечания по ходу дописывания — см., например, его письмо к издателю «Русского вестника», появившееся в конце первого года публикации романа там[9]. И наконец, специфические особенности «серийной» публикации подчеркнули противоречия, характерные для прозы XIX века, — противоречия между статусом романа как материального объекта и в то же время продукта духовного, художественного творчества; между экономическими условиями и интересами авторов и издателей и их идеологическими позициями; между необходимостью отозваться на злободневные литературные и общественные дебаты и художественными озарениями, обращенными к вечности; между характером отдельных частей текста и целостной структурой, или, иначе говоря, между местом данной части в номере журнала и ее же местом в системе романного текста. Анализ этих аспектов «серийной» публикации позволит нам уловить смысл решений и оценок, сделанных автором, редактором журнала, рецензентами и читателями, и, возможно, приведет нас к тому остраненному взгляду на произведение, к которому призывал Шкловский.

Жанровая проблема является одной из центральных в поэтике сериализации, поскольку на протяжении того времени, когда судьбы романа и периодических изданий были переплетены, т. е. по крайней мере начиная с XVIII века, появились различные формы сериализации, каждая из которых выдвигала специфические задачи перед авторами, читателями и издателями[10]. Более всего бросалось в глаза различие в объеме предназначенной в отдельный номер журнала порции того или иного романного текста. Об амплитуде возможных колебаний позволяет судить сравнение, например, так называемых романов-гигантов (triple-decker), самых популярных книг в обиходе английских библиотек между 1830-ми и 1880-ми годами, с 32-страничными кусками,

---

[9] Письмо к Любимову от 8 декабря 1879 года [Достоевский 1972–1990, 30: 133].
[10] Например, «Робинзон Крузо» появился в пиратском издании в «The Original London Post, or Heathcot's Intelligence» в 78 выпусках с 7 октября 1719 по 30 марта 1720 года. Ср. о сериализации в английском романе в [Davis 1983], гл. 4–5.

выпускавшимися Диккенсом, или с пятистраничными публикациями частей романов в таких еженедельниках, как «All The Year Round», или с фельетонами на четверть страницы, украшавшими rez-de-chaussée газет во Франции и «подвалы» в России. В русской практике в середине прошлого века излюбленной стала форма помесячной публикации частей романов в толстых журналах вроде «Русского вестника», причем размерами своими эти публикации колебались между тридцатью и сотней с лишним страниц с тем, чтобы растянуть публикацию произведения на подписной год.

Нетрудно увидеть, что эти различия оказываются в определенном соотношении с особенностями литературного стиля романистов. Такие мастера острых сюжетов и фабульного напряжения, как Диккенс или Уилки Коллинз, могли прекрасно уложиться в пять страничек, в то время как для Джорджа Элиота подобное требование было невыносимым и оскорбительным[11]. Преобладание толстых журналов в русской литературе 1840–80-х годов предоставляло романистам известную свободу маневрирования как в смысле длины журнальной публикации, так и в отношении частоты появления кусков романа в печати или в отношении размера всего текста. Но и здесь существовали некоторые нормы, и Достоевский, к примеру, имел основания гордиться тем, что до «Братьев Карамазовых» всегда укладывался в пределах одного года журнальной подписки[12]. Когда «Братья Карамазовы» и «Анна Каренина» (1875–1877) растянулись на два и три года, издатель «Русского вестника», будучи и без того не в фаворе у интеллигенции, был обвинен в попрании существующих норм, и Достоевский почувствовал необходимость взять вину на себя, выступив в печати с письмом (декабрь 1879)[13]. Между прочим, два романа того же времени печатались еще

---

[11] [Sutherland 1976; Tillotson 1954: 21–47; Brooks 1984. Гл. 6].

[12] [Достоевский 1972–1990, 30: 38] (письмо к Юрьеву от 11 июля 1878 года). Автор забыл, что публикация романа «Бесы» растянулась на два года (1871–1872), но по обстоятельствам, не зависящим от него самого [Достоевский 1972–1990, 30: 281].

[13] [Достоевский 1972–1990, 30: 134] (письмо к Любимову от 8 декабря 1879 года). О жалобах подписчиков на Каткова см. письмо Ф. М. Толстого О. Ф. Миллеру от 17 июля 1879 года в [Ланской 1983, 86: 488].

более черепашьими темпами: «Господа Головлевы» Салтыкова-Щедрина с их рыхлой конструкцией публиковались в «Отечественных записках» в течение шести лет, а роман Мельникова «На горах» растянулся в «Русском вестнике» на целых семь лет.

Эти особенности публикации были обусловлены разными типами сюжетного построения. Романы-фельетоны XIX века характеризовались, как известно, стремительной фабулой, сенсационной тематикой, почерпнутой из мира криминалистики, и замысловатой интригой. Некоторые литературоведы пытались установить влияние этого жанра на Достоевского[14]. Но, в отличие от авторов фельетонных романов, Достоевский имел дело с более гибкими и капитальными формами романной сериализации, для которых не так остро вставали проблемы сбыта по частям (как было, например, в случае Диккенса или Теккерея) или проблемы, связанные с условиями подписки (как в случае ежедневных газет). Поэтому помесячные публикации «Братьев Карамазовых» имели принципиальное отличие от жанра романа-фельетона или типового романа в газетах. Как подчеркивал Достоевский, это были «книги», хотя четыре из них, а именно 5-я, 8-я, 11-я и 12-я, были с согласия самого автора поделены между двумя номерами журнала каждая, а при публикации других его романов редактор решал такие вопросы без участия Достоевского. Появление очередной части «Братьев Карамазовых» в журнале должно было обладать, как сообщал автор своему редактору, некоей автономией и завершенностью: «Что будет теперь следовать далее, будет иметь, для каждой книжки, как бы законченный характер. Т. е. как бы ни был мал или велик отрывок, но он будет заключать в себе нечто целое и законченное»[15]. Эти слова: «целое и законченное» — повторяются не раз в переписке Достоевского, так же как и фраза: «Я пишу книгами»[16]. И хотя можно подозревать в этом настоянии

---

[14] См. [Гроссман 1916; Fanger 1965]. Ср. о русских газетах и беллетристических материалах в них в [Brooks 1985], гл. 4.

[15] Письмо к Любимову от 30 апреля 1879 года [Достоевский 1972–1990, 30: 60].

[16] Ср. письма Достоевского от 7 августа, 8, 16 сентября, 17 ноября 1879 года и 29 апреля 1880 года. Ср.: «Я пишу книгами» — в письмах от 16 ноября и 12 декабря 1879 года.

просто тактическую уловку, вызванную необходимостью предотвратить редакторский произвол, от которого ранее пострадали «Преступление и наказание», «Бесы», как и произведения других авторов, оно тем не менее обнажает важный принцип организации текста «Братьев Карамазовых», а именно тематическую и смысловую замкнутость каждого журнального выпуска романа[17]. В сущности, то же стремление к единству и целостности проявляется в настойчивости, с которой автор обозначает заглавиями тематику каждой из «книг» романа, причем, за исключением трех только случаев, заглавия эти отсылают не к именам персонажей, а к общим категориям — событийным («судебная ошибка»), характерологическим («сладострастники»), психологическим («надрывы»). Внутреннюю завершенность 10-й книги романа подчеркивает сам автор: «Я очень доволен, что книга "Мальчики" столь отдельна и эпизодна: читатель будет не столь претендовать, как если бы на самом неоконченном месте вдруг прервать и поставить: "продолжение будет"»[18]. Новейшие исследования показали, что целый ряд структурных принципов 10-й книги — повторность образов и ситуаций, параллелизм характеристик, цитаты — характерны в равной степени для всего романа [Belknap 1990: 148–155]. Еще более важным нам кажется то, что приемы сериализации, использованные Достоевским, вынудили его читателей заниматься «интегрированием», восстановлением целостности текста не просто на фабульном уровне, но и на уровне содержательном. По читательским откликам, собранным в 86-м томе «Литературного наследства», легко видеть, как умело спровоцировал автор такую смысловую расшифровку отдельных частей, равно как и всего развертывающегося романного целого [Ланской 1973].

Нежелание Достоевского прибегнуть к шаблонным приемам «серийных» романов бросается в глаза, когда мы рассматриваем

---

[17] Ср. употребляемые Достоевским в переписке термины: «тема» (письма от 19 мая, 11 июня и 8 декабря 1879 года), «мысль» (от 10 мая 1879 года), «смысл» (от 19 мая 1879-го и 29 апреля 1880 года), «кульминационная точка» (от 30 апреля, 10, 19 мая, 8 июля, 7-го и 9 августа 1879 года). О таких сюжетных приемах в романах Достоевского см. [Полоцкая 1971: 229–230].

[18] [Достоевский 1972–1990, 30: 152]. (Письмо к Любимову от 29 апреля 1880 года.)

концовки журнальных выпусков романа. В противоположность существовавшей традиции (в особенности в меньших по объему «серийных» произведениях) он отказывается от нагнетания фабульного напряжения в конце соответствующей порции текста. Конечно, исключения попадаются и здесь. 6-я книга («Русский инок») заканчивается попыткой повествователя заинтриговать читателя предупреждением о чем-то «странном, тревожном и сбивчивом» (XIV, 294), однако по сравнению с общей значительностью содержания этой книги данная беглая ремарка скорее характеризует сплетни и пересуды городских обывателей, чем ставит своей целью вызвать фабульное напряжение. Во всяком случае, она не идет ни в какое сравнение с концовками в аналогичных случаях у современников Достоевского — ср., например, одну из таких «внутренних» концовок в повести К. Орловского «Искупление», также сериализованной в «Русском вестнике»: «Бедняжка! — подумал Вологдин, — она обо мне жалеет, а если б она знала, кому она подарила свою первую любовь, и как бы дорого я дал, чтоб избавить ее от того, что ждет ее впереди!» [Орловский 1880, Ноябрь: 336].

Сходным образом избегает Достоевский и обычных в таких случаях драматических, эффектных концовок. Единственным исключением является конец 8-й книги («Митя»), но внезапный фабульный ход здесь — арест Дмитрия — тематически соответствует всему тонусу этой книги, повествующей о грандиозных планах, отчаянии, убийстве, покушении, пьянстве. Некоторые скажут, что фабульный «сюрприз» появляется и в конце 4-й книги, когда капитан Снегирев отвергает деньги, предложенные Алешей. Но отнестись к этому эпизоду как к «сюрпризу» — значит упустить из виду все психологическое содержание, с такой силой раскрываемое в книге, названной автором «Надрывы». Не случайно, что Достоевский в ответ на упреки одной из читательниц, не сумевшей охватить эту психологическую глубину, раздраженно заявил, что настоящие читатели его непременно поймут[19].

---

[19] [Достоевский 1972–1990, 30: 129]. (Письмо к Е. Н. Лебедевой от 8 ноября 1879 года.)

Наиболее характерными для «Братьев Карамазовых» являются концовки (и книг, и частей книг), приуроченные к моменту разрядки, ослабления фабульного напряжения или резюмирующие ту или иную тему данной книги. Отсюда завершение некоторых из них мотивами умиротворенной радости Алеши (III, VII, X, Эпилог). В отличие от них 11-я книга («Брат Иван Федорович») завершается на более неустойчивой ноте: Алеша видит два возможных пути для брата («или восстанет в свете правды, или... погибнет в ненависти»), но самая неопределенность эта соответствует всему содержанию книги, анализирующей стоящие перед Иваном альтернативы, и, таким образом, тематически сходствует с нею в целом[20].

До сих пор мы подходили к серийным выпускам «Братьев Карамазовых» как к компонентам развертывающейся романной структуры. Другое преимущество «остраненного» исследования романа как серийного целого состоит в том, что оно позволяет взглянуть на него глазами современников, а именно как на составной элемент одного из толстых журналов — «Русского вестника»[21]. Редакция журнала публиковала куски романа так, чтобы они никогда не оказывались в начале или конце номера, но всегда — посередине его, заставляя тем самым читателя пробираться к нему через другие, соседние материалы в журнале.

Для нас сегодня, привыкших к резкому разграничению художественной литературы и научной или публицистической журнальной прозы и, как правило, представляющих себе романы изданными в виде отдельных книг или в составе собраний сочинений, перечитывание какого-нибудь хорошо знакомого текста в его первоначальном окружении равносильно погружению в пеструю разноязычную среду. Так, в журнале куски

---

[20] Г. М. Фридлендер в беседе с нами высказал предположение, что помесячное издание «Дневника писателя» явилось для Достоевского лабораторией «сериализации», позволившей нащупать такие технические приемы концовок и создания сюжетного напряжения, которые были неведомы традиционным романам-фельетонам.

[21] О термине «толстые журналы», употреблявшемся Белинским уже в начале 1840-х годов, см. [Maguire 1968], гл. 2.

«Братьев Карамазовых» оказываются в неожиданно тесном соседстве со статьями по биологии, лесоводству (или, выражаясь современным языком, — экологии), технологии, педагогике, праву, пенитенциарной системе, политике, философии, истории, литературе и музыке. Значительное место занимали и мемуары, в особенности посвященные войнам России на Балканах и Кавказе, как и следовало ожидать от журнала данной политической ориентации. Встает вопрос: вступали ли, в глазах Достоевского, редакции и читателей, и как именно все эти различные материалы в соприкосновение с соседствующими кусками романа? Здесь мы можем лишь поставить этот вопрос.

Вообще говоря, контакты беллетристического произведения с синхронными ему нелитературными текстами могут быть бесконечно разнообразными и найти для них единую формулу, общую для всех участников литературного процесса, нельзя. Учитывая, что «Братья Карамазовы» вызвали в обществе совершенно исключительный интерес, можно было бы полагать, что остальные публикации в журнале меркли в своем значении перед этим романом и никакой связи между его сегментами и остальным содержанием номеров не было и быть не могло. Но мыслима и диаметрально противоположная гипотеза, исходящая из того, что редакция обратилась бы только к тексту, идеологически для нее приемлемому, к произведению автора, следующего тенденции, выраженной во всех других выступлениях журнала, и неизменно принимающего в журнальной полемике его сторону.

Выясняется, однако, что в случае с «Братьями Карамазовыми» и «Русским вестником» истина располагается где-то между этими крайними полюсами. Хотя отношения Достоевского с Катковым и «Русским вестником» в эти годы трудно назвать дружескими и хотя главную роль в решении автора поместить «Братьев Карамазовых» в этом журнале могли сыграть соображения чисто денежного характера, Достоевский все же подчеркивал, что его сотрудничество базируется на принципиальной основе, и порою не упускал случая одобрить помещенные в журнале выступления Любимова на политические темы[22]. Более того, как показал Л. П. Гроссман, «Братья Карамазовы» вобрали в себя темы и эпизоды, так или иначе занимавшие ближайшее окружение Каткова [Гроссман 1934]. Не случайным в этом свете является и то, что Достоевский вступил в полемическое сражение с «Отечественными записками» и их редактором М. Е. Салтыковым-Щедриным, главным идеологическим противником «Русского вестника» [Борщевский 1956: гл. X].

В пределах поэтики сериализации нас занимает, однако, совсем другой аспект — взаимодействие между появлявшимися в журнале выпусками романа и другими материалами этих же номеров. Мы понимаем те и другие не как изолированные, друг с другом не связанные элементы тематики журнала, а как обращенные друг к другу реплики целостного диалога. В этом смысле нельзя ограничиваться только, скажем, сопоставлением адвокатских речей с теми выступлениями в суде, которые Достоевский записывал в своих отчетах, или сравнением фрагментов жития Зосимы (книга VI) с эпизодами из агиографической литературы, изучавшейся Достоевским. Невозможно удовлетвориться простым указанием на параллелизм между теми или иными местами романа и какими-то другими публикациями в журнале. Важно показать, как «Братья Карамазовы» выражали (пусть подчас в пародийном ключе) или художественно обыгрывали язык юриспруденции, агиографии, богословия, медицины, психологической науки или общественной жизни в том виде, в каком они были представлены статьями в журнале. Адвокатские выступления, медицинская экспертиза, психологические наблюдения автора над своими персонажами, статья и «поэма» Ивана, показания в суде и статьи Ракитина, биографии его и Алеши — во всех этих точках роман пересекается с прочими публикациями в «Русском вестнике». Неполная и неабсолютная тематическая замкнутость концовок внутри публикуе-

---

[22] О Достоевском в «Русском вестнике» см. в его письме к Юрьеву от 11 июля 1878 года; о разногласиях с Катковым — в письме к А. Г. Достоевской от 28–29 мая 1880 года; оценка политических выступлений Любимова содержится в письмах к нему Достоевского от 8 сентября и 8 ноября 1880 года.

мых в отдельных номерах журнала частях романа Достоевского — неабсолютная в силу того, что в следующем выпуске автор снова может вернуться к теме, — позволяет роману вплотную приблизиться к этим нехудожественным видам речи, подчас даже сливаясь с ними. И в то же время язык романа коренным образом разнится от них, так как романное изображение неизбежно исходит из понимания «открытой», «незавершенной» природы человеческой жизни, тогда как все названные типы профессиональной речи относятся к ней как к чему-то замкнутому и ограниченному[23]. Замечательно, что при подобном рассмотрении взаимодействия между романом и журналом Иван и Ракитин послужат образчиками «пересечения границ», поскольку их журнальные статьи внутри романа помещены в журнале «Русский вестник», им идеологически враждебном.

Другая сторона этого речевого взаимодействия (речевого разноголосия) затрагивает вопрос о том, как различные материалы, помещенные в «Русском вестнике», откликались на те или иные аспекты романа. Достаточно назвать только один пример, чтобы стала ясной важность этого вопроса: публикации о старцах-монахах, появившиеся в «Русском вестнике». Две из них хронологически следовали за рассказом о Зосиме в 6-й книге романа (август 1879). Это — составленное Константином Леонтьевым жизнеописание отца Климента Зедергольма (ноябрь и декабрь 1879-го), аскетизм и отказ от земной жизни которого находились в резком контрасте со всеобъемлющим чувством любви у Зосимы, и подписанная инициалами Д. Б. биография архимандрита Пимена (декабрь 1880-го), довольно казенный очерк о старце, отличавшемся чрезвычайной начитанностью и, в противоположность (опять-таки) Зосиме, облеченном важными административными обязанностями в монастыре. Такие случаи потенциального диалога внутри одного и того же литературного органа заставляют подойти к месту романа в нем с точки зрения проявления динамического взаимодействия

---

[23] Ср. среди черновых записей к «Братьям Карамазовым»: «Все вещи в мире для человека не окончены, а между тем значение всех вещей мира в человеке же заключается» [Достоевский 1972–1990, 15: 417].

между ними, а не просто в плане идеологических совпадений или разногласий.

В заключение мы должны подчеркнуть, что, хотя рассмотренные нами черты «серийных» художественных текстов принадлежат литературе XIX века, вопрос об их значении для поэтики возникает в свете новых научных дисциплин, таких как теория восприятия, речевой анализ и лингвистика диалога, которые обратили внимание на роль «центробежных», фрагментарных и незавершенных феноменов в литературном процессе. На этом фоне «серийные» беллетристические произведения представляют особой сложности явление, будучи связанными с проблемой способности или неспособности читателя воспринять текст как интегральное целое или с проблемой взаимодействия романной и нероманной речи в контексте, формируемом границами журнального номера. Вместе с тем, как показывает приведенный в этой статье материал, названные дисциплины могут, приняв во внимание специфические исторические условия бытования романа в XIX веке, способствовать изучению таких аспектов поэтики и прагматики жанра, которые до последнего времени оставались незамеченными[24].

Источники

Достоевский 1972–1990 — Достоевский Ф. М. Полн. собр. соч.: в 30 т. Л., 1972–1990.

Орловский 1880 — Орловский К. Искупление // Русский вестник. 1880. Ноябрь. С. 230–336.

Библиография

Борщевский 1956 — Борщевский С. С. Щедрин и Достоевский: история их идейной борьбы. М.: ГИХЛ, 1956.

---

[24] Автор приносит искреннюю благодарность своим коллегам Л. Флейшману и Г. Фрейдину за помощь в работе над русской версией этой статьи.

Гроссман 1916 — Гроссман Л. П. Композиция в романе Достоевского // Вестник Европы. 1916. Февраль. С. 121–156.

Гроссман 1934 — Гроссман Л. П. Достоевский и правительственные круги 1870-х годов // Лит. наследство. 1934. Т. 15. С. 82–163.

Ланской 1973 — Ланской Л. Р. Письма о Достоевском // Лит. наследство. 1973. Т. 86. С. 349–564.

Лихачев 1983 — Лихачев Д. С. Текстология. На материале русской литературы X–XVII веков. 2-е изд. Л., 1983.

Полоцкая 1971 — Полоцкая Э. А. Человек в художественном мире Достоевского и Чехова // Достоевский и русские писатели. М., 1971. С. 184–254.

Шкловский 1923 — Шкловский В. Б. «Евгений Онегин» (Пушкин и Стерн) // Очерки по поэтике Пушкина. Берлин, 1923. С. 199–220.

Belknap 1967 — Belknap R. L. The Structure of the «Brothers Karamazov». The Hague, 1967.

Belknap 1990 — Belknap R. L. The Genesis of «The Brothers Karamazov»: The Aesthetics, Ideology, and Psychology of Making a Text. Evanston, 1990.

Brooks 1984 — Brooks P. Reading for the Plot: Design and Intention in Narrative. New York, 1984.

Brooks 1985 — Brooks J. When Russia Learned to Read: Literary and Popular Culture, 1861–1917. Princeton, 1985.

Davis 1983 — Davis L. J. Factual Fictions: The Origins of the English Novel. New York, 1983.

Fanger 1965 — Fanger D. Dostoevsky and Romantic Realism: A Study of Dostoevsky in Relation to Balzac, Dickens, and Gogol. Cambridge, 1965.

Maguire 1983 — Maguire R. A. Red Virgin Soil: Soviet Literature in the 1920's. Princeton, 1968.

McGann 1983 — McGann J. J. A Critique of Modern Textual Criticism. Chicago, 1983.

Morson Saul 1981 — Morson G. Saul. The Boundaries of Genre: Dostoevsky's Diary of a Writer and the Traditions of Literary Utopia. Austin, 1981.

Sutherland 1976 — Sutherland J. A. Victorian Novelists and Publishers. Chicago, 1976.

Tillotson — Tillotson K. Novels of the Eighteen-Forties. Oxford, 1954.

Todd 1991 — Todd, III W. M. Contexts of Criticism: Reviewing «The Brothers Karamazov» in 1879 // Stanford Slavic Studies. 4:1 (1991). P. 293–310.

О функциях и дисфункциях романного нарратива в «Братьях Карамазовых» Ф. М. Достоевского[1]

«Снаружи правда, внутри ложь!» [XIV: 67][2]

В одном из сравнительно спокойных эпизодов суда над обвиняемым в отцеубийстве Дмитрием Карамазовым показания дает его брат Алеша. Отвечая на вопросы обвинителя и защитника, свидетель описывает действия Мити до и после убийства. Если определить рассказ (нарратив) как описание события или ряда событий (что будет близко к обычному словарному определению), то рассказ Алеши покажется, конечно, не имеющим большого значения. Он сообщает только об одном крошечном обстоятельстве, или «факте», способном помочь снять вину с брата: Алеша вдруг припоминает, как Митя указывал себе на грудь, — на груди он хранил полторы тысячи рублей, не потраченные во время первой поездки в Мокрое. А главный аргумент Алеши в пользу невиновности брата звучит следующим образом: «Но я всегда был убежден, что некоторое высшее чувство всегда спасет его в роковую минуту, как и спасло в самом деле, потому что *не он* убил отца моего. <...> Я не мог не поверить брату. Я знаю, что он мне не солжет. Я по лицу его видел, что он мне не лжет» [XV: 108]. К этому моменту читатели романа уже

---

[1] On The Uses and Abuses of Narrative in «The Brothers Karamazov» // Horst-Jürgen Gerigk, ed. "Die Brüder Karamasow": Dostoejewskijs letzter Roman in heutiger Sicht. Dresden: Dresden UP, 1997. P. 75–88.

[2] Здесь и далее цитаты из произведений Ф. М. Достоевского приводятся по изданию [Достоевский 1972–1990] с указанием номера тома (римскими цифрами) и страницы.

уверились в Алешиной честности и способности интуитивно распознавать других и потому понимают, что эта оценка созвучна характеру и поступкам Мити. Тем не менее в качестве свидетельства этот аргумент, к сожалению, совсем не подходит для судебного разбирательства, а между тем Алеша сам вынужден признать, что «более не имеет доказательств». Публика отвергает его показания, «столь естественные в его качестве родного брата подсудимого» [XV: 109], как порожденные верой в невиновность Мити. По множеству причин — юридических, культурных и личных, не говоря уже о требованиях романного сюжета, — коллегия присяжных решает поверить другим свидетелям, которые в своих рассказах упорядочивают «факты», при этом заполняя пробелы в своих знаниях ситуации и руководствуясь в том числе эгоистическими интересами, то есть, по всей вероятности, говорят неправду.

Роман «Братья Карамазовы» содержит, наряду с другими жанрами и типами высказываний, множество рассказов персонажей, приведенных как целиком, так и частично. «Профессиональные» (юридические, следственные, публицистические, медицинские, психологические), риторические (притчи, анекдоты, житие святого), вымышленные (или художественные) нарративы — все они обильно представлены на страницах романа. Исторические нарративы и замечания по их поводу также занимают заметное место, равно как и действительные истории: например, рассказ Смарагдова об основании Трои, критически разобранный Колей Красоткиным (книга десятая); фикциональные истории: например, история карамазовской «семейки» (книга первая); исторические фикциональные сочинения: например, сочиненная Иваном поэма в прозе «Великий инквизитор». Кроме того, если вспомнить, что роман печатался частями в журнале «Русский Вестник» и потому появлялся в окружении множества других нарративов (в особенности воспоминаний и трудов по военной истории), то можно понять, почему читатели не запоминали (и до сих пор плохо запоминают), что центральная сюжетная линия романа — это, по всей видимости, история «темной кончины» Федора Павловича Карамазова.

Читателю сложно понять, что вводится в качестве дополнения, а что является основным, поскольку роман оказывается переплетением разных рассказов. Его можно уподобить не столько вставленным друг в друга куклам-матрешкам, сколько птичьему гнезду — сплетенному из прутьев, травы и прочих подручных материалов, однако хорошо выполняющему свои функции и даже в конечном счете кажущемуся красивым. Дело не только в том, что в роман вплетено множество разнородных нарративов; как показал Роберт Белкнап, одни и те же события могут оказаться еще и частями нескольких разных рассказов [Belknap 1989: 87–89].

Историческая наука, особенно в сотрудничестве с нарратологией, способна помочь нам распутать эти сложности множественной наррации. Название данной статьи должно вызвать в памяти (хотя это и довольно отдаленная ассоциация) заглавие ранней работы Фридриха Ницше — «О пользе и вреде истории для жизни» (1874). Ассоциация кажется отдаленной, потому что некоторые из ницшеанских понятий совершенно чужды Ф. М. Достоевскому — таковы, например, иерархические представления Ницше о великих людях и «массе». Однако некоторые из волновавших немецкого философа тем, а также его подход к истории перекликаются с трактовкой нарратива в «Братьях Карамазовых» и будут полезны при объяснении того, что ожидал автор этого романа от читателей. Ницше писал свой трактат в то время, когда историческая наука все больше профессионализировалась и становилась все «объективнее» в качестве академической дисциплины.

Философ, в противоположность этой тенденции, призывал вспомнить о живой силе исторического рассказа, представляющего собой цепочку отдельных великих моментов, чтобы дать людям образцы для подражания, вернуться к успокоительным истокам и осудить несправедливые деяния, совершенные в прошлом. При этом, согласно Ницше, эти функции нарратива — монументальную, антикварную и критическую — следовало уравновесить пониманием опасности истории, ее способности уничтожать прошлое, мумифицировать настоящее и лишать людей будущего. Так возникает парадокс: история одновременно и служит жизни, и враждебна ей. Но в любом случае история для Ницше остается дискурсом, чьей-то речью, которую кто-то рассказывает кому-то с какой-то целью, придерживаясь тех или иных позиций. И она остается по сути этическим феноменом, «замаскированной теологией», как говорит Ницше [Ницше 2014: 144]. Таким образом, философ оценивает исторические сочинения прагматически, по их воздействию на живую жизнь.

Последующие критики исторических сочинений дополнили этот подход, поставив вопрос о способности исторических нарративов представлять прошлое «как оно на самом деле было». Одно из самых проницательных исследований на эту тему — статья Луиса Минка «Нарратив как когнитивный инструмент» — утверждает, что за историческими сочинениями всегда стоят две не подвергаемые критике пресуппозиции. Первая заключается в том, что существует разница между историей и вымыслом; вторая — в том, что сама действительность имеет нарративную форму, то есть представляет собой историю, ожидающую, что ее расскажут [Mink 1978: 134]. Стоит нам усомниться в этих положениях, и встанут вопросы о том, как исторические нарративы, выстроенные с точки зрения историка, могут соединяться друг с другом или, наоборот, заменять друг друга и способны ли они, оставаясь нарративами, быть истинными или ложными. Историк, напомним мы (как Коля напомнил Смурову), имеет критерии для принятия или отрицания свидетельств о прошлом и обязан расположить события в той последовательности, в какой они происходили. Однако, как показали Минк и Хэйден Уайт, исторический нарратив, применяющий к этой последовательности принцип причинности и не различающий последовательность событий и следование одного из другого, не может быть, в отличие от отдельных своих элементов или событий, истинным или ложным [Mink 1978: 143–144; White 1973: 433–434]. Основания для предпочтения одной формы рассказывания о серии отобранных и выстроенных в ряд событий — другой форме могут оказаться идеологическими, эстетическими или моральными. Отсюда вытекает парадокс, состоящий в том, что нарратив, наш первичный когнитивный инструмент для постижения последовательных взаимоотношений, происходящих в ходе «продвижения» явления, таких как человеческая жизнь или история народа, является, в качестве нарратива, не верифицируемым и не фальсифицируемым. Только его хронологическая последовательность и отдельные элементы (события, участники, документы) могут быть подвергнуты испытанию на эти качества.

Могут ли эти сомнения в истинности нарратива и проблемы его прагматики иметь значение для (вымышленного) произведения художественной литературы — романа? Большинство, если не все современные литературные теории не связывают художественное произведение с обеими описанными выше проблемами. Однако автор «Братьев Карамазовых» глубоко обеспокоен истинностью своего нарратива и его воздействием на читателя: об этом можно судить по письмам Достоевского, в особенности адресованным его редактору Н. А. Любимову, а также К. П. Победоносцеву. Писатель создавал своих героев таким образом, чтобы они разделяли его отношение к функциональному и дисфункциональному использованию репрезентационных и риторических возможностей нарратива. Вспомним, например, гневное восклицание Дмитрия в келье старца — после того как Федор Павлович впервые рассказал историю о том, что Митя обидел капитана Снегирева: «Снаружи правда, внутри ложь!» [XIV: 67].

История об избиении капитана Снегирева рассказывается в первых книгах романа пять раз: сначала об этом упоминает Федор Павлович, опускающий детали произошедшего; потом дважды рассказывает Дмитрий, игнорирующий плачевное положение семейства Снегирева; один раз — Катерина Ивановна, упоминающая о существовании сына капитана; и, наконец, с добавлением новых деталей — сам Снегирев: он рассказывает о том, как презрительно обошлась с ним Грушенька, о злонамеренно-оскорбительном предложении Дмитрия, который провоцировал Снегирева вызвать его на дуэль, а также более подробно — о том, как реагировал на скандал Илюша. Каждый из этих рассказов основан на событиях, происходивших в действительности, но в каких-то рассказах событий оказывается больше, чем в других. Забота о правдивости в данном случае подавляется злыми намерениями говорящего, которому хочется задеть, скомпрометировать и спровоцировать другого. Рассказы различаются точкой зрения субъекта речи, его интересами или целями. Изложение четырех рассказчиков затемняет историю, точнее говоря, речь сама по себе становится рассказом — тем, что произошло в действительности.

Повторяющиеся рассказы в сочетании с различными типами нарратива ставят ряд проблем как перед персонажами, так и перед читателями романа; правда, то и другое происходит не одновременно. Так, шестая книга — «Русский инок», — составленная Алешей, не известна ни его братьям, ни другим персонажам романа, но при этом выполняет, как я постараюсь показать, роль важного нарратологического трактата для читателей романа. А книги девятая («Предварительное следствие») и двенадцатая («Судебная ошибка») заставляют персонажей столкнуться с проблемой рассказывания, истинности и прагматики нарративов.

Открывающее роман двухстраничное предисловие «От автора», также не адресованное персонажам, предваряет проблемы, с которыми столкнется читатель при попытках осмыслить то гигантское сплетение нарративов, которое представляет из себя текст. Можно сказать, что уже в предисловии читатель вовлекается во все эти хитросплетения. Все аспекты литературы как коммуникации проблематизируются здесь теми способами, которые знакомы читателям Достоевского со времен, по крайней мере, «Записок из подполья». Автор-адресат настроен недоброжелательно, агрессивно, он говорит почти тем шутовским тоном, какой характерен для персонажей-рассказчиков вроде Федора Павловича, Максимова, черта Ивана. Все подобные персонажи балансируют на грани той неуклюжей, взволнованной, порой неграмотной речи, которую В. Е. Ветловская аргументированно приписала рассказчику романа [Ветловская 1977: 34–39]. Такой «автор» выхватывает клише чуть ли не из воздуха — как, например, фразу «при существенном единстве целого» [XIV: 6], — при этом никак их не объясняя. Единственное разрешение всех вопросов, включая проблему характера героя, которое предлагает говорящий в предисловии, — это «обойти» их «безо всякого разрешения» [XIV: 6]. Он смеется над представлениями о том, что литература отражает действительность, указывая на невозможность разобраться в царящей и в текстах, и в действительности «всеобщей бестолочи» [XIV: 5]. Каждый аспект романа, обещает он, будет либо двойственным, либо запутанным: жанр этого произведения — одновременно и «роман», и «жизнеописание»; герой — негероический «чудак», который в то же время «носит в себе... сердцевину целого» [XIV: 5], что бы это ни значило в данном контексте; что касается структуры, то повествование начинается с предисловия, которое автор сам называет «лишним», но тем не менее не вычеркивает и говорит, что его значение станет ясным только из продолжения романа, прочесть которое, разумеется, пока невозможно. Читатель, вконец запутанный этими экивоками и двусмысленностями, приходит к такому выводу: саркастический «автор» считает, что читатель может с ним не согласиться, при этом читатель должен догадываться о смысле сказанного, «автор» понимает, что читатель, возможно, дочитает роман до конца, в отличие от примерно шестидесяти не названных по именам «русских критиков», взявших на себя труд отрецензировать роман до того, как он был полностью опубликован в журнале.

Если все, что может предложить «автор», — это двусмысленности и путаница и никаких авторитетных проводников по миру романа нет и в помине, то как же в нем ориентироваться героям и читателю? В этом отношении важна вторая книга — «Неуместное собрание», которой завершался первый напечатанный в «Русском вестнике» фрагмент романа. Здесь тщательно прорабатываются вопросы, поставленные в авторском предисловии; точнее, они переносятся на конкретные ситуации и медленно, по большей части в негативном ключе, начинают выявлять этику рассказывания. Попытка старца Зосимы залечить раны семейства Карамазовых приводит лишь к тому, что Федор Павлович в полной мере демонстрирует свои способности к лживому и деструктивному нарративу. Наставление, с которым старец обращается к Карамазову-отцу: «Не лгите» [XIV: 41], только усиливает проявление его шутовской манеры поведения. Как мы видели в рассказе Федора Павловича об избиении Дмитрием капитана Снегирева, рассказчику не надо выдумывать никаких событий, чтобы посеять среди слушателей вражду и обиды. В любом случае его невыдуманные рассказы наносят удары точнее, чем выдуманные: мы снова убеждаемся в этом, когда рассказ Федора Павловича о том, как он обижал свою вторую жену, приводит Алешу к истерическому припадку, а Ивана — к приступу ярости [XIV: 126–127].

В этой же второй книге после неудавшейся попытки Зосимы заставить Федора Павловича не злоупотреблять выдуманными историями показываются и другие подходы к нарративу. Я имею в виду сцену, когда старец разговаривает сначала с четырьмя «верующими бабами», а затем с «маловерной дамой» — госпожой Хохлаковой. Первой из крестьянок Зосима рассказывает почти неприкрашенную притчу из жизни святого и напоминает о библейском рассказе о Рахили. Другую крестьянку, выслушав втайне от остальных ее исповедь (рассказ), утешает рассказом о том, что Бог все простит кающемуся. Истина становится здесь вопросом веры: именно вера делает для верующего человека эти рассказы правдивыми. Поведение старца напрочь лишено театральности и эгоцентризма, ничто не отвлекает внимания слушателей от цепочек событий в этих минималистских, похожих на притчи рассказах[3]. Сразу после этого следует рассказ госпожи Хохлаковой о ее мечтаниях, где она сама выступает в роли самоотверженной героини. Здесь лживость выявляется гораздо яснее, чем при встрече старца с Федором Павловичем: она выражается в динамичном «героическом» нарративе, в ко-

---

[3] О притчах, ставящих определенные проблемы перед читателем, и о способности притчи по-новому описывать жизнь см. [Kermode 1979: 23–24, 44].

тором говорящая совершает подвиги на глазах у всех; этот рассказ не подкреплен той верой, которая сделала бы возможной непоказную любовь. Во всех встречах старца с посетителями нарратив выступает в форме устной речи, имеющей отправителей, получателей, контексты и некие скрытые правила. Чтобы рассказ нес добро и истину, требуется особое отношение и адресанта, и адресата, особая вера, какую можно найти в священных книгах, например в Евангелии — книге, которая создает и поддерживает человеческое общество.

Книги пятая («Бунт») и шестая («Русский инок») подробно разъясняют эти различия. Рассказы Ивана («картинки», как он их называет), описывающие страдания ни в чем не повинных людей, его рассказ о казни Ришара и его поэма о Великом инквизиторе, а также стоящая за этими рассказами идея — все это явно противопоставлено Алешиной книге рассказов и поучений старца Зосимы. Чтобы не отклоняться от целей данной статьи, я рассмотрю только вопрос о том, какие виды историй здесь приводятся и как они излагаются. Правда — в смысле «правдивости деталей», или «истинности происшествия», или «точности хронологической последовательности» — в данном случае не рассматривается. Коллекция историй, собранных Иваном, столь же «фактична» внутри романного мира, как житие Зосимы с входящими в него историями Маркела, самого Зосимы и его «таинственного посетителя».

Рассказы Ивана и Зосимы различаются и по построению, и по прагматической направленности. Последняя у Ивана состоит в желании обвинить, отвергнуть и в конечном итоге уничтожить веру собеседника в Отца, Сына и Святого Духа. Иначе говоря, Иван использует рассказы о страданиях невинных, чтобы заставить страдать невинного. Старец же желает, чтобы его рассказы послужили делу исцеления душ и примирения людей. В нарративах Ивана каждая «картинка» рисуется отдельно, изолированно от других; каждый из рассказов Зосимы связан с другими его рассказами, доказывая тем самым, что ничего не проходит бесследно. Чтобы в этом убедиться, следует присмотреться к тому, как в житии излагаются хрестоматийные библейские истории:

они передаются с минимальным количеством подробностей и потому могут без какого-либо зазора соединяться с рассказанными следом историями, что и происходит: рассказы выполняют функции поведенческих моделей для будущего: «А Иов, хваля господа, служит не только ему, но послужит и всему созданию его в роды и роды и во веки веков, ибо к тому и предназначен был» [XIV: 265]. «Картинки» Ивана ограничены временными координатами прошлого и настоящего; рассказы Зосимы выходят за пределы этих измерений в будущее. Пространственные координаты нарративов Ивана — это хорошо всем знакомое евклидово пространство; в рассказах Зосимы становится возможным «соприкосновение... мирам иным» [XIV: 290]. Иван эгоистически заботится о воздействии своих рассказов, хотя сам остается внутренне весьма далек от тех людей, которые в этих рассказах фигурируют: он собирал материал по газетам, а его Великий инквизитор имеет дело только с толпами, а не с отдельными людьми. Конечная цель рациональных построений Ивана, его анализа и классификации — заключить людей в построенную на принципе элитарности иерархическую структуру и определить человеческую природу как злую и дьявольскую. Мистическое чувство дает старцу возможность непредвзято понимать людей, отвергать замкнутые иерархии и допускать, что человек может измениться. Одним словом, Иван и Зосима рассказывают истории совершенно по-разному по отношению ко времени, пространству, персонажам и потенциальной связи одного рассказа с другим. При этом каждый из рассказчиков по-своему представляет тот эффект, который должен оказать на слушателей его рассказ.

Каждый раз конечная проверка рассказа, его «правда», определяется воздействием на слушателя и самого рассказчика, ибо, как говорит старец Федору Павловичу, лгущий в конечном итоге наносит вред и себе, и другим [XIV: 41]. В мире романа поэтика и прагматика рассказов Зосимы в итоге побеждают, хотя на практике роман в целом далеко превосходит и по охвату материала, и по открытости как отдельные истории старца, так и весь составленный Алешей сборник (то есть шестую книгу).

Как заметил Натан Розен, в переданной Зосимой истории Иова, а также в его историях о Маркеле, себе самом и «таинственном посетителе» с точки зрения психологии остается немного места для братьев Карамазовых — Алеши, Дмитрия и Ивана [Rosen 1971: 359]. Можно добавить, что в них вообще не найдется места для Смердякова. В этом смысле ни Зосима, ни Алеша не смогли бы написать «Братьев Карамазовых». Не мог бы это сделать и кто-либо другой из персонажей, в особенности те, кто выходит на авансцену ближе к концу романа: ни полицейские следователи, ни участники соревновательного судебного процесса — прокурор и адвокат, ни врачи с их рассказами о болезнях, ни Ракитин с его публицистическими историями.

Лавина разнообразных нарративов в последних книгах романа — рассказов, романов, любовных историй, преданий, легенд, исторических обзоров, выдумок, при том что все они как один помещены в негативные контексты, — казалось бы, должна свидетельствовать против истинности и моральной ценности рассказа как такового, заставляя нас гадать, почему сам Достоевский решил доказать это при помощи рассказывания. Фетюкович, заклейменный как «прелюбодей мысли» в заголовке соответствующей главы [XV: 167], говорит нам о том, что «в действительности может мелькнуть тысяча вещей, ускользающих от наблюдения самого тонкого романиста» [XV: 162]; похоже, что он в данном случае высказывается против достоверности нарратива как такового. Однако следует помнить, что в качестве защитника Фетюкович по самой своей должности обязан действовать подобным образом, а именно: дискредитировать рассказ своего оппонента — прокурора, подвергая сомнению общую цельность его рассказа, связность его элементов и логику предложенной последовательности событий.

Роман, несомненно, продемонстрировал нам отрицательную нарративную этику, набор дискурсивных точек зрения и сюжетных приемов, которые мы описали выше, ряд злоупотреблений нарративами. На дискурсивном уровне к такой этике относится излишняя нарративная дистанция, отсутствие вовлеченности или сочувствия, как в «картинках» Ивана или в игривых рассуждениях адвоката, жонглирующего словами. Оборотной стороной монеты является эгоистическая позиция рассказчика, которая также подрывает нарратив: Иван в конечном итоге пытается интеллектуально растлить Алешу; рецепты московского врача вызывают у пациентов отчаяние; адвокат соучаствует в отцеубийстве, обвиняя в этом убийстве самого Федора Павловича; опровержения, которые высказывает Фетюкович, оправдывают его самого, а не Митю. Ложь, подобная той, которая выражается в агрессивном шутовстве Карамазова-отца, также имеет отношение к этой теме. Кстати сказать, ни один из этих нарративных изъянов не предполагает обязательного включения в цепь событий ложных элементов. К другому пороку нарратива можно отнести написание или прочтение его в рамках строгих и якобы способных все объяснить сюжетных шаблонов, вроде социально-экономического детерминизма Ракитина или узкой «психологии» прокурора. Подобные схемы «замораживают» персонажей, заранее лишают их свободы действия и исключают внезапные изменения в их характерах по ходу рассказа; также становятся невозможными неожиданные связи или события, например сон-видение Дмитрия о «дите». Еще одно дисфункциональное отношение к нарративу — это его прочтение или написание по формальным правилам (например, по правилам доказательства), поскольку такие правила также ограничивают возможности рассказа как моральной силы. Трудно, конечно, представить себе не имеющие правил язык, дискурсы или юридические системы; однако роман демонстрирует цену этих правил. Полицейское следствие, например, предусматривает определенные процедуры, и мы знаем, что Достоевский даже задержал печатание романа в журнале, чтобы как следует изучить эти процедуры. Мы знаем также, что следствие пришло к ложным выводам[4].

---

[4] Если исходить из материалов, представленных на суде, то вопрос о виновности Дмитрия должен остаться открытым. Можно сделать предположение о его возможной невиновности на том основании, что деньги Федора Павловича оказались у Смердякова, и это подтверждает его вину в убийстве. Однако кончина Федора Павловича в итоге остается действительно «темной».

Это приводит нас к вопросу, что не будет ложью в том смысле, который вкладывает в это слово Зосима: как этически безупречно пользоваться нарративами? Можно предположить, что в данном романе, персонажи которого верят в дьявола, а не в Бога, мы сумеем распознать ложь, а не правду. Ложь узнается по ее прагматическому моральному воздействию, по тому вреду, который она наносит не только адресату, но и адресанту — самому лжецу.

Я попытался показать, что заповеди из составленного Алешей жития Зосимы могут служить элементами этической нарратологии, суть этих наставлений в том, чтобы показать, как можно выстроить повествование для утверждения той любовной гармонии, которая дорога и старцу, и Алеше. Среди этих заповедей, наиболее ясно выраженных в шестой книге, но представленных также и в поступках этих героев, есть и ответственность каждого за всех, и представление о том, что первые станут последними, и идея деятельной любви, и понятие таинственных связей. В качестве основополагающих положений для построения рассказа эти заповеди противоречат той поэтике, которую дискредитирует роман: поэтике дистанцирования, эгоизма, подчинения правилам и агрессивной лжи. Указанные заповеди предполагают такой способ письма, который объединяет образы, темы и другие элементы, отстоящие друг от друга на сотни страниц; они предполагают, что множество сюжетов развивается одновременно, и эти сюжеты, взаимодействуя друг с другом, высвечивают новые смыслы для читателя, готового это воспринять[5]. Они предполагают отсутствие иерархии или дистанции между рассказчиком, темой рассказа и слушателем; они предполагают рассказчиков, открытых для перемен так же, как и персонажи, о которых они рассказывают, и потому они напоминают положение Ю. М. Лотмана о том, что «событие» представляет собой то, что произошло, хотя не должно было произойти [Лотман 1971: 285]. Одним словом, эти заповеди вклю-

---

[5] Глубокий теоретический анализ данной особенности со множеством примеров из Достоевского см. [Morson Saul 1994].

чают в себя способ, который «организует» роман «Братья Карамазовы», но не те способы наррации, которые характерны для большинства рассказчиков внутри романа и для главного рассказчика самого романа.

Речь Алеши в финале еще раз дает представление об этой положительной поэтике, или даже этике повествования. В ней выстраивается образцовый рассказ о жизни Илюши, который мог бы образовать единую цепь с рассказами о его собственной жизни и о жизни мальчиков. В то же время нарратив здесь является выражением памяти, которая станет моральной силой не только для этих молодых людей, но и для самого Алеши. Алеша как рассказчик не отделяет себя от событий и персонажей этой заключительной истории, так как это означало бы повторение негативной поэтики и прагматики повествования, которая столь наглядно выявлена в романе.

Источники

Достоевский 1972–1990 — Достоевский Ф. М. Полн. собр. соч.: в 30 т. Л.: Наука, 1972–1990.

Ницше 2014 — Ницше Ф. Несвоевременные размышления II. О пользе и вреде истории для жизни / Пер. А. Бермана, А. и Е. Герцык // Ницше Ф. Полн. собр. соч.: в 13 т. Т. 1. Ч. 2. М.: Культурная революция, 2014. С. 83–172.

Библиография

Ветловская 1977 — Ветловская В. Е. Поэтика романа «Братья Карамазовы». Л.: Наука, 1977.

Лотман 1971 — Лотман Ю. М. Структура художественного текста. Providence: Brown UP, 1971.

Belknap 1989 — Belknap R. L. The Structure of *The Brothers Karamazov*. Evanstone: Northwestern UP, 1989.

Kermode 1979 — Kermode F. The Genesis of Secrecy: On the Interpretation of Narrative. Cambridge, MA: Harvard UP, 1979.

Mink 1978 — Mink L. O. Narrative Form as a Cognitive Instrument // The Writing of History. Literary Form and Historical Understanding / Ed. Canary R., Kozicki H. Madison. University of Wisconsin Press, 1978.

Morson Saul 1994 — Morson G. S. Narrative and Freedom: The Shadows of Time. New Haven: Yale UP, 1994.

Rosen 1971 — Rosen N. Style and Structure in *The Brothers Karamazov* (The Grand Inquisitor and the Russian Monk) // Russian Literature Triquarterly. 1971. № 1. P. 325–365.

White 1973 — White H. Metahistory: The Historical Imagination in Nineteenth-Century Europe. Baltimore: Johns Hopkins UP, 1973.

Личность в рассказах «других»: создание многослойной характеристики персонажа в романе Ф. М. Достоевского «Братья Карамазовы»[1]

В своем последнем романе, «Братья Карамазовы» (1881), Ф. М. Достоевский уделяет большое внимание попыткам различных персонажей рассказать (или ввести в заблуждение при помощи рассказа) о «других» нечто такое, что позволило бы понять экстремальные человеческие поступки, и изучение этого романа может дать богатый материал тем, кого интересует одновременно и «личность», и «рассказывание» в литературе. В данной статье я предлагаю рассмотреть роман «Братья Карамазовы», фокусируясь именно на этих двух понятиях; я постараюсь разъяснить их с помощью современных теорий повествования, авторы которых разделяют интерес Достоевского к этим явлениям. Поскольку анализируемое произведение содержит не только рефлексию о повествовании как таковом, но и критику способов рассказывания, принятых в соответствующей культурной среде, я продемонстрирую также то, что роман помогает нам понять, какие из этих способов использовались в России в конце XIX века. В данном случае я буду опираться на современные нарратологические теории, чтобы показать, как роман проблематизиру-

---

[1] Storied Selves: Constructing Characters in The "Brothers Karamazov" // Self and Story in Russian History. Ed. Laura Engelstein, Stephany Sandler. Cornell UP, 2000. P. 266–279.

ет рассказывание, причем такая проблематизация сама по себе имеет большую традицию в литературе и критике.

Со времен Древней Греции личность (или то, что примерно соответствовало этому понятию) и рассказ в литературе считались неотделимыми друг от друга. Первая работа по нарратологии — «Поэтика» Аристотеля, — возможно, не рассматривала «личность» в современном смысле слова, но при анализе действий героев ее автору пришлось принимать во внимание человеческий фактор: учитывать социальное положение персонажа и черты его характера[2]. Позднейшие теории, например, предложенная В. Я. Проппом, учитывают как минимум наиболее явное проявление личных качеств героя — его поступки. Но большинство авторов нормативных и описательных поэтик идут дальше: предписывают изображать определенные типы действующих лиц, наиболее подходящих для того или иного вида повествования; указывают, что именно вызывает у реципиента интерес к персонажу или фабуле; изучают способы конструирования героев в повествовании. Наиболее сложная и блестящая нарратологическая теория, изложенная в книге Ролана Барта «S/Z», играя множеством критических дискурсов, жаргонными словечками и терминами, которые можно отыскать только в словарях древнегреческого языка, тем не менее выдвигает проблему характера и действующего лица в качестве центральной для функционирования всех пяти повествовательных кодов[3]. В корне меняя отношение к действию (считавшемуся начиная с Аристотеля главным элементом повествования), Барт утверждает, что отличительным качеством нарратива является не оно, а «сумма или схождение сем», объединяемых Именем Собственным персонажа [Барт 2009: 281]. Говоря проще, повест-

---

[2] Об аристотелевской трактовке персонажа см. [Chatman 1978: 108–110].

[3] Герменевтический код, посредством которого задаются и разгадываются загадки, явно зависит от человеческой идентичности; проайретический код, управляющий действием, предполагает (так же как у Аристотеля и Проппа) действующих лиц — людей; символический код создает персонажа как функцию риторических фигур и тропов, таких как антитеза; гномический код рассматривает персонажа как результат преобладающих систем понимания, таких как популярная психология; наконец, семный код приписывает определенные черты именам собственным [Барт 2009].

вование здесь рассматривается как процесс наделения собственных имен характером. В любом случае Барт сохраняет и расширяет аристотелевское понимание литературных персонажей как действующих лиц, характеров и функций контекста.

Переходя от повествования как такового к его главному современному воплощению — роману, мы убеждаемся, что теории этого жанра в еще большей степени сосредоточены на проблеме персонажа и всячески подчеркивают историческую обусловленность его индивидуализации и сознания. Дьёрдь Лукач в своем знаменитом исследовании определяет романный сюжет как изменение и самоосознание персонажей: «внешняя форма» романа — это биография «проблематичного индивида», обладающего «собственным весом» в «мире случайностей», в то время как «внутренняя форма» есть «процесс движения проблематичного индивида к самому себе». Таким образом, у Лукача «внутренняя» и «внешняя» формы в обоих случаях центрируются на отдельной личности [Lukács 1971: 77–78]. Российский современник Лукача М. М. Бахтин, которого привлекала и отталкивала такая концепция романа, выдвинул ряд нарратологических идей, разрушивших традиционную сюжетно-ориентированную аристотелевскую поэтику. В его наиболее аргументированной работе на эту тему — «Слово в романе» — центром концепции романного жанра становится не действие, а речь, и герои романа именуются «голосами». Но при всем равнодушии Бахтина к сюжету как традиционному способу упорядочивания событий, испытания героя в его теории романа превращаются в своего рода магистральный сюжет, в котором говорящим субъектом «осуществляется узнание в чужом языке своего языка, в чужом кругозоре — своего кругозора» [Бахтин 1975: 177][4]. Таким образом, «рассказ» нельзя понять не только без действующих лиц или продуктов культурных контекстов, но и без «личностей», в различной степени индивидуализированных, когерентных и зависимых от обсуждаемой теории.

---

[4] Ср. бахтинское понятие «идеологического становления»: процесс «избирающего усвоения чужих слов», освобождения человека от власти дискурса другого [Бахтин 1975: 154].

В большинстве современных концепций «личность» едва ли может быть понята без «рассказа». Если раньше считалось возможным дать представление о персонаже путем его сопоставления с некой предустановленной нормой или путем приписывания определенных черт имени собственному[5], то современные представления о личности, как правило, подразумевают ее развитие, изменение во времени. Описание этого развития неизбежно выдвигает на первый план нарратив, как характеризовал его Луис Минк, — наше главное когнитивное средство для понимания множества последовательных взаимодействий, создаваемых в процессе движения [Mink 1977: 134]. Работа Кэти Попкин [Popkin 2000] показывает, как медицина конца XIX века использовала нарративы для создания характера согласно принятым в этой научной дисциплине правилам. Нам нет необходимости напоминать, каким образом различные школы психоанализа и психологии развития конструировали или деконструировали индивидуализированные или интегральные личности, стандартные жизненные истории или отдельные клинические случаи при помощи нарратива.

Наше исследование учитывает различные структурные возможности романа. С точки зрения нарратологии эти возможности относятся к трем аспектам поэтики и прагматики повествования: к *сюжету*, то есть порядку расположения событий и персонажей; к *наррации*, то есть представлению этих событий и персонажей рассказчиком; и к *восприятию*, то есть переработке рассказанной истории читателем или слушателем.

Первый из аспектов — сюжет — подразумевает открытость рассказа, разрешающую свободную игру с теми, о ком рассказывается, с их действиями, потенциальными возможностями и (само)определением их личностей. Сюжет задает также рамки рассказа: что перед нами — авторское описание или история, рассказанная персонажем? Вся история личности или только

---

[5] Такой процесс индивидуации представляется сложным, если учесть, что словарь Вебстера содержит около 18 тысяч названий характерных черт [Chatman 1978: 125n38].

часть ее? Второй аспект — наррация — соотносится в первую очередь со степенью близости и сопричастности рассказывающего и персонажа: говорится ли о последнем с объективной точки зрения, при соблюдении некоторой дистанции, или же есть признаки личного взаимодействия (эгоцентрического или безличного) между говорящим и тем, о ком говорится? Сходным образом, в плане идеологической близости субъекта и объекта речи, секулярный дискурс может быть противопоставлен религиозному просветлению, а объективность — любовному сопереживанию. Третий аспект, связанный с историями о других героях, — восприятие — предполагает участие реципиентов, поскольку многие из этих рассказов имеют устный характер и звучат в физическом присутствии слушателей, которые становятся объектами диалога, часто весьма напряженного или даже оскорбительного.

Роман «Братья Карамазовы», печатавшийся из номера в номер в течение двух лет в «Русском вестнике» (1879–1880), одном из ведущих толстых литературных журналов, можно рассматривать как поле, на котором сталкиваются друг с другом различные рассказы, конструирующие личности персонажей. Точнее говоря, роман был полем внутри поля, поскольку толстые журналы, публиковавшие не только художественную литературу и критику, но и статьи, освещающие вопросы науки, исторические и социальные темы, уже этим сталкивали дискурсы, относившиеся к различным профессиям и академическим дисциплинам, нарождавшимся в России. Здесь можно воспользоваться сравнением прокурора из романа Достоевского (заимствованным у Г. Р. Державина): «…как солнце в малой капле вод» [XV: 125][6]. Этот оборот хорошо выражает тот процесс миниатюризации, посредством которого личность была представлена и в популярных журналах того времени, и в «Братьях Карамазовых». За два

---

[6] Здесь и далее цитаты из произведений Ф. М. Достоевского приводятся по изданию [Достоевский 1972–1990] с указанием номера тома (римскими цифрами) и страницы.

года публикации романа редакция «Русского вестника» размещала его фрагменты между самыми разными статьями (которые, в свою очередь, могли печататься частями): по естественным наукам, физике, военной и государственной истории (в частности, по польскому и восточному вопросам), религии, юриспруденции (судебная и тюремная реформы), педагогике, экономике, о путешествиях, музыке, искусстве и литературе[7]. И все это читатели находили только в одном «Русском вестнике», не говоря уже о том, что им встречалось в других толстых журналах, таких как «Вестник Европы», «Отечественные записки», «Дело» или «Русское богатство». В 1870-е годы росла популярность ежедневных газет; в них публиковалось множество судебных и криминальных репортажей; издаваемый Достоевским в одиночку журнал «Дневник писателя» также подробно освещал некоторые из судебных процессов и многие социальные, культурные и внешнеполитические противоречия того времени[8]. Однако Достоевский создал для своих читателей еще один публицистический контекст, приурочив действие своего романа к пореформенной эпохе 1860-х годов, когда журналы — в то время в их число еще входил «Современник» и издававшиеся братьями Достоевскими «Время» и «Эпоха» — горячо обсуждали реформу судопроизводства, а также различные теории о факторах человеческого развития — те же самые, что мы встречаем в сочинениях и разговорах журналиста Ракитина в романе «Братья Карамазовы».

Прокурор развивает свое сравнение, используя метафору зеркала: «…в картине этой семейки как бы мелькают некоторые общие основные элементы нашего современного интеллигентного общества — о, не все элементы, да и мелькнуло лишь в микроскопическом виде, "как солнце в малой капле вод", но все же нечто отразилось…» [XV: 125]. Однако если уж прибегать к оптическим метафорам, то я бы предпочел другое слово: не «отразилось», а «преломилось», поскольку похоже, что процесс

---

[7] См. подробнее в моей статье [Todd 1986].
[8] О Достоевском и судебных репортажах его времени см. [Keily 1996; Карлова 1975].

рассказывания о той или иной личности в романе можно уподобить процессу, происходящему в призме при прохождении света: когда его поток, падающий под определенным углом, отклоняется и раскладывается на спектр.

Проходя через призму романного дискурса, личность как будто и в самом деле «преломляется», определяется через рассказ — не только в смысле объекта и субъекта этого рассказа, но и как нечто, разложенное на слои, словно этажи в доме. О персонажах романа повествуется многократно, в рамках разных дискурсов — литературного, научного, социологического; при этом читателю не дают забыть про угол преломления, о том, что эти истории рассказывает *кто-то*, обращаясь *к кому-то* и *с какой-то целью*. Такое преломление историй о личности становится очевидно уже в начале романа, в небольшом предисловии «От автора», которое обычно игнорируют при анализе «Карамазовых». Здесь саркастический и неприятно-неопределенный «автор» представляет читателю младшего из братьев, Алешу, высвечивая его с различных углов зрения: как героя романа; как персонажа не столь великого, чтобы выбрать его в герои; как человека «неопределенного, невыяснившегося» и «странного, даже чудака», некую «частность», но при этом способного представить «сердцевину целого» в большей мере, чем «остальные люди его эпохи» [XIV: 5]. «Автор» суетлив и недружелюбен по отношению к читателю, тон его речи разительно напоминает то настырное шутовство, которым будут отличаться в дальнейшем такие рассказчики, как Федор Павлович, Максимов, черт Ивана и защитник Фетюкович на суде. Все эти персонажи балансируют на грани той неуклюжей, взволнованной, порой неграмотной речи, которую В. Е. Ветловская аргументированно приписала рассказчику романа [Ветловская 1977: 34–39]. Единственное разрешение всех вопросов, включая проблему характера героя, которое предлагает эта авторская фигура в предисловии, — это «обойти» их «безо всякого разрешения» [XIV: 6]. Он смеется над представлениями о том, что литература отражает действительность, указывая на невозможность разобраться в царящей и в текстах, и в действительности «всеобщей бестолочи» [XIV: 5]. Каждый аспект романа, обещает он, будет либо двойственным, либо запутанным: жанр этого произведения — это одновременно и «роман», и «жизнеописание»; герой — негероический «чудак»; что касается структуры, то повествование начинается с предисловия, которое автор сам называет «лишним», но тем не менее не вычеркивает, а говорит, что его значение станет ясным только из продолжения романа, прочесть которое, разумеется, пока невозможно. Читатель, вконец запутанный этими экивоками и двусмысленностями, приходит к такому выводу: саркастический «автор» считает, что читатель может с ним не согласиться, при этом читатель должен догадываться о смысле сказанного, «автор» понимает, что читатель, возможно, дочитает роман до конца, в отличие от примерно шестидесяти неназванных по именам «русских критиков», взявших на себя труд отрецензировать роман прежде, чем он был полностью опубликован в журнале[9]. Рассогласованный рассказ повествователя можно счесть целенаправленным, если рассматривать его как провокацию. В структуре книги можно выделить множество повторов разных типов, которые предназначены направлять читателя (как отметил Роберт Белкнап), и некоторые из героев романа — в первую очередь Алеша и Зосима — успешно «прочитывают» истории других персонажей с определенной долей проницательности [Belknap 1989][10]. Эти герои, чья интуиция непогрешима, окажутся ближе всех к читателю в его поиске положительных образцов того, как можно интерпретировать, воспринимать текст. Другие персонажи дают только негативные примеры: как *не следует* развивать нарратив и как *не нужно* понимать характер персонажа.

В начале собственно романа фигура «автора» уступает место рассказчику, однако «всеобщая бестолочь», о которой говорилось на первой странице, будет отзываться эхом во всем тексте романа и дальше, вплоть до крупномасштабной сцены суда в последней книге. Загадочными остаются характеры двух старших бра-

---

[9] См. обзор этих рецензий в [Todd 1991].
[10] О функциях памяти в поэтике романа см. [Thompson 1991].

тьев, Дмитрия и Ивана, их образы наиболее сложны для понимания, из женских персонажей за ними следуют две главные героини — Грушенька и Катерина Ивановна. Митя говорит о таинственности человека наиболее экстравагантным образом, указывая, что Иван — «могила», а человечество — «загадка». В его словах преломляется в необычном эстетическом свете весь спектр человеческих способностей:

> ...бог задал одни загадки. Тут берега сходятся, тут все противоречия вместе живут. <...> Страшно много тайн! Слишком много загадок угнетают на земле человека. Разгадывай как знаешь и вылезай сух из воды. Красота! Перенести я притом не могу, что иной, высший даже сердцем человек и с умом высоким, начинает с идеала Мадонны, а кончает идеалом содомским. Еще страшнее, кто уже с идеалом содомским в душе не отрицает и идеала Мадонны, и горит от него сердце его и воистину, воистину горит, как и в юные беспорочные годы. Нет, широк человек, слишком даже широк, я бы сузил. [XIV, 100]

По мере развития действия читатели романа, равно как и его герои, вовлекаются в поиски разгадок этих тайн. Многократные пересказы событий по-разному их воссоздают, и по-разному выглядят в них персонажи. Наглядный пример тому Дмитрий, который в начале романа оказывается объектом пяти разных рассказов об избиении капитана Снегирева: об этом говорит Федор Павлович, опускающий все подробности произошедшего; потом дважды рассказывает сам Дмитрий, игнорирующий плачевное положение семейства Снегирева; один раз — Катерина Ивановна, упоминающая о существовании сына капитана; и, наконец, с добавлением мучительных деталей — сам Снегирев: он дополняет историю рассказом о злонамеренно-оскорбительном предложении Дмитрия с целью спровоцировать Снегирева вызвать его на дуэль. В разных версиях этой истории старший из братьев Карамазовых предстает то благородным офицером, то грубияном, то садистом — то есть разыгрывается как бы «военный эквивалент» человека, которому близок то идеал Мадонны, то идеал содомский. В конце романа, представ перед судом по обвинению в отцеубийстве, Митя снова оказывается объектом множества рассказов, в которых проявляется столь же широкий спектр его оценок, в зависимости от того, кто говорит — адвокаты, врачи или свидетели.

Какие-то из этих рассказов оборачиваются чистым пустословием, какие-то содержат долю правды — для персонажей и, возможно, для читателей. Можно ли говорить о том, что в романе, славящемся своей неоднозначностью и запутанностью, все эти истории каким-то образом упорядочены? Что здесь правдоподобно? Каковы критерии правдоподобия? Постулирует ли роман, вслед за точными науками XIX века, какие-либо законы, согласно которым следует понимать человеческую личность? Говорится ли здесь что-либо о вероятности? О возможности? Или же, отвергнув даже самые скромные выводы, он подрывает веру во все рассказы, из которых можно что-то узнать о личности героя? Кто притворяется, что его рассказ о личности правдив, как ему это удается? Чтобы ответить на эти вопросы, иногда можно попробовать опереться на общепризнанные научные знания, которыми обладают в романе дипломированные специалисты в некоторых новых для в России областях (например, адвокаты или врачи), или на сообщения образованных непрофессионалов (таких как сам рассказчик или журналист-семинарист Ракитин). Все рассказы в «Братьях Карамазовых» рассмотреть невозможно, но некоторые попытки представить читателям персонажей романа с помощью рассказов мы попытаемся проанализировать.

Среди представленных в романе дискурсов есть такие, с помощью которых наблюдатель пытается проникнуть в секреты личности и при этом, говоря словами Мити, «вылезти сухим из воды»: это медицина и «психология». Эти попытки принимают разнообразные формы: от типизации (как в отступлении, где рассказчик со знанием дела рассуждает о том, что запуганные женщины превращаются в «кликуш») до специфических диагнозов (таковы предписания знаменитого московского доктора Илюше; таковы судебные психиатры). Подобные истории, рассказанные в отсутствие субъекта, могут иметь видимость правдоподобия, как, например, в случае, когда рассказчик объясняет успокоительное воздействие евхаристии на страдающих истерией деревенских баб:

> Странное же и мгновенное исцеление беснующейся и бьющейся женщины, только лишь, бывало, ее подведут к дарам, которое объясняли мне притворством и сверх того фокусом, устраиваемым чуть ли не самими «клерикалами», происходило, вероятно, тоже самым натуральным образом… <…> А потому и всегда происходило (и должно было происходить) в нервной и, конечно, тоже психически больной женщине непременное как бы сотрясение всего организма ее в момент преклонения пред дарами, сотрясение, вызванное ожиданием непременного чуда исцеления и самою полною верой в то, что оно совершится. И оно совершалось хотя бы только на одну минуту. [XIV: 44]

Сочувствие рассказчика тяжелой судьбе крестьянской женщины, выраженное в человеколюбивых словах наблюдателя, стоящего выше объекта своего наблюдения в социальном и культурном отношении, его отказ от легкого и циничного объяснения (все специально подстроено духовенством), его рациональная, психологическая трактовка иррационального поведения — все это делает приведенное объяснение убедительным. В момент его появления — сравнительно близко к началу романа (книга вторая, глава третья) у нас еще нет никаких аргументов, которые можно было бы противопоставить силе аргументации и авторитету рассказчика. Действительно, начальные главы содержат целый ряд подобных, основанных на здравом смысле, объяснений, и читатель еще не приучился им не доверять. Так, рассказчик представляет первую жену Федора Павловича, предлагая похожую аргументацию: «…поступок Аделаиды Ивановны Миусовой был без сомнения отголоском чужих веяний и тоже пленной мысли раздражением. Ей, может быть, захотелось заявить женскую самостоятельность, пойти против общественных условий, против деспотизма своего родства и семейства...» [XIV: 8]. Последующее знакомство читателя с персонажами романа раскроет избыточность и неадекватность таких, казалось бы, правдоподобных социальных, культурных и психологических трактовок происходящего.

В самом деле, по мере развития действия «здравые» психологические объяснения детализируются и подрываются. Истерия, например, оказывается болезнью, которой страдают персонажи, относящиеся ко всем социальным классам (и гендерам), и эта болезнь вовсе не излечивается с легкостью какими-либо средствами. В итоге получается, что чем более рационален, чем более научен и профессионален рассказ о болезни, тем менее он соответствует действительности. Старый доктор-немец Герценштубе абсолютно бессилен как врач, хотя его доброта трогает Митю и он о ней помнит. Земского врача Варвинского вводит в заблуждение Смердяков. Врач, который лечит брата Зосимы Маркела, принимает религиозное просветление за помешательство. За помешанного чуть было не принимает своего «таинственного посетителя» после его исповеди и сам Зосима. Рецепты знаменитого московского доктора нищему семейству Снегиревых предполагают абсурдную перспективу, которую невозможно воплотить в реальности: врач предписывает Илюше поездку на лечение в Сиракузы, Нине — на Кавказ, а матери семейства — на Кавказ и в Париж. Неадекватность медицинской науки достигает кульминации в сцене суда, когда три врача (Герценштубе, знаменитый московский специалист и Варвинский) обсуждают, в какую сторону стал бы смотреть Дмитрий, входя в зал суда, если бы был психически здоров, — влево, вправо или прямо перед собой [XV: 103–107].

В конечном счете медицинские нарративы, как и психологические, выполняют подчиненную роль по отношению к юридическим, которые связывают воедино не только персонажей, но и их рассказы в последней, самой длинной книге романа. Здесь читатель обнаруживает, что сюжеты и характеры, созданные следователями и прокурорами, никак не соответствуют «широте» героев романа. История, которую конструируют в девятой книге во время предварительного расследования окружной прокурор и его коллеги, основана на определенных допущениях и на вводящих в заблуждение показаниях лакея Григория, а также на том, что удалось выжать из смертельно уставшего и в то же время все еще взбудораженного Мити. Примечательна их дедуктивная логика: поскольку Дмитрий виновен, следовательно, им нужно собрать то, что они считают доказательствами рационального, преднамеренного убийства. В ответ на рассказанную ими историю Дмитрий просит предоставить ему возможность «самому рассказать», как он говорит, — и следует история о благородном офицере, попавшем в затруднительное положение, но отнюдь не о воре, которого уберег от отцеубийства его ангел-хранитель. История, рассказанная Дмитрием, кажется несогласованной, и ей действительно недостает поддержки со стороны каких-либо институтов власти, отчего она и не может перевесить полицейскую историю о нем как о хладнокровном убийце. Во время расследования выстраивается и третья история о Мите — на этот раз ее предлагает сам рассказчик, который опирается на способность читателя удерживать в памяти подробности предшествовавших событий. Эта новая история позволяет сравнить прежнего Дмитрия с тем, который рождается в ходе своих мытарств. Новый Дмитрий по-прежнему бесшабашен и порывист, однако, судя по сну-видению, в котором ему является «дитё», обладает теперь способностью к сочувствию и состраданию. Сон-видение возникает ближе к концу следствия, которое оказывает на Дмитрия огромное моральное воздействие: он как бы «оголяется» — лишается чувства превосходства и обостренного чувства чести, которое, как мы помним, заставляло его провоцировать на дуэль жалкого Снегирева. «Оголенный» в буквальном смысле слова, Дмитрий теряет старые привычки, привязывавшие его к жизни, и обращается, пусть и медленно, к новым. В конце концов, трудно сохранять гордость и высокомерие, оставшись в одном грязном нижнем белье.

Рассказы обвинения на суде только усиливают ощущение неадекватности предварительного следствия: к прежним выводам добавляются заключения медиков-экспертов и любительские социологические суждения. После введения в России состязательной системы судебного разбирательства оно превратилось в поединок рассказчиков: Достоевский писал об этом в публицистических сочинениях, а затем показал в двенадцатой книге «Братьев Карамазовых». Чтобы убедить суд, обвинение должно выстроить безупречно аргументированный рассказ о преступном деянии, сознательно совершенном обвиняемым. Перед защитой стоит другая задача: посеять зерна сомнения, для чего нужно разбить рассказ прокурора, показав тем самым, что преступное деяние не было совершено, а если и было, то обвиняемый его совершить не мог.

В романе на суде обе стороны хитрят и изворачиваются. Форма рассказа довлеет над его содержанием; на первый план выходит сочинительский талант. Рассказчик, юристы и свидетели пользуются множеством литературных терминов для описания суда и прений сторон: «трагический», «комедия», «сцена», «спектакль», «вымысел», «роман», «легенда», «драма»[11]. Прокурор начинает с «сюжетного» вывода (о том, что Дмитрий преднамеренно убил отца) и выстраивает в соответствии с ним весь рассказ, дезавуируя при этом умственные способности и характеры трех лиц, свидетельствующих в пользу Дмитрия (Алеши, Ивана и Грушеньки). Он описывает характер Дмитрия таким образом, чтобы тот соответствовал излагаемому сюжету и был полностью завершен. Прокурор утверждает, что существует «настоящий Дмитрий Карамазов», и тем самым отвергает и произошедшие в герое перемены, и весь спектр возможностей его развития. Опираясь на собственное выдуманное представление о «настоящем Дмитрии», прокурор излагает историю об убийстве. В этой истории Митя совершает ряд гипотетических поступков, которые, как знает к тому времени читатель, на самом деле не были им совершены: например, он якобы постепенно

---

[11] См. исследование манеры рассказывания соревнующихся сторон в [Holdheim 1969]. В области юриспруденции большой и по-прежнему растущий массив исследований на тему «закон и литература» начал обращаться к проблеме юридического нарратива, хотя эти работы довольно редко опираются на сложные положения нарратологии. В качестве исключения можно назвать работу [Keily 1996], снабженную полезной библиографией.

тратил остаток денег. Как будто Дмитрий мог тратить деньги потихоньку! Или якобы Дмитрий сознательно отложил и спрятал 1500 рублей в Мокром. Как будто он мог в этот момент думать о чем-либо другом, кроме Грушеньки! Иван, в корне преобразившийся, тоже оказывается зерном для прокурорской мельницы. Так, прокурор спрашивает, почему Иван не заявил тотчас же о признании Смердякова. Судебный нарратив требует, чтобы Иван предстал расчетливым и бесчестным лжецом, оклеветавшим покойного, а не раздавленным сознанием своей вины человеком, — и прокурор действует в соответствии с этой установкой. Наконец, последнее и фундаментальное обстоятельство: прокурор должен (воспроизводя, словно чревовещатель, голос Смердякова) сочинить подходящую биографию и характер для единственного человека, который мог бы рассматриваться как возможный убийца, — для самого Смердякова. Именно это он и делает в «трактате о Смердякове». В результате возникает робкий, болезненный, «высокочестный от природы» персонаж, который не мог совершить убийства — хотя к тому времени читатель знает, что именно он его и совершил. Весомые слова, которые использует в этой части выступления прокурор («психология», «факты», «природа»), являются всего лишь принадлежностью нарративных конструкций прокурорской речи — конструкций, которые он связал воедино по необходимости, в соответствии с институциональными требованиями, и которые он полностью заимствовал у убийцы.

Адвокат Фетюкович избирает иную нарративную стратегию и выдает совершенно другую историю о тех же событиях и действующих лицах. Как и следовало ожидать, он помещает персонажей в иные контексты и цепочки событий, придавая им другие характеристические черты. Роль, которую он играет в судебном процессе, требует подмечать спонтанные действия и несогласованности там, где прокурор видит намеренные действия и поступки. Поэтому «талантливый» Фетюкович предпочитает рассматривать действия и действующих лиц как материал для построения сюжета, а не превращать их в следствия из заранее высказанного утверждения. Он нападает на «всю логику обвинения» и отвергает предложенную прокурором «совокупность фактов». При этом адвокат переворачивает с ног на голову характеристики всех персонажей, опираясь на свое знаменитое положение о том, что «психология — палка о двух концах». Ему помогает «талант» — умение шутить, высмеивать, разрушать логические построения. Он анализирует каждый элемент речи прокурора — каждый характер, каждое событие — и поворачивает их иным образом, находит им иное место в иной истории. Фетюкович противостоит железной уверенности прокурора и определенности нарисованной тем картины, основанной на представлениях о карамазовской наследственности и влиянии «среды». Хитроумный адвокат конструирует характеры и поступки такими способами, которые могут показаться близкими к логике христианской любви, к логике Алеши и Зосимы: характеры здесь предстают открытыми, а поступки — внезапными. Так, Фетюкович описывает Смердякова как намного более умного и сложного человека по сравнению с образом, нарисованным в речи прокурора, и это действительно гораздо ближе к истине. Но означает ли это, что устами Фетюковича говорит сам Достоевский? Или он подобен отъявленному лгуну генералу Иволгину из романа «Идиот», который только однажды, обмолвившись, сказал правду? Верно скорее последнее. Задача Фетюковича — сеять сомнения, а не стремиться к истине. Его рассказ — всего лишь вымысел, хотя более современный и хитроумный, чем речь прокурора.

Все эти нарративы, создаваемые якобы ради торжества истины и справедливости, чем дальше, тем больше превращаются в личное соревнование обвинителя и защитника, так же как медицинская экспертиза продемонстрировала всего лишь личные амбиции и соперничество врачей. Учитывая это, мы должны обратиться ко второму из названных нами аспектов — роли рассказчика в рассказываемой истории. Адвокат сам называет все, что он говорит, «предположением», то есть чем-то придуманным, недоказанным, однако способным совпасть с действительностью. Сходные понятия используют Коля Красоткин и Иван Карамазов. Все это предполагает интеллектуальное отстранение и от жизни, и от сочувствия. И здесь мы становимся свидетелями создания Фетюковичем настоящего шедевра уклончивости. Адвокату недостаточно дискредитировать свидетелей и разрушить рассказанную прокурором историю. Фетюкович сам хочет стать романистом и потому доходит до утверждений, что не было ни грабежа, ни убийства. Ему нужно подвергнуть свой дар ритора и казуиста величайшему испытанию, утверждая перед коллегией присяжных, состоящей из людей патриархальных и консервативных, что даже если Дмитрий и убил собственного отца, то это нельзя считать отцеубийством, поскольку Федор Павлович не был ему настоящим отцом, и случившееся «может быть причтено к отцеубийству лишь по предрассудку» [XV: 172]. Фетюкович завершает свою речь апелляцией к миссии суда как «спасению и возрождению погибших» [XV: 173], однако сказанного не вернешь. Адвоката погубил его талант: и прокурор, и присяжные отшатываются от его пылкого «предположения» и осуждают Дмитрия.

Можно утверждать, что адвокат в данном случае просто пытался смягчить вину обвиняемого: согласно нормам пореформенного права, простое большинство при голосовании коллегии присяжных могло оправдать подсудимого. Но мне кажется, что аргументация Фетюковича была бешеным выплеском эгоцентризма, одним из тех приступов лжи, которым часто бывают подвержены персонажи Достоевского. Мотивы и цели рассказывания явно имеют отношение с соперничеству и эстетике. На окончившееся овацией представление Фетюковича Дмитрий отвечает простым, но полным достоинства последним словом, в котором отказывается признать себя сколько-нибудь похожим на данное ему защитником описание.

Ориентированная на саму себя, речь адвоката строится по тем же принципам, что и большинство рассказанных в романе историй, причем эгоцентризм говорящего наиболее очевиден в тех случаях, когда он претендует на максимальную отстраненность и объективность. Дело не только в том, что эти истории ограничены рамками профессиональных дискурсов (медицинского, психологического, юридического): они ограничены еще и тщеславием говорящего, его желанием стать выше соперника, враждебностью по отношению к другим. Это распространяется и на публицистические высказывания Ивана и Ракитина. Извлеченные из газет «картинки», которые приводит Иван во время своего бунта против «божьего мира», являются частью аргументации, призванной подорвать Алешину веру и попробовать перетянуть его на сторону Ивана с его озлобленностью и неспособностью к прощению (что на короткое время удается). Ракитинская трактовка дела с точки зрения «наследственности» и «среды», производящая сильное впечатление на прокурора, восходит к «преломленной» в романе жадности этого героя, его амбициям и его злому чувству по отношению к Ивану. В каждом случае попытка рассказать правдивую историю на поверку мотивирована глубоко личным желанием стать выше другого или отомстить. И это, в свою очередь, еще больше компрометирует «профессиональные» речи, и без того уже обнаружившие собственную несостоятельность, основанные на ограниченном принятыми правилами подходе к человеческой личности.

Динамичность романов Достоевского вообще, и «Братьев Карамазовых» в особенности, обусловлена во многом третьим из отмеченных нами аспектов — восприятием рассказов. Даже самый молчаливый слушатель — Христос перед Великим инквизитором — отвечает говорящему определенным жестом: поцелуем, означающим прощение и опровергающим аргументы Инквизитора. А не обладающие Божественной природой персонажи обычно реагируют на услышанные от других истории о себе гораздо грубее и громогласнее. В романе есть множество примеров яростного отвержения героем истории о себе, рассказанной кем-то другим (о своем прошлом, настоящем или будущем). Так, Федор Павлович в ответ на увещевания старца начинает еще больше разыгрывать шута и еще больше лгать. Грушенька ополчается на Катерину Ивановну, поскольку не желает быть такой, какой та ее себе представляет.

Грушенька не хочет играть некую роль в мечтаниях Катерины Ивановны, что проницательно подмечает Митя, радостно воскликнув: «Нет, она взаправду, она взаправду влюбилась в Грушеньку, то есть не в Грушеньку, а в свою же мечту, в свой бред, — потому-де что это *моя* мечта, *мой* бред!» [XIV: 143]. Капитан Снегирев неожиданно отвергает, мнет и топчет столь нужные ему двести рублей, присланные Катериной Ивановной, — как раз в тот момент, когда принесший их Алеша, не подумав, вмешивается в жизнь капитана, говоря о его будущем (то, что этого не следовало делать, Алеша осознает позже). Снегирев топчет деньги, пытаясь уйти от той характеристики, которую дает ему Алеша в разговоре с Lise: «Это человек трусливый и слабый характером» [XIV: 196]. Вплоть до последних страниц романа, когда Митя ополчается на Клода Бернара — знаменитого французского врача, любимца журналистов 1860-х годов, предложившего физиологические объяснения человеческого поведения, — мы наблюдаем, как герои романа отвергают любое контекстуальное объяснение своих поступков, любое приписывание себе определенных черт, любые роли в чужом рассказе. Они спешат уверить, что рассказана не вся история или не настоящая история, а если рассказ кажется целостным и правдивым, то пытаются любыми средствами возразить против него или показать его неадекватность. Роман, таким образом, содержит *негативную* поэтику рассказов о личности: излишнюю повествовательную дистанцию, эгоцентрическую нарративную вовлеченность, жесткий каркас сюжета и формальных правил; эту поэтику персонажи романа решительно отвергают. Такие сюжетные схемы и способы рассказывания как бы фиксируют (завершают) характер, исключая для персонажа рассказа свободу действия и неожиданные перемены; не могут они объяснить и внезапные, меняющие ситуацию события — такие как видение-сон Дмитрия про «дитё».

Поучения Зосимы, представленные Алешей в шестой книге, несут в себе имплицитную *положительную* поэтику, которая необходима для создания приемлемых и надлежащих рассказов:

поучения старца о необходимости стирания различий между господами и слугами, о взаимозависимости всех людей, о том, что «всякий перед всеми за всех виноват», о таинственных зернах иных миров, — все это предполагает истории, лишенные иерархии или дистанции между рассказчиком, объектом речи и слушателем. Говорящий в них оказывается человеком, открытым для перемен и нового понимания персонажей рассказа; ситуация напоминает тезис Ю. М. Лотмана о «событии» как о том, что произошло, хотя не должно было произойти [Лотман 1971: 285].

Речь Алеши в финале еще раз дает представление об этой положительной поэтике, или даже этике, повествования. В ней выстраивается образцовый рассказ о жизни Илюши, согласующийся с рассказами о его собственной жизни и о жизни мальчиков. В то же время нарратив здесь является выражением памяти, которая станет моральной силой не только для этих молодых людей, но и для самого Алеши. Алеша как рассказчик не отделяет себя от событий и персонажей этой заключительной истории, так как это означало бы повторение негативной поэтики и прагматики повествования, которая столь наглядно выявлена в романе.

В то же время мир романа показывает своим читателям, что даже в этой идеальной повествовательной коммуникации, с ее открытыми незавершенными характерами, персонажи могут оказать энергичное сопротивление, если подозрения и страхи заставят их усмотреть в рассказе принуждение и «фиксацию» себя. В житии Зосимы многие герои (Маркел, сам Зосима, «таинственный посетитель») соглашаются с рассказами о себе, однако и этим «притчевым» героям оказывается непросто принять «духовный, психологический» процесс преображения, движимый действенной любовью [XIV: 275]. Из братьев Карамазовых только Алеша, похоже, принимает его к концу романа. Иван заболевает мозговой «горячкой»; Митя понимает, что его приятие благодати мира по меньшей мере хрупко.

В самом начале творческого пути Достоевского, в 1847 году, поддержавший его Белинский писал: «Личность у нас еще только наклевывается...» [Белинский 1976–1982; IX: 682]. Поздние произведения Достоевского показывают и то, насколько трудно личности вылупиться из скорлупы и насколько неадекватно господствующие дискурсы того времени подходили для описания личностей, и те, в свою очередь, не принимали приписываемые им этими дискурсами черты характера, контексты и роли. Рассказ и личность очень мало соответствуют друг другу в романах Достоевского, превращающих научные трактаты в вымысел, рассказчиков — в лжецов, а слушателей — в возмущенных бунтарей, особенно в тех случаях, когда рассказы относятся к ним самим. Чем более авторитарным, подчиненным строгим правилам и профессиональным оказывается рассказ, тем более вероятно, что он не будет соответствовать своим субъекту и объекту, что породит новые рассказы. Описывая полные жизни личности персонажей или рассматривая исторические, философские или культурологические вопросы, роман «Братья Карамазовы» не позволяет своим читателям забыть, что истории всегда рассказываются заинтересованным лицом и не являются обычным авторским «инструментом». Уже то, что Достоевский включил в обширный текст романа критику нарратива, свидетельствует о неизбежности рассказывания историй, если мы хотим поймать ускользающую суть личности. И это дает надежду, что рассказчик и читатель когда-нибудь смогут воспринять рассказ как должно.

Внимание к терминам и спорам о теории повествования высвечивает сложную природу персонажей у Достоевского, «преломившихся» в рассказах других героев. Множественные преломления ждут хотя бы самого тусклого луча нарративного света. Переходя от литературы и литературной теории к проблемам русской истории, политики и культуры, роман Достоевского напоминает своим читателям, что любое изложение событий — это часть процесса рассказывания каким-то заинтересованным лицом, что оно не является прогнозируемым авторским «инструментом».

Источники

Белинский 1976–1982 — Белинский В. Г. Полное собрание сочинений: в 9 т. Т. 9. М.: Художественная литература, 1982.

Достоевский 1972–1990 — Достоевский Ф. М. Полное собрание сочинений: в 30 т. Л.: Наука, 1972–1990.

Библиография

Барт 2009 — Барт Р. S/Z. / Пер. с фр. Г. К. Косикова, В. П. Мурат; под ред. Г. К. Косикова. 3-е изд. М.: Академический проект, 2009.

Бахтин 1975 — Бахтин М. М. Слово в романе // Бахтин М. М. Вопросы литературы и эстетики. Исследования разных лет. М.: Художественная литература, 1975.

Ветловская 1977 — Ветловская В. Е. Поэтика романа «Братья Карамазовы». Л.: Наука, 1977.

Карлова 1975 — Карлова Т. С. Достоевский и русский суд. Казань: Изд-во Казанского ун-та, 1975.

Лотман 1971 — Лотман Ю. М. Структура художественного текста. Providence: Brown UP, 1971.

Belknap 1989 — Belknap R. L. The Structure of «The Brothers Karamazov». Evanston: Northwestern UP, 1989.

Chatman 1978 — Chatman S. Story and Discourse: Narrative Structure of Fiction and Film. Ithaca: Cornell UP, 1978.

Holdheim 1969 — Holdheim W. W. Der Justizirrum als literarische Problematik: vergleichende Analyse eines erzahlerischen Themas. Berlin: De Gruyter, 1969.

Keily 1996 — Keily D. *The Brothers Karamazov* and the Fate of Russian Truth: Shift in the Construction and Interpretation of Narrative after the Judicial Reform of 1864. Ph. D. diss., Harvard University, 1996.

Lukács 1971 — Lukács G. The Theory of the Novel. Cambridge, MA: MIT Press, 1971.

Mink 1977 — Mink L. Narrative Form as a Cognitive Instrument // The Writing of History. Literary Form and Historical Understanding / Ed. Canary R., Kozicki H. Madison: University of Wisconsin Press, 1977.

Popkin 2000 — Popkin K. Hysterical Episodes: Case Histories and Silent Subjects // Self and Story in Russian History / Ed. Engelstein L., Sandler S. Ithaca: Cornell UP, 2000. P. 189–216.

Todd 1986 — Todd W. M. III. *The Brothers Karamazov* and the Poetics of Serial Publication // Dostoevsky Studies. 1986. № 7. P. 87–97.

Todd 1991 — Todd W. M. III. Contexts of Criticism: Reviewing «The Brothers Karamazov» in 1879 // Stanford Slavic Studies. 1991. V. 4. № 1. P. 283–310.

Thompson 1991 — Thompson D. O. «The Brothers Karamazov» and the Poetics of Memory. Cambridge: Cambridge UP, 1991.

Владимир Михайлович Голицын читает «Анну Каренину»: как воспринимал роман сослуживец Каренина[1]

> Да не сядешь ты со статистиками
> И социальными науками да не займешься.
> *Уинстон Хью Оден. С какою лирой? (1946)*

Эпиграф к этой статье взят из стихотворения, которое У. Х. Оден прочитал своим гарвардским студентам-магистрантам в 1946 году. Текст, имеющий название «С какою лирой?», представляет собой «десять герметических заповедей», пятую из которых я взял в качестве эпиграфа к этой статье. Я вспомнил сардонического Одена, чтобы превратить необходимость в добродетель.

«Анна Каренина» печаталась в 1875–1877 годах частями в журнале «Русский вестник»; всего частей было тринадцать. В ходе изучения рецепции этой публикации мне удалось собрать много интересного: газетные и журнальные рецензии, а также письма, авторы которых откликались на отдельные части публикации, и т. д. Однако среди этих материалов нашелся только один документ, в котором автор, не являясь профессиональным литератором или журналистом, подробно описывал свои впечатления от прочитанных им в журнале частей романа. Я представлю сначала этого автора, затем проанализирую его интерпретацию и в заключение выскажу ряд соображений о том, какую

---

[1] V. N. Golitsyn Reads Anna Karenina: How one of Karenin's Colleagues Responded to the Novel // Damiano Rebecchini and Raffaella Vassena, eds. Reading in Russia: Practices of Reading and Literary Communication, 1760–1930. Di/segni no 9. Milano, 2014. P. 189–200.

ценность имеет этот единственный в своем роде пример и как можно осмыслить его в методологическом ключе.

Документ, о котором пойдет речь, — это дневник князя Владимира Михайловича Голицына (1847–1932), видного представителя большого и знаменитого рода. Среди князей Голицыных на протяжении веков были государственные служащие, меценаты (они, например, покровительствовали Л. ван Бетховену и В. А. Серову, который оставил портрет нашего героя), ученые, голливудские продюсеры, один стал католическим священником[2]. Князь Владимир Голицын родился в 1847 году в Париже, и первым языком его был французский, но он вернулся в Россию и изучал естественную историю в Московском университете. За свою жизнь ему довелось встречаться с Наполеоном III, Николаем I, Бисмарком, а также с бароном Дантесом и вдовой А. С. Пушкина. Ему было 26–28 лет, когда он читал роман «Анна Каренина».

В заголовке статьи я назвал Голицына сослуживцем Каренина. Действительно, как и вымышленный сановник у Л. Н. Толстого, Голицын состоял на гражданской службе и сумел выйти в «молодые губернаторы». Подобно Каренину, он был знаком с западноевропейской литературой, хотя его интерес не был столь карикатурен, как у толстовского героя. На этом сходства заканчиваются. Голицын служил не в столице империи, а в Москве, и его деятельность отмечена некоторым либеральным уклоном; что и стоило ему в конечном итоге кресла московского губернатора, которое он занимал четыре года. Затем он стал известен своим либерализмом на посту Московского городского головы — эту выборную должность князь занимал с 1897-го по 1905 год. В интеллектуальном отношении у него было больше общего с толстовскими философами-москвичами Катавасовым и Кознышевым, нежели с толстовскими образами педантичных и бесплодных петербургских бюрократов. Голицын был известен своим скептическим настроем по отношению как к самодержа-

---

[2] Мои сведения о Владимире Михайловиче Голицыне и его обширном семействе восходят к публикациям [Smith 2012; Galitzin 2002]. Бо́льшая часть мемуаристики, оставленной представителями этой семьи, относится к XX веку.

вию, так и к социалистам. С течением времени он сделался пацифистом, и его призывы в качестве Московского городского головы к терпимости вызывали ненависть и у черносотенцев, и у царского правительства. Голицын женился за четыре года до того, как «Анна Каренина» начала публиковаться в журнале; в этом браке родилось десять детей, восемь из них дожили до взрослого возраста и проявили себя в том числе в таких нетипичных для подобной семьи областях, как юриспруденции, медицине, физике и филологии. Я не смог найти свидетельств того, что Голицын был лично знаком с Толстым, но в их встрече не было бы ничего странного, по крайней мере в конце века. Софья Андреевна Толстая вспоминала о том, что дети Голицыных дружили с ее детьми, в особенности с Татьяной и Михаилом [Толстая 2014]. Но в то время, которое интересует нас, читатель существовал отдельно от писателя, что было характерно для современной литературы, за исключением только самых привилегированных читателей, которые подпадают под категорию, которую Робер Эскарпи назвал «культурным окружением» [Escarpit 1971: 59].

После революции Голицын остался в Москве с большей частью своей семьи, он был подвергнут преследованиям и претерпел много бед, в том числе осквернение родовых могил и ссылку в лагерь в Дмитрове, где и умер в 1932 году в возрасте 84 лет.

Внимательные читатели «Анны Карениной» заметят, что фамилия князей Голицыных дважды появляется на страницах романа: сначала в 10-й главе первой части некий князь Голицын развлекается с дамой в отдельном кабинете того ресторана, где Стива и Левин беседуют на темы любви и брака; а второй раз — в 14-й главе шестой части, где говорится о смерти Натали Голицыной во время родов «из-за дурного акушера». Однако «наш» Голицын по ходу чтения романа не признал этих персонажей в качестве знакомых. Не отметил Голицын и того, что одним из источников сюжета могла быть история княгини Елизаветы Александровны Голицыной, которая ушла от мужа, чтобы открыто жить с любовником, антикваром Николаем Киселевым, и прижитой от него дочерью [Troyat 1967: 422; Толстая 2014].

Голицын отказывается присоединиться к тем, кого он именует «нашими салонными ценителями» в их попытках «разгадать, кого из наших знакомых Толстой имел намерение изобразить в той или в другой личности». Возможно, этот отказ связан с тем, что толстовский текст слишком задевал князя за живое. Как бы то ни было, Голицын занимает несомненно эстетскую позицию: «Слишком мелко и бедно ценить таким образом истинный талант, предполагая, что он только рисует портреты, а не создает, силою своего творческого гения, типы». Здесь Голицын предвосхищает Оскара Уайльда с его знаменитым замечанием о том, что И. С. Тургенев попросту выдумал русского нигилиста.

Голицын, читавший «Анну Каренину» по мере ее публикации в «Русском вестнике», вел дневник, хранящийся теперь в Отделе рукописей Российской государственной библиотеки, в его любимой Москве (записи, относящиеся к «Анне Карениной», вы найдете в Приложении 1). Князь просматривал новые номера в Английском клубе, а затем записывал свои впечатления. По всей видимости, подписчиком «Русского вестника» он не являлся. Такая практика чтения должна напомнить нам, что, хотя толстые журналы имели всего около пяти тысяч подписчиков, число реальных читателей оказывалось гораздо выше, несмотря на неразвитость как сети общедоступных библиотек, так и читающей публики в целом. Даже если предположить, что каждый номер прочитывали десять человек, трудно поспорить с оценкой Ф. М. Достоевского: в России только один человек из пятисот был способен читать сложную литературу. Если Голицын и обсуждал роман с другими членами клуба или со своей женой, деятельной покровительницей искусств, то эти разговоры не отразились в его дневнике. Впрочем, судя по тому, что князь был шокирован романом, он, скорее всего, вообще не считал его подходящим для широкой аудитории. Но при этом он не мог не заметить, что «Анна Каренина» занимает «все умы, давая повод к всевозможным толкам».

Тот текст романа, который читал Голицын, отличался от текста, который мы с нашими студентами читаем сегодня, во многих деталях: мелкие различия появились в результате редактуры, предпринятой Толстым с помощью Н. Н. Страхова. Помимо этих разночтений, тексты отличаются и в двух существенных отношениях: во-первых, журнальный вариант печатался частями, и потому Голицыну приходилось месяцами ждать продолжения; иногда срок ожидания существенно увеличивался. Из таблицы в Приложении 2 можно заключить, что части романа появлялись нерегулярно в течение трех лет и что Голицын, похоже, пропустил те номера, которые приходили в Английский клуб в первый год публикации, когда он уехал на лето из города. Эти пробелы объясняют и еще одну особенность его чтения: то, что он сравнивает части только в самом общем, высказываясь о том, лучше или хуже они становятся от номера к номеру. Князь не был тем внимательным и сверхактивным читателем-«феноменологом», в русле наших теорий восприятия литературы, которые в 1970-е годы разрабатывали, например, Вольфганг Изер, Роман Ингарден и Стенли Фиш.

Второе существенное отличие романа, который читал Голицын, заключается в делении на части. Из Приложения 2 видно, что только в четырех случаях финалы публиковавшихся отрывков совпадали с концами частей в отдельном издании романа. Совершенная архитектоника окончательной версии романа с ее «лабиринтом сцеплений», о котором, как известно, с гордостью писал автор в письме к Н. Н. Страхову от 23 апреля 1876 года, в журнальной редакции уступила место другому делению, в некоторых выпусках самые шокирующие сцены были помещены в конец части, тем самым обращая на себя особое внимание: превращение Анны и Вронского в любовников; признание Анны мужу о своей связи с Вронским; посещение Вронским умирающей Анны; рождение сына Кити и Левина. Именно эти фрагменты больше других задевали чувство приличия князя Голицына. В отдельном издании романа они, безусловно, также бросались в глаза, но там они не выглядели столь поразительными из-за деления романа на части. Таким образом, Голицын реагировал на более сенсационный роман, чем тот, который мы читаем сегодня.

Голицын не был ни специалистом по эстетике, ни критиком, ни талантливым интерпретатором, ни особенно проницательным историком литературы, но все же он был вдумчивым читателем, имевшим четкий взгляд на эстетику, художественную прозу, мораль и состояние русского общества. Систему его взглядов на литературу формировала прежде всего общепризнанная французская и немецкая проза и поэзия, русскую литературу и русских авторов он знал слабо. Из других произведений Толстого он упоминает только «Войну и мир», а из русских писателей — только И. А. Гончарова и И. С. Тургенева. Голицын нигде не ссылается на рецензии, посвященные «Анне Карениной», хотя упоминает двух современных критиков — Евгения Маркова и Дмитрия Аверкиева: первый сравнивал Тургенева и Толстого, второй — Гомера и Гоголя. Если статью Маркова Голицын находит дельной, то Аверкиев для него — пример излишне самоуверенного русского литератора.

В целом же князь предпочитал судить о литературе самостоятельно. За десять дней до начала чтения первого отрывка романа он записывает свое кредо, касающееся общих принципов существования художественной литературы: «Литература, по-моему, как художество, как искусство, изящное par excellence[3], не должна быть оскверняема ничем, что может поражать чувство изящного; в литературе, как в обществе, есть свои правила приличия» [Голицын 1875–1877: 5, 152][4]. В своих оценках «Анны Карениной» по ходу чтения романа Голицын постоянно утверждает, что эти правила приличия должны относиться как к «дольнему», так и к «горнему» (духовному) в человеческой жизни; для него приличия — это сила, объединяющая сферы эстетического, социального, морального и духовного. В отличие от Анны и Левина, которые обсуждают эстетические вопросы во время своей единственной встречи

---

[3] По преимуществу (*фр.*). (*Примеч. ред.*)
[4] Приводимые мной фрагменты взяты из части пятой (1874–1875), шестой (16 октября 1875 – 19 августа 1876) и седьмой (20 августа 1876 — 4 августа 1877) дневников Голицына. Я обратил внимание на эти дневники после того, как о них было кратко упомянуто в работе [Горная 1979: 22].

в седьмой части романа, Голицын не является поклонником новой европейской литературы, нарушающей те условия, которые прежде соблюдались при изображении жизни в литературе и искусстве. Если Анна считает, что появление таких авторов, как Эмиль Золя и Альфонс Доде, свидетельствует о положительных исторических переменах, то Голицын резко осуждает то, что, по его мнению, привлекает Толстого в этих писателях. Не цитируя прямо этот фрагмент романа, Голицын противопоставляет всей содержащей его журнальной публикации свое уже неоднократно до того выражавшееся убеждение: "Анна Каренина" продолжает выходить и продолжает возмущать меня своим отвратительным реализмом. Фотографически верное описание родов, как бы это верно ни было, не должно находить себе место в произведении беллетрическом. До сих пор русская литература была свободна от слепых подражаний Золя, Сю и др.; теперь дорога проложена». Князь явно обеспокоен тем, что с Толстого будут брать пример другие авторы.

При всем своем уме, европейском образовании и либеральных политических взглядах Голицын выражал традиционные для России воззрения на познавательные и дидактические возможности печатного слова. Он критиковал в дневнике самодержавное правление и таких националистов-консерваторов, как М. Н. Катков, выражал скептическое отношение к Русско-турецкой войне, писал о том, что не является «фанатиком» в религиозных вопросах. Однако при всем том его замечания об «Анне Карениной» вторят правительственной цензуре, обязанной защищать власть, мораль, религиозные догмы и честь отдельных людей [Ruud 1982]. Самой строгой критике князь подвергает роман Толстого за изображение именно этих сторон жизни, в особенности за потворство «будёрам и бисмаркам en herbe»[5] из числа московских оппозиционеров, за трактовку автором отношений между Анной, Вронским и Карениным, а также за сцены венчания и таинства исповеди в пятой части романа.

---

[5] Будёр — от *фр.* boudeur — ворчун, капризник. En herbe (*фр.*) — зеленый, незрелый. (*Примеч. ред.*)

Однако Голицын видел свою задачу не только в том, чтобы по-цензорски отвергать самые провокационные фрагменты романа. Ему не чуждо и «положительное» стремление увидеть серьезное воспитательное воздействие толстовского произведения на читателя. Князь всегда настороже, но при этом исполнен надежд: возможно, этот роман окажет благотворное воздействие на читателя. Здесь стоит процитировать его реакцию на третью из журнальных публикаций:

> Роман этот, мне кажется, призван играть весьма серьезную роль: он покажет, в изящной и очаровательной форме, читающему моду, до чего может довести нравственный тайный разврат, овладевший в последнее время известным высшим слоем общества, преимущественно петербургского, и доведенный им до такого ужасающего развития, он заклеймит, быть может стать, тем клеймом позора и стыда и спасет некоторых жертв, готовых уже впасть в беду. Слишком гадательно было бы утвердить, что роман этот послужит к исправлению, но можно с уверенностью сказать, что он заставит многих задуматься над самим собою, а это уже много, особенно у нас, не привыкших вообще много думать, а менее всего о нас самих. Это обличительно-воспитательное значение романа обнаружилось всего яснее в 3-й его части. От души желаю, чтобы оно продолжалось так же, развивалось, и, не жалея и не слабея, раскрашивало, позорило и проклинало некоторые явления современной жизни, свидетельствующие о пошлом упадке в нас нравственных сил и исчезновение в нас самосознания.

Где-то в середине журнальной публикации романа Голицын почувствовал, что «Анна Каренина» обманывает эти ожидания. Он находит петербургских персонажей романа пустыми, отталкивающими куклами, лишенными всякой индивидуальности. Он не принимает смелый и новаторский прием двойной сюжетной композиции романа: читателю предлагается увидеть альтернативу линии Вронского и Анны в отношениях Левина и Кити. С ходу отвергает Голицын и все деревенские эпизоды. Он находит гораздо больше моральных наставлений у современного французского романиста Октава Фёйе. Нынешние читатели знают об этом авторе только по упоминаниям в социологическом исследовании Пьера Бурдьё «Правила искусства», где Фёйе — первый из французских романистов, принятый во Французскую академию, — выступает в роли скромного, но коммерчески успешного буржуазного идеалиста, противопоставленного непочтительным и не включенным в канон «реалистам» вроде Флобера [Bourdieu 1995: 72, 80, 89, 90]. Голицын относится к Фёйе с бо́льшим восхищением, чем Бурдьё:

> В одном романе Октава Фелье [Octave Feuillet] женщина неиспорченная, но увлеченная примерами и озлобленная на жизнь, намеревается сделать ошибку. Она получает записку от друга: Vous serez bien malheureuse demain[6], и эти несколько слов останавливают ее. Какое глубокое знание человеческого сердца обнаруживает эта черта в авторе, а вместе с этим какой тонкий вкус, какое изящное понимание. Да, размышление это могло бы многих остановить на пути к гибели, эти слова заключают такую глубокую истину, что душа, не утратившая еще совершенно способность сознавать истину, не может не быть поражена ею. Небось, в «Анне Карениной» нет ни одной черты, подходящей к этой по изяществу и по верности. До таких идей мы, русские, еще не доросли и не скоро дорастем.

Подчеркивая легкость, с какой героиня Фёйе осознала ошибочность своего поведения, князь указывает на то, что он не склонен к высокой оценке психологической сложности, которой отличаются центральные герои толстовского романа.

К чести Голицына надо заметить, что он сумел оценить заключительные части публиковавшегося в «Русском вестнике» романа. В его дневнике нет отзыва о восьмой части, которая была издана отдельной брошюрой после того, как Катков отказался печатать ее в своем журнале.

Обратимся в заключение к вопросу о том, какое значение имеют уникальные случаи, подобные голицынскому дневнику, в исследованиях, посвященных читателям и чтению. Выводы в области социологии и истории обычно не основываются на

---

[6] Завтра вы будете очень несчастны (*фр.*). (*Примеч. ред.*)

подобных уникальных свидетельствах, и даже работы, получившие известность в 1990-е годы благодаря новому историзму, дают нам немногие свидетельства.

Историкам, изучающим чтение, приходится использовать только то, что они находят. Они не могут провести опрос, попросить читателя из прошлого заполнить анкету или взять у него интервью. В случае с «Русским вестником» нельзя даже обратиться к подписным листам, поскольку эти журнальные материалы сгорели при пожаре в начале XX века. Семья Голицыных уничтожила многое из своего архива при выселении из Москвы. Временами нам везет — как в случае переписи 1897 года, во время которой был наконец поставлен вопрос о грамотности, или как в случае опроса крестьян о чтении сочинений А. С. Пушкина, который был проведен в связи со столетием со дня рождения поэта. Что касается «Анны Карениной», то мы располагаем целым рядом газетных рецензий на первые печатавшиеся в «Русском вестнике» части романа, а также размышления автора о своем постепенно развертывавшемся произведении.

Голицын впоследствии написал воспоминания; фрагмент его дневника, относящийся к 1917 году, был недавно опубликован. Но нет никаких свидетельств того, что дневник 1875–1876 годов предназначался кому бы то ни было, кроме его автора. Этот дневник, представляющий собой отчасти повествование, отчасти спор, отчасти описание, раскрывает перед нами увлекательную картину чтения последовательно выходящих в журнале частей романа. Думаю, нам не следует поддаваться «профессорскому» соблазну попытаться оценить размышления Голицына по каким-то строгим критериям — хотя бы по тем, которые предложила в 1970-е годы Л. И. Беляева: читатели оценивались ею по полноте, цельности и эстетической компетентности их реакций [Беляева 1977, 370–389]. Как бы ни были фрагментарны отзывы Голицына, именно они дают нам наиболее полное представление о чтении романа по мере выхода журнальных выпусков в течение почти всего периода его публикации. В худшем случае реакция князя показывает нам недостатки такого рода издательской практики: читатель спешит отреагировать, его отзывы оторваны друг от друга, он лишен возможности оценить новаторскую композицию и глубокую психологическую разработку характеров. В лучшем случае эта реакция показывает возможности, которые публикация по частям дает читателю, для того чтобы неспешно следить за отношениями, действительными и потенциальными, между романным дискурсом и тем миром, который дал материал для его представления, — миром, который может воплотиться в читательском размышлении и сподвигнуть на нравственные поступки. Детальный качественный анализ подобного процесса индивидуального чтения, если он учитывает условия написания, включая и жанр написанного, может привести к заманчивым открытиям в области прагматики художественной литературы, господствовавшей в эпоху, которая разительно отличается от нашей.

Приложение 1. Записи в дневнике В. М. Голицына, относящиеся к роману Л. Н. Толстого «Анна Каренина»

[Ответ на выпуск 1, 21 февраля 1875 года]
На днях вышли в свет первые главы романа Л. Толстого «Анна Каренина». Редко можно встретить в литературе что-либо светлее, благоуханнее этого произведения, обещающего стать на ряду с «Войной и миром».

[Ответ на выпуск 2, 17 марта 1875 года]
Вечером мы были на многочисленном и блестящем рауте у Мещерских: я не могу сказать, чтобы мне так было весело, впрочем, я предпочитаю рауты балам. Недавно вышедшая вторая часть «Анны Карениной» далеко не произвела того отрадного впечатления, какое я <неразборчиво> из первой. Оказывается, что автор впал в модную болезнь — в стремление к модному реализму: есть фразы, даже целые страницы, которые больно читать, особенно видя под ними подпись Толстого. Реализм —

вещь, от которой ни одному автору нельзя совсем освободиться, особенно же автору, поставившему себе задачей разбор современной жизни, но зачем описывать с каким-то нескрываемым удовольствием эти стороны жизни? Зачем из желания обличить недостатки и пороки общества добровольно впадать в цинизм? До этого Гр. Толстой, к счастью, не дошел еще, но многие черты из второй части его романа заставляют думать, что и он готов поддаться общему влечению, что и он готов впасть в недостаток, общий большинству современных авторов, надвигающихся на пагубные пути всеобличения. Насколько было отрадно читать первую часть «Анны Карениной», настолько велико было разочарование при чтении некоторых подробностей, нашедших себе место во второй.

[Ответ на выпуск 3, 15 апреля 1875 года]
«Анна Каренина» продолжает занимать все умы, давая повод к всевозможным толкам. Появляющаяся 3-я часть ее отличается тем же изяществом и теми же недостатками, как и первые две. Роман этот, мне кажется, призван играть весьма серьезную роль: он покажет, в изящной и очаровательной форме, читающему моду, до чего может довести нравственный тайный разврат, овладевший в последнее время известным высшим слоем общества, преимущественно петербургского, и доведенный им до такого ужасающего развития, он заклеймит, быть может стать, тем клеймом позора и стыда и спасет некоторых жертв, готовых уже впасть в беду. Слишком гадательно было бы утвердить, что роман этот послужит к исправлению, но можно с уверенностью сказать, что он заставит многих задуматься над самим собою, а это уже много, особенно у нас, не привыкших вообще много думать, а менее всего о нас самих. Это обличительно-воспитательное значение романа обнаружилось всего яснее в 3-й его части. От души желаю, чтобы оно продолжалось так же, развивалось, и, не жалея и не слабея, раскрашивало, позорило и проклинало некоторые явления современной жизни, свидетельствующие о пошлом упадке в нас нравственных сил и исчезновение в нас самосознания.

[Ответ на выпуск 5, 16 февраля 1876 года]
Явилось продолжение «Анны Карениной», и разочарование последовало не мало. Действительно, насколько первая часть была художественно обработана, настолько последовавшие за нею обнаруживали постепенный упадок таланта, настолько последняя отняла все надежды видеть произведение, достойное «Войны и мира». Развитие собственно романа основано в этой части на положительной фальши, характеры мужа, жены и любовника нисколько не выдержаны, они поражают полным отсутствием чего-либо изящного, какой-либо нравственной стороны, а напротив, избытком пустоты и безличности; это куклы, и притом куклы антипатичные, не внушающие к себе ни любви, ни уважения, ни симпатии даже. Затем идут нескончаемые рассуждения о сельском хозяйстве, о рабочем труде, могущие совершенно свободно быть выкинутыми из романа, не имеющие с ним никакой связи. Вообще этою вновь вышедшею частью романа могут восхищаться только те люди, которые считают долгом восхищаться всем, что подписано Толстым, или же те, которых мелкое, грошовое самолюбие польщено некоторыми идейками, пробившимися сквозь канву романа. К числу этих последних принадлежит известный кружок московских будёров и бисмарков en herbe, которые с злорадством рукоплещут образу мыслей Толстого касательно правительства и которые, будь они правительство, не преминули бы сокрушить под тяжестью своего презрения.

[Ответ на выпуски 6 и 7, 8 апреля 1876 года]
В ежемесячно выходящих новых частях «Анны Карениной» наши салонные ценители стараются разгадать, кого из наших знакомых Толстой имел намерение изобразить в той или в другой личности. Слишком мелко и бедно ценить таким образом истинный талант, предполагая, что он только рисует портреты, а не создает, силою своего творческого гения, типы. Последняя часть этого романа многих оскорбила тем, что в ней выведены исповедь и брак и представлено что-то в роде критического

анализа этих таинств. Есть стороны жизни человека, которых беллетристам, каким бы гениальным талантом они ни обладали, не следует касаться: так изображение исповеди или карикатурно, или кощунственно по отношению к душе человеческой, так и в «Анне»: чувствуешь насмешку автора, чувствуешь желание дать всему этому смешной оборот, а это мало способствует украшению произведения, мало придает цены ему. Я не фанатик, как известно, но я не могу не сказать, что безверие, отсутствие религии и уважения к религиозной жизни души человеческой тормозят развитие истинного таланта.

[18 апреля 1876 года]

В одном романе Октава Фелье [Octave Feuillet] женщина неиспорченная, но увлеченная примерами и озлобленная на жизнь, намеревается сделать ошибку. Она получает записку от друга: *Vous serez bien malheureuse demain*, и эти несколько слов останавливают ее. Какое глубокое знание человеческого сердца обнаруживает эта черта в авторе, а вместе с этим какой тонкий вкус, какое изящное понимание. Да, размышление это могло бы многих остановить на пути к гибели, эти слова заключают такую глубокую истину, что душа, не утратившая еще совершенно способность сознавать истину, не может не быть поражена ею. Небось, в «Анне Карениной» нет ни одной черты, подходящей к этой по изяществу и по верности. До таких идей мы, русские, еще не доросли и не скоро дорастем.

[Ответ на выпуск 12, 31 марта 1877 года]

«Анна Каренина» продолжает выходить и продолжает возмущать меня своим отвратительным реализмом. Фотографически верное описание родов, как бы это верно ни было, не должно находить себе место в произведении беллетрическом. До сих пор русская литература была свободна от слепых подражаний Золя, Сью и др.; теперь дорога проложена.

[Ответ на выпуск 13, 2 мая 1877 года]

Я вечером был в клубе, где читал только что вышедшую предпоследнюю часть «Анны Карениной»: признаюсь, она произвела на меня глубокое впечатление, изгладивши мое недовольство предыдущими частями.

Приложение 2. Порядок публикации фрагментов романа «Анна Каренина» в журнале «Русский вестник»

		1875	
1*	Январь 1875	I: I–XIV [отд. изд. — XXIII]	Анна уходит с бала
2*	Февраль 1875	I: XV–II: X [отд. изд. — XI]	Анна и Вронский становятся любовниками
3*	Март 1875	II: XI–XXVII [отд. изд. — XXIX]	Анна рассказывает Каренину о своей связи
4*	Апрель 1875	II: XXX–III: X [отд. изд. — XII]	Левин видит Кити в экипаже
		1876	
5*	Январь 1876	III: XI–XXVIII [отд. изд. — XXXII]	Левин думает о смерти, отправляется за границу
6*	Февраль 1876	IV: I–XV [отд. изд. — XXVII]	Вронский посещает Анну, которая, по-видимому, находится при смерти

7*	Март 1876	IV: XVI–V: VI [отд. изд. — то же]	Кити и Левин отправляются в деревню
8	Апрель 1876	V: VII–XIX [отд. изд. — XX]	Умирает Николай Левин; Кити беременна
9	Декабрь 1876	Конец части V [отд. изд. — конец пятой части]	Вронский и Анна уезжают в деревню после скандала в театре
1877			
10	Январь 1877	VI: I–XII [отд. изд. — XV]	Изгнание Васеньки из Покровского
11	Февраль 1877	VI: XIII–XXIX [отд. изд. — XXXII]	Анна и Вронский уезжают в Москву
12*	Март 1877	VII: I–XV [отд. изд. — XVI]	Рождение сына Левина
13*	Апрель 1877	VII: XVI–XXX [отд. изд. — XXXI]	Смерть Анны

Примечания

1. Часть VIII была напечатана отдельной брошюрой летом 1877 года.
2. Первое отдельное издание романа появилось в январе 1878 года.
3. Только в выпусках 5, 9, 11, 13 конец печатавшихся в журнале фрагментов совпал с окончаниями соответствующих частей романа.

* Фрагменты, к которым обращается в дневнике князь В. М. Голицын.

Источники

Голицын 1875–1877 — Российская государственная библиотека (РГБ). Ф. 75, Голицын Владимир Михайлович (ГВМ): архивный фонд, 1867 — конец 1930-х — начало 1940-х гг.
Толстая 2014 — Толстая С. А. Моя жизнь: в 2-х т. М.: Кучково поле, 2014.

Библиография

Беляева 1977 — Беляева Л. И. Типы восприятия художественной литературы: психологический анализ // Литература и социология: Сб. статей / Ред. Канторович В. Я., Козьменко Ю. В. М.: Художественная литература, 1977.
Горная 1979 — Горная В. З. Мир читает «Анну Каренину». М.: Книга, 1979.

Bourdieu 1995 — Bourdieu P. The Rules of Art: Genesis and Structure of the Literary Field / Trans. S. Emanuel. Stanford: Stanford UP, 1995.
Escarpit 1971 — Escarpit R. Sociology of Literature / Trans. E. Pick. London: Cass, 1971.
Galitzine 2002 — The Princes Galitzine: before 1917 ... and afterwards. Washington: Galitzine Books, 2002.
Rudd 1982 — Rudd C. Fighting Words: Imperial Censorship and the Russian Press, 1804–1906. Toronto: University of Toronto Press, 1982.
Smith 2012 — Smith D. Former People: The Final Days of the Russian Aristocracy. N. Y.: Farrar, Strauss and Giroux, 2012.
Troyat 1967 — Troyat H. Tolstoy. N. Y.: Dell, 1967.

Открытия и прорывы советской теории литературы в послесталинскую эпоху[1]

1. Институциональные контексты

Послесталинская эпоха в советской литературной теории и критике может быть отнесена к тому типу исторических периодов, которые Роман Якобсон и Пьер Бурдьё описывали в качестве синхронических археологических срезов — силовых полей, в которых одни векторы витальнее и продуктивнее других, одни траектории приходят из прошлого, другие уходят в будущее [Jakobson 1987: 64–65; Bourdieu 1996]. Трудно найти лучшую иллюстрацию этому, чем различные работы, названные «теориями литературы» и появлявшиеся периодически в течение этого времени. Их названия воскрешают в памяти классическую формалистскую книгу Б. В. Томашевского «Теория литературы: Поэтика» (в 1925–1931 годах она выдержала шесть изданий). Напрашивается также сравнение с американской «Теорией литературы» Рэне Уэллека и Остина Уоррена (выдержала три издания в 1949–1977 годах[2]). Наиболее значительную и влиятельную из них — трехтомный труд «Теория литературы: Основные проблемы в историческом освещении» — под редакцией ученых,

---

[1] Discoveries and Literary Advances in Literary Theory, 1960s–1980s. Neoformalism, the Linguistic Model, and Beyond // A History of Russian Literary Theory and Criticism: The Soviet Age and Beyond. Ed. Evgenii Dobrenko, Galin Tihanov. P. 230–249. Русский перевод: Открытия и прорывы советской теории литературы в послесталинскую эпоху // История русской литературной критики: советская и постсоветская эпохи / Под ред. Е. Добренко, Г. Тиханова. М.: Новое литературное обозрение, 2011. С. 571–608.

[2] См. русское издание [Уэллек, Уоррен 1977].

сделавших вполне успешные карьеры в сталинскую эпоху, скромным тиражом выпустила в 1962–1965 годах АН СССР. Сюжеты этого труда не обещали особых инноваций по сравнению со стандартным школьным учебником: образ, характер, жанры, стиль, «социалистический реализм как закономерность литературного развития». Не было в нем ни аналитической остроты книги Томашевского, на которую имелись ссылки в некоторых главах, ни междисциплинарной широты Уэллека и Уоррена, чья работа ритуально отвергалась за «разрыв формы и содержания»[3]. Академический трехтомник фокусировался на канонических русских авторах (Пушкин, Толстой) и давно установившейся генеалогии русской критической мысли, проходившей по прямой от Радищева к декабристам, от них — к критическим реалистам и далее — к раннему марксизму вплоть до соцреализма.

И все же в этом силовом поле были векторы, направленные в будущее, — глубокие и для советской критической традиции вполне новаторские работы молодых ученых. Их имена станут широко известны в послесталинскую эпоху: Е. М. Мелетинского — за пионерские исследования об эпосе и мифологии, С. Г. Бочарова — за проницательное прочтение творчества Пушкина и Толстого, П. В. Палиевского — за полемику со структуралистской теорией, В. В. Кожинова — за работы по истории романа, за помощь (вместе с С. Бочаровым) в открытии наследия М. М. Бахтина и, наконец, за свои ультранационалистические взгляды. Более того, в трехтомнике имелись немыслимые ранее цитаты и ссылки на русских и зарубежных эстетиков и теоретиков литературы, которые до того либо игнорировались, либо были репрессированы, либо вовсе не упоминаемы с 1920-х годов, — от формалистов до Хайдеггера и Бланшо. Важное место в нем уделялось таким растущим звездам советского литературоведения, как медиевист Д. С. Лихачев, чьи влиятельные

---

[3] [Теория литературы 1962–1965, I:125]. В течение рассматриваемого периода Абрамович выпустил немало учебников по литературоведению, так же как и зав. кафедрой теории литературы МГУ Г. Н. Поспелов (1899–1992), чья первая «Теория литературы» вышла в 1940 году.

и синтетичные работы соединяли гуманистический подход к литературному развитию характера, структуралистскую поэтику и бахтинский дискурсивный анализ. В то же время милосердным молчанием были обойдены в трехтомнике статусные литературоведы сталинского призыва, например бывший председатель Всесоюзного комитета по делам искусств (1939–1948) и будущий главный академик-литературовед (1966–1986) М. Б. Храпченко[4]. Как бы то ни было, этот труд может рассматриваться как основа для понимания фундаментальных интересов, интеллектуальных ресурсов и постепенного расширения теоретических устремлений советского литературоведения в «эпоху застоя».

Математический жаргон, принятый нами (с силовыми полями, траекториями и векторами), отчасти отражает сам язык теоретизирования, характерный для этого времени: литературоведы и теоретики постепенно получили возможность с его помощью продолжить традиции формалистов и социологов литературы 1920-х годов, прерванные в сталинскую эпоху. Но если для живого, дискуссионного советского литературного теоретизирования 1920-х был характерен словарь борьбы, если ранние советские теоретики литературы были вовлечены в непрестанные стычки и продолжительные открытые споры, то для послесталинского поколения профессионалов характерен научный, а временами и наукообразный стиль, уход от открытой полемики, использование специализированного критического вокабуляра и апелляция к досоветскому материалу. Если теоретики 1920-х действительно спорили о марксистско-ленинской теории литературы, то их коллеги из послесталинской эпохи предпочитали оставить проблемы «отражения», базиса и надстройки, способа производства и производственных отношений и другие вопросы классической марксистской мысли бесцветным чинов-

---

[4] Храпченко позже пытался присоединиться к семиотике и даже писал о «литературных системах». Однако чем бы ни мотивировались эти попытки, он не сыграл никакой роли в защите молодой дисциплины от идеологических нападок, несмотря на свой официальный статус и значительное влияние в партийных кругах. См. систематический (точнее, агиографический) обзор его деятельности в ст. [Балашов, Караулов 2005].

никам — «специалистам по научному коммунизму» в университетах и литературных институтах Академии наук (ИМЛИ и ИРЛИ). Самые важные открытия и основной вклад в науку о литературе между 1953 и 1991 годами сделаны в СССР на тех уровнях, которые социологи знания называют вторым и третьим уровнями социальной интерпретации: на самом низком — в эмпирических исследованиях, и на следующем уровне, предполагающем теоретическое обсуждение отдельных сфер и процессов социальной жизни (таких как социология малых групп). Высший же уровень — метода, структуры, оснований исторического материализма, его законов и категорий — оставался не подлежащим обсуждению (по крайней мере, в публичном поле) [Иовчук и др. 1970].

Эмпирические исследования в советской системе производства символического капитала ценились куда выше, чем в среде западных литературоведов того времени. Архивные открытия, био- и библиографическая информация, комментированные научные издания основных литературных текстов считались весьма престижными, поскольку в целом позволяли ученым, делавшим эту работу, говорить правду, не жертвуя объективными научными стандартами. А стандарты эти были довольно высоки, и многие ученые, такие как пушкинист Вадим Вацуро (1935–2000), наиболее интенсивно работавший в этот период, заслужили широкое признание, хотя смогли опубликовать основные свои труды лишь в постсоветскую эпоху. Подобная работа в Советском Союзе была не только достоинством, но и необходимостью для молодых литературоведов, многие из которых работали в качестве научных сотрудников академических институтов и были обязаны участвовать в коллективных проектах, планируемых в административно-командной экономике: в изданиях ведущих писателей, сборниках архивных материалов, коллективных историях литературы, сборниках статей, посвященных ведущим авторам, и т. д. Эта работа приносила постоянный доход, престиж и определенную степень свободы от партийно-идеологического насилия, однако ценой часто оказывалась невозможность развития собственного критического голоса или создания монографической работы критического, теоретико- или историко-литературного характера.

Подобные эмпирические исследования на Западе, напротив, часто отвергались как «позитивистские» или «филологические», а их претензии на истину и объективность ставились под сомнение сторонниками деконструкции и других разновидностей негативной герменевтики. Кэрил Эмерсон, рассмотрев российские работы о «Евгении Онегине», пришла к заключению, которое можно распространить на всю советскую литературную науку послесталинской эпохи:

> Здесь отсутствует деконструктивистский импульс, авторские намерения не подвергаются сомнению, а способность слов производить противоположные смыслы не принимается во внимание. Конечно, формалистские критики постоянно ставили под сомнение, проблематизировали самую авторскую автономию, но даже самые доктринальные из них в целом признавали, что правильно избранные приемы производили просчитываемый вербальный эффект, хотя и временный. Тогда как русские литературные критики являются защитниками не только авторов, но прежде всего — самого литературного канона [Emerson 1988: xiii].

Эта «защита» простиралась от тщательных эмпирических исследований о канонизированных писателях и текстах до теоретизирования и критических работ, созданных как в академических учреждениях (институтах, университетах, библиотеках), так и вне их — писателями. Среди последних наиболее популярным в послесталинскую эпоху стал жанр, созданный классиком формализма Юрием Тыняновым: литературное произведение о писателе. Такие «документальные повести», как называл их позже один из активных практиков этого жанра Яков Гордин, требовали менее тщательной разработки, чем высококачественные эмпирические исследования, но именно в них воплощался и кодифицировался литературный нарратив о таких писателях, как Пушкин или Достоевский.

Эмпирические исследования, «документальные повести», а также литературные теории, к которым мы обратимся ниже, созданные как известными советскими учеными, так и теми, кто не принадлежал к официальному советскому культурному истеблишменту, или даже несоветскими исследователями русской литературы, при всех различиях критических подходов, направлены на поддержание общего Большого нарратива о русской литературе. Согласно ему, автократический или тоталитарный режим противостоит великому писателю, который, говоря словами одного из персонажей Солженицына, представляет собой «второе правительство», не располагающее, разумеется, репрессивным государственным аппаратом, но обладающее моральной силой и истиной. Писателя-свидетеля преследуют царские или советские власти, но его труды продолжают жить. Писатель превращается в летописца (будем помнить, что по-гречески «мученик» означает «свидетель»!), чьи «хроники» попросту несопоставимы со старинными летописями, — будь то Пушкин в заметках 1822 года о русской истории, Герцен в его книге 1851 года о развитии революционных идей в России или Роман Якобсон в его опубликованной в 1931 году известной статье «О поколении, растратившем своих поэтов». Писатель работает в гармонии с читающей публикой, о которой Белинский начал мечтать в 1840 году: для нее литература не есть отдохновение от забот жизни, не сладкая дремота в эластических креслах после жирного обеда, за чашкою кофе, — нет, занятие литературою для нее *res publica*, дело общественное, великое, важное, источник высокого нравственного наслаждения.

Такая публика, полагал Белинский, будет «единичной живой личностью, исторически развившейся, с известным направлением, вкусом, взглядом на вещи» [Белинский 1978, III: 195–198]. И такая публика действительно явится спустя полтора века, отчасти в мечтах до- и послереволюционной интеллигенции, отчасти — благодаря реальной культурной политике советского государства. В советскую эпоху этот союз поддерживался за счет централизованного контроля со стороны государства над изданием и распространением литературы, библиотеками и образовательными учреждениями и, напротив, за счет оппозиции правительству со стороны диссидентствующей интеллигенции.

Социологи литературы, как дореволюционные, так и советские, направляли немало усилий на то, чтобы продемонстрировать моральную серьезность читающей публики и исходящие от нее требования к литературе выносить «моральные приговоры», давать «широкие обобщения» и «уроки жизни»[5].

Поскольку высшие уровни теоретизирования были зарезервированы за советским истеблишментом, а ученые, работавшие в эмпирической истории литературы, литературной критике и теории «среднего уровня», стремились уйти от открытой полемики, нам не избежать сравнений. В последующих разделах будет последовательно рассмотрена деятельность Московско-тартуской школы семиотики, советских социологов литературы, а также двух мыслителей, чья научная работа началась в 1920-х годах, а в послесталинскую эпоху была воскрешена, — Лидии Гинзбург и Михаила Бахтина. Но поскольку в небольшой главе невозможно коснуться всех действительно выдающихся работ советских литературоведов, созданных в рассматриваемый период, главным критерием отбора избрано их влияние на последующее развитие литературной науки, как советской / российской, так и мировой, теоретическая обоснованность и, наконец, степень отклонения от устоявшихся теоретических понятий и исторических нарративов, в частности тех, что нашли свое воплощение в трехтомной «Теории литературы».

2. Московско-тартуская школа: открытие культуры

В послесталинскую эпоху теоретико-литературные исследования велись во многих региональных центрах СССР, а не только в столичных городах или в европейской части страны. Теоретики «периферийных университетов» Советского Союза

---

[5] См. [Мейлах 1967; Топоров 1930]. Книга А. М. Топорова переиздавалась в 1963 и 1979 годах.

достойны упоминания за их попытки преодолеть или, по крайней мере, нюансировать установившиеся подходы к академическим исследованиям, оказывавшим серьезное воздействие на литературный процесс и его участников. Так, в Ижевске работали Борис Корман (1922–1983) и его группа. Их работа над проблемами автора, лирической поэзии и литературного текста шла параллельно с разработками понятия «подразумеваемого автора», которого читатель «выводит» из текста, таких западных теоретиков, как Вайн Бут и Сеймур Чэтман[6]. В Кемерове группа ученых, среди которых Валерий Тюпа и Натан Тамарченко, разрабатывала проблему целостности литературного произведения, нарратологии, литературного дискурса и жанра[7]. В Даугавпилсе группа под руководством Леонида Цилевича успешно и интенсивно разрабатывала проблемы сюжетосложения[8]. Эти школы хотя и не получили известности за рубежом, были уважаемы среди оригинально мыслящих ученых в Советском Союзе.

Однако одна группа, Московско-тартуская школа семиотики, получила широкое международное признание за размах и глубину своей теоретической работы и за исследование большого числа разнообразных историко-литературных проблем. Школа возникла в результате неформального сотрудничества ученых, которые на протяжении 1950–80 годов составляли пеструю группу и стремились предложить альтернативные доминировавшим в советской науке подходы к языку, литературе и культуре. Их работы, вслед за Трубецким и Ельмслевом, развивали лингвистику Соссюра с ее центральным понятием знака как

---

[6] О Кормане см. в посмертном издании его работ [Корман 2006] статью Б. Ф. Егорова.

[7] В 1970–80-х годах члены обеих групп издавали межвузовские сборники статей, где рассматривалась как русская, так и западная литература, например «Художественное целое как предмет типологического анализа: Межвуз. сб. науч. трудов» (Кемерово: Кемеровский гос. университет, 1981) и др. См. также работы ведущих ученых группы: [Тамарченко 1977; Тюпа 1987; Тюпа 2002].

[8] См. регулярно выходившие межвузовские сборники «Вопросы сюжетосложения» (Рига: Звайгзне, 1969, 1972, 1975, 1976), «Сюжет и художественная система» (Рига: Звайгзне, 1983), Левитан Л. С., Цилевич Л. М. Сюжет и идея (Рига: Звайгзне, 1973), Цилевич Л. М. Сюжет чеховского рассказа (Рига: Звайгзне, 1976) и др.

союза означающего и означаемого, с ее различением языка (*langue*) и речи (*parole*), с ее интересом к бинарности и анализом различий между парными элементами в системе (значение есть продукт не отдельных элементов, но отношений между сопоставимыми элементами). На ранних этапах члены Московско-тартуской школы занимались сложным анализом лирической поэзии и высококонвенциональных прозаических текстов (таких, например, как детективы), используя статистические и лингвистические методы. Позже, однако, они стали подходить к произведениям искусства и другим культурным артефактам как к продуктам «вторичных моделирующих систем», где элементы организованы согласно правилам отбора и комбинаторики, которые, в свою очередь, могут также быть поняты как своего рода язык, а следовательно, и проанализированы в категориях структурной лингвистики. Участников группы объединял интерес к западным и отечественным досталинским литературным теориям (особенно к русскому формализму), к современной лингвистике, семиотике и кибернетике. В эпоху общего интеллектуального застоя эта свободная ассоциация ученых стремилась сформулировать и утвердить объективные и точные методы литературной науки, переиздать работы русских теоретиков литературы, которые оставались под спудом в 1930–50-х годах, и поднять уровень гуманитарных исследований до уровня других научных дисциплин. В 1970-х такие видные члены группы, как Юрий Лотман и Борис Успенский, обратились от преимущественно теоретических работ к историческим исследованиям культуры как семиотической системы.

Трудно даже представить, до какой степени созданная в сталинскую эпоху система тормозила развитие академической жизни. Бдительная цензура, указания партийных органов и академической бюрократии — вся система была основана не на интеллектуальной смелости, но на способности к выживанию, и препятствовала развитию критической мысли. Литературоведение, отвергнувшее формалистические попытки исследовать литературу как процесс со своими собственными динамикой и эволюцией, оказалось особенно уязвимым перед напором политических предписаний, исходящих от партаппарата. По иронии культурной истории советская литературная критика следовала модели инновации и автоматизации, описанной в формалистской теории литературной эволюции: когда-то инновационная и социально активная русская литературная критика XIX века, с ее интеллигентским утилитаризмом в подходе к литературе и пониманием искусства как отражения жизни, была институционализирована и канонизирована, превратившись в фактор торможения при анализе социальной роли искусства. В то же время другие дисциплины из-за своей специфичности, относительной идеологической нейтральности и абстрактности (лингвистика), а также технологических перспектив (кибернетика, машинный перевод, информатика) были освобождены от прямой идеологизации, свойственной советской академической жизни. Именно из этих дисциплин пришли многие молодые лингвисты и филологи, включившиеся в процесс обновления гуманитарных знаний. Их тягу к «точным методам» и «объективной науке», предлагаемым этими дисциплинами, в конечном счете следует понять в контексте того глубокого кризиса, в котором оказалось гуманитарное знание в СССР после Сталина.

Эта тяга и возвращала их к наследию формалистов, хотя и не исключительно. Работы Шкловского, Эйхенбаума, Томашевского, Жирмунского, Тынянова, Виноградова были посмертно переизданы и откомментированы в послесталинские годы. Стоит, впрочем, заметить, что эти переиздания включали наиболее технические и преимущественно теоретические работы формалистов, а вовсе не те наиболее провокативные социологические исследования конца 1920-х годов, которые оспаривали марксистскую теорию, фокусируясь не на эстетике «отражения» или моделях базиса и надстройки, а на литературных институциях. Так, книга Эйхенбаума «Мой временник» (1929) должна была дождаться распада Советского Союза, чтобы быть наконец переизданной в 2001 году, тогда как сугубо формалистическая «Мелодика русского лирического стиха» (1923) включена в сборник его работ о поэзии 1969 года.

Одним из самых интересных и новаторских примеров ответа на методологический вызов формализма стала серия конференций (начиная с 1982 года) и выпуск сборников (с 1984-го) «Тыняновские чтения», организованные двумя высокоодаренными и продуктивными молодыми учеными из Москвы А. П. Чудаковым и М. О. Чудаковой. Конференции, проходившие в Латвии, были посвящены наследию Тынянова, но быстро расширились тематически и концептуально, сведя в диалоге оставшихся в живых учеников формалистов, участников Московско-тартуской школы, сочувствующих зарубежных коллег и других ученых, находившихся вне советского научного истеблишмента [ЧТЧ 1990: 6].

Один из наиболее эрудированных членов Московско-тартуской школы лингвист Вяч. Вс. Иванов в 1976 году связывал подъем советской семиотики с достижениями русской и мировой лингвистики и антропологии; с работами психолога Л. С. Выготского и кинематографиста С. М. Эйзенштейна, теоретиков информатики А. Н. Колмогорова и Клода Шаннона, феноменолога Г. Г. Шпета, филолога М. М. Бахтина и его коллеги В. Н. Волошинова; с работами по реконструкции истории культуры, развитию теории знака и исследованиями структур и уровней искусства [Иванов 1976]. Знакомство участников Московско-тартуской семиотической школы с этими разнообразными областями знания происходило в ходе конференций, неформальных собраний и страстных споров между «физиками» и «лириками» в научной и популярной периодике 1960-х годов. Эти споры, бывшие редкими случаями действительно открытых дискуссий между школами и поколениями в этот период, подобно дебатам в англоязычном мире вокруг работы Чарльза Сноу «Две культуры и научная революция» (1960), включали широкий круг вопросов, таких как человек и машина, гуманитарные знания и наука. В советской версии этих дискуссий обсуждался, в частности, вопрос о потенциале кибернетики в деле моделирования человеческого мышления. Структурализм и семиотика не были источником этих споров, начавшихся в 1959 году и продолжавшихся еще долго, но сами скоро стали их частью, служа примером импорта «точных» научных методов в гуманитарную сферу[9].

В 1950-х структуральный анализ постепенно начал развиваться в Советском Союзе, отчасти благодаря сталинской интервенции в лингвистическую дискуссию в 1950 году, фактически освободившей лингвистику от марксистской догматики и открывшей пути к исследованию грамматики и внутренних законов языкового развития. Два события способствовали этому движению, придав ему фокус и несколько сместив специфически советский подход к кибернетике и информационной теории в целом. Речь идет о конференции в Горьком, посвященной использованию математических методов для изучении языка художественной литературы (1961), и о симпозиуме в Москве о структурном исследовании знаковых систем (1962). Конференция фокусировалась на гипотезах академика Колмогорова об особом потенциале поэзии в передаче информации. Однако доклады показали, насколько широк круг интересов и подходов участников: И. И. Ревзин использовал «Синтаксические структуры» Н. Хомского (1957) для создания генеративных структур литературных текстов, В. В. Иванов говорил о достижениях западного структурализма, а А. К. Жолковский выстраивал генеалогию от работ русских формалистов и С. Эйзенштейна. Жолковский и Ю. К. Щеглов позже разработали собственную «генеративную поэтику» — прагматический метод, который фокусировался на эффектах, генерируемых поэтическим текстом. Московский симпозиум, организованный Ивановым, включал многих участников первой конференции, но имел скорее семиотический, нежели кибернетический фокус. Датская семиотическая теория (глоссемантика Ельмслева) дала надежду на продуктивное взаимодействие между математикой и семиотикой, на возможное присоединение гуманитарных дисциплин к общей и точной методологии. Доклады об искусстве как семиотической системе обозначили начало выхода за пределы

---

[9] О роли структурализма в этих дебатах см. [Seyffert 1983: 60–61, 124–125, 140–142, 177]. О ходе дискуссии см. [Emerson 1997: 39–48].

вербальных текстов, доклады об этикете, играх и гаданиях послужили началом исследований в сферах поведения и массовой культуры.

Трансформация группы в Московско-тартускую школу началась со статьи Юрия Лотмана 1963 года «О разграничении лингвистического и литературоведческого понятия структуры» и его «Лекций по структуральной поэтике» (1964), которые появились в первом выпуске важной новой серии «Труды по знаковым системам» (1964). Участники из Тартуского университета привнесли иную научную культуру в структуралистское движение — более ориентированную на каноническую литературу и историю идей и менее занятую лингвистикой и массовыми жанрами. Тартуский университет принес также «родословную», наследие (хотя и ограниченное советскими условиями) — это был самый европейский университет в Российской империи, с традициями академических свобод, не всегда доступных другим российским университетам [Waldstein 2008: 193].

Пик активности Московско-тартуской школы связан с работой пяти летних школ (1964–1974), прошедших в Каарику, на юге Эстонии, и в Тарту. Описанные самими участниками как «карнавальные», «утопические» и «герметически закрытые», проходившие не столько в форме традиционных докладов, сколько в живых дискуссиях, летние школы собрали вместе московских семиотиков и филологов из Тарту, редких гостей (как, например, Якобсон в 1966 году) и многих молодых ученых, которые продолжили развивать темы и концепты школы уже после того, как она прекратила свое существование.

Публиковавшиеся Московско-тартуской школой «Труды по знаковым системам» и другие периодические издания появлялись на плохой бумаге и тиражами, которые были недостаточны даже для советской аудитории, не говоря уже о международной. Зато их оппоненты публиковались куда шире, а список претензий к семиотике и ее сторонникам все рос; если убрать идеологические обертоны, сводились они к тому, что семиотика — это всего лишь мода, формализм, обряженный в новую, непонятную терминологию; ее претензии на методологическую универсальность нереализуемы, а «математические методы» и «точная наука» — пустые обещания [Seyffert 1893, chs. VII, IX]. Разумеется, фокусирование структуралистов на знаке и языке противоречило глубоко укорененному в России взгляду на искусство как на «мышление образами», а их понимание культуры как семиотического механизма, а не отражения производственных отношений определенно противоречило марксистской догме. Хотя структуралисты избегали современного материала, их работы на исторические темы, имевшие актуальные политические коннотации (например, о деспотизме в дореволюционной России), как заметил Михаил Рыклин, имели в советских условиях явный критический резонанс[10]. Подобные критические реверберации делали структуралистские методы привлекательными для представителей других гуманитарных и социальных дисциплин[11].

По ряду внутренних и внешних причин Московско-тартуская школа прекратила функционировать к середине 1970-х. Одной из таких причин послужило растущее государственное давление на неортодоксально мыслящих интеллектуалов, особенно после вторжения в Чехословакию в 1968 году. Многие представители школы эмигрировали, сделав успешные карьеры на Западе. Растущий интерес участников школы к вопросам культуры, начавшийся с занятий типологией, и уход в очень специализированные исследования без особого внимания к теории привели к методологической расплывчатости. Тем не менее публикации Московско-тартуской школы продолжали появляться в периодических изданиях и все чаще — в виде книг. К 1990-м годам Лотман начал вести телевизионную программу о русской культуре. По иронии культурной истории Московско-тартуская школа, осуждавшаяся в советские годы за пренебрежение традиционно русским подходом к литературе и обществу, оказалась едва ли не главным их интерпретатором в постсоветской России. После смерти Лотмана в 1993 году произошла окончательная его кано-

---

[10] См. [Рыклин 2008: 146–148]. См. также [Лотман 1976: 50–51].
[11] См. [Lotman 2006].

низация — вышло множество работ о нем и его школе, широко переиздавались его труды.

В течение двух десятилетий, на которые приходится пик активности школы, ее представители работали в различных направлениях семиотики, испробовав множество методов семиотического анализа: от раннего интереса к математическому моделированию, кибернетике и теории информатики до работ по культурной истории и культурной антропологии, дисциплин, которые не были систематически развиты в СССР. Многие работы школы экспериментальны, а их тематический диапазон весьма широк. Тем не менее они имеют общую черту — использование лингвистических моделей. То же было свойственно и американскому, датскому, французскому, итальянскому структурализму, но в советском контексте использование лингвистических моделей выделялось куда сильнее из-за традиционно доминировавшего подхода к литературе, который фокусировался на «образе», а не на «знаке», на социальном детерминизме, а не на саморегулирующейся знаковой системе. На этом фоне Московско-тартуская школа могла бы рассматриваться как единое движение, хотя ее участники шли от разных лингвистических и семиотических теорий; наиболее важные среди них: теория знака Пирса, соссюровское понимание семиотических систем, датская глоссемантика, фонология Трубецкого, якобсоновская поэзия грамматики, трансформативная грамматика Хомского. Участники школы не относились, однако, к лингвистическим моделям, подобно Якобсону в его «поэзии грамматики», как к исчерпывающим аналитическим конструкциям. Они перешли от анализа механизмов производства значения к интерпретации, от исследования закрытых систем — к системам контекстуальным. По мере продвижения от языка к семиотическим, «вторичным моделирующим системам» связи с лингвистической теорией ослабевали. Тем не менее и в более поздних работах школы сохранилась зачарованность языком, его прагматикой и аналитическими операциями, пришедшими из формальной лингвистики (например, анализ в категориях бинарных оппозиций). Проблемы, к которым обращались советские структуралисты, логически вытекали из фундаментальной привлекательности лингвистических моделей: как поэзия передает информацию при помощи своих формальных ресурсов; как использует она ресурсы языка в целях моделирования реальности и мировоззрения автора; как другие социальные сферы (включая социальное поведение, которое они рассматривали в качестве текста) могут быть проанализированы при помощи моделей лингвистического анализа; какие тексты подлежат семиотическому анализу; как по-разному различные культуры в различные исторические эпохи используют знак; каково влияние «вторичных моделирующих систем» (литературы, искусства или театра) на человеческое познание и поведение. Сама логика их методологии не стимулировала интереса советских семиотиков к таким сюжетам, как «смерть автора» (которого французские семиотики, как, например, Ролан Барт, рассматривали лишь в качестве «гостя текста») или теория тропов. В отличие от западных структуралистов и постструктуралистов, Московско-тартуская школа видела в тексте единство, какими бы многоуровневыми и богатыми ресурсами для производства интерпретаций он ни располагал. Язык сохранял для них свою способность представлять реальность несмотря ни на что, и человек неизбежно рассматривался как создатель языковых кодов или, по крайней мере, их пользователь. Таким образом, московско-тартуские семиотики (особенно те из них, кто работал с такими каноническими фигурами, как Пушкин и Гоголь), испытывая традиционно русский пиетет перед текстами высокой культуры, участвовали в создании семиотической версии традиционно героического изображения автора в России. Они также видели в литературных персонажах прежде всего активных пользователей кодов. Об этом свидетельствует, например, подход Лотмана к главным героям «Капитанской дочки»: рассматривая частые пушкинские обращения к языковым и культурным кодам дворянства и казачества, он доказывает, что Пушкин наделял своих персонажей способностью выходить за их пределы[12].

---

[12] [Лотман 1995]. Эта статья 1962 года рассматривается в кн. [Егоров 1999: 89].

Члены школы создали новаторские работы во множестве областей: по различным аспектам семиотической теории и теории текста, мифологии и реконструкции древних символических систем (В. В. Иванов, В. Н. Топоров, Е. М. Мелетинский, Д. М. Сегал), музыкальной семиотике (Б. М. Гаспаров), лирической поэзии (Жолковский, Ревзин, Иванов). Используя излюбленный прием из аналитических процедур самой школы (описание через анализ бинарных или схожих элементов системы), работы школы можно было бы сгруппировать по доминирующим темам двух ведущих ее фигур, по одной из каждого центра: Лотмана, литературоведа по образованию и специалиста по интеллектуальной и культурной истории (он учился в Ленинграде у выживших формалистов), и Успенского, по образованию лингвиста и специалиста в славянской филологии (короткое время учившегося в Дании). В центре интересов Лотмана находилась русская литература и культура 1780–1830-х годов, тогда как Успенский занимался русским языком эпохи позднего Средневековья и XVIII века; хотя в поисках наиболее ярких примеров и вызовов знаковым системам каждый из них уходил подчас довольно далеко от своей непосредственной специализации. К концу 1960-х годов они, однако, приблизились к научным интересам друг друга — к исследованиям идеологии и точки зрения, которыми отмечены ранние работы Лотмана, и к изучению различных лингвистических кодов, интересовавших Успенского; некоторые из лучших их работ написаны в соавторстве.

Процесс изменения интересов Лотмана можно проследить по четырем его работам, посвященным «Евгению Онегину». В первой (1960) анализируется конструирование персонажа в романе; работа богато контекстуализирована и связывает развитие персонажа с направлениями русской мысли того времени, однако рассматривает роман как органическое целое. В 1966 году Лотман использовал радикально иной подход к художественной структуре «Евгения Онегина»: операционными концептами стали здесь моделирование, иерархия отношений, множественность точек зрения, система и антисистема, бинарные оппозиции и неизбежность различных интерпретаций, обусловленных текстовым умножением сегментов через сложную организацию системы строф. Интерпретация и роль читателя в литературном процессе выходят на первый план, хотя и управляются отношениями внутри текста. В 1975 году Лотман опубликовал монографию, специально посвященную роману. Здесь он достиг синтеза различных аспектов своего творчества: интеллектуальной истории, семиотического анализа парных оппозиций и вдохновленных Бахтиным исследований множественности точек зрения, воплощенных во множественности дискурсов. Он продолжил исследовать отношения между литературным текстом и тем, что лежит за его пределами, а также потенциальное влияние текста на читателя. В лотмановском «Комментарии» к роману 1980 года культура рассматривается в антропологическом смысле — через ритуалы, обычаи, поведенческие коды, традиции пушкинской России. Однако анализ бинарных оппозиций — дворянство / народ, русские / европейцы — остается оперативным принципом[13].

Работы Успенского следовали схожей траектории — от анализа точек зрения к исследованиям русской культуры в широком антропологическом смысле. В работе «О семиотике иконы» (1971) он подвергает «язык» иконы лингвистическому анализу (синтаксис, семантика, прагматика), уделяя особое внимание «внутренней перспективе» средневековой иконы, согласно которой художник и зритель устанавливают свои точки зрения внутри картины, а не вне ее. В «Поэтике композиции» (1970) он рассматривает проблему точки зрения в более широком плане, и, хотя понятия здесь определены не всегда достаточно точно, книга представляет собой новаторский пересмотр традиционной нарратологии, основанной на сюжете, и предлагает анализ четырех уровней точек зрения: идеологического, фразеологического, спатиально-темпорального и психологического.

Для Лотмана, так же как и для Успенского, текст являлся одновременно знаком (во вторичной моделирующей системе)

---

[13] Монографии 1975 года и комментариям 1980-го предшествовали, в частности, следующие статьи: [Лотман 1960; Лотман 1966].

и цепью знаков в вербальном языке. Оба продолжали фокусировать свое внимание на проблемах коммуникации и точки зрения. Книги Лотмана «Структура художественного текста» (1970) и «Анализ поэтического текста» (1972) рассматривали многие из тех проблем, что находились в центре «Поэтики композиции» Успенского. Однако литературовед Лотман уделяет больше внимания лингвистическому анализу и теории информации (последняя использовалась скорее метафорически), чем лингвист Успенский. Не решая проблемы интеграции в движении от уровня к уровню и от анализа к интерпретации теоретически, эти книги содержат множество новаторских идей и фрагментов литературного анализа. Подход Лотмана (в первой книге) к «событию» как к «перемещению персонажа через границу семантического поля», как к трансгрессии или как нарушению ожидаемого был чрезвычайно плодотворен для нарративных исследований.

От этих больших синтезирующих работ Лотман и Успенский перешли к обсуждению проблем еще более высокого уровня синтеза — типологии культуры. В их статье 1971 года «О семиотическом механизме культуры» последняя понимается как производство знаков, как система ограничений и предписаний, чем и отличается от не-культуры. Здесь же Лотман и Успенский дифференцировали культуры по моделям производства знаков, предсказуемо идентифицируя два противоположных им типа как культуры, ориентированные на выражение (видящие в себе совокупность текстов), и культуры, ориентированные на содержание (видящие себя в качестве системы правил). В более специальной и спорной статье «Роль дуальных моделей в динамике русской культуры (до конца XVIII века)» (1977) они утверждали, что русская культура маркирована бинарной оппозицией «сакрального» и «профанного», диктующей диаметрально противоположные модели поведения. Так что одни и те же понятия (например, «старое» и «новое») занимают в этой иерархии разные позиции. Лотман и Успенский противопоставляют эту бинарную структуру европейской троичной, где нейтральная срединная сфера позволяет новой системе развиться постепенно, а не по сценарию катастрофы-взрыва.

Последующие работы Лотмана и Успенского по конкретным сюжетам русской культурной истории посвящены темам морального и политического характера: обман, театральность, непристойность, раскол, самозванство, использование различных политических и культурных дискурсов и др. Теоретической основой этих работ является понимание культуры как семиотического феномена. Различные культурные системы, такие как литература и социальная жизнь, могут, согласно этой теории, взаимодействовать и сопоставляться, поскольку они используют правила отбора и комбинации своих составных элементов, схожие с языковыми, поскольку они похожи в процедурах кодирования и коммуникации и поскольку отдельные «высказывания» в каждой из систем (балет, социальное поведение, стихотворение) создают подлежащие интерпретации «тексты». Статьи Лотмана представляли собой детальные исследования взаимоотношений между русской литературой и жизнью. Работы о театрализации жизни в начале XIX века, о пушкинской попытке воссоздания жизненного процесса в «Евгении Онегине», о декабристской поэтизации жизни — лишь три примера, на которые можно указать в этой связи [Лотман 1973; Лотман 1975а; Лотман 1975б]. Русские общество и литература, столь часто отмеченные сосуществованием конфликтующих культурных систем и становящиеся объектом автократических манипуляций и резких конвульсивных изменений, дают богатый материал для такого анализа, и новейший период русской культурной истории не является здесь исключением.

Предпоследняя книга Лотмана «Культура и взрыв», появившаяся сразу после распада Советского Союза, возвращает нас к основанной на семиотике спекулятивной историософии, необходимой для переоценки отношений культуры и того, что находится за ее пределами. Подобная переоценка нужна для понимания тех возможностей, которые открываются перед Россией для вхождения в «европейскую троичную систему» с характерным для нее развитием, которая основана не на насилии и рывках, но на постепенных изменениях. Последняя же книга Лотмана «Беседы о русской культуре» возвращает к началу XIX века; в ней дается подробное описание повседневной жизни и традиций русского дворянства, раскрываются значение и смысл его ритуалов, манер и моделей социального поведения. Принципиальная теоретическая аргументация в этих книгах (структуралистский жаргон используется здесь гораздо меньше, чем в ранних работах), та тщательность, с которой рассмотрен в них широкий круг тем и проблем, и открытость к эксперименту составляют главное достижение Московско-тартуской школы.

3. *Социология литературы: открытие социальных реалий*

Ожидалось, что наступивший после сталинской зимы период относительной открытости и либерализации будет сопровождаться серьезным осмыслением репрезентационных механизмов и институтов функционирования литературы, поскольку именно в этой сфере культурной деятельности русская мысль анализировала социальную жизнь и ее развитие с конца XVIII века. В значительной мере этим осмыслением литературного процесса отмечен позднесоветский период русской истории.

Как заметил Пушкин — один из первых русских писателей, игравших также роль культурного критика, — литературные и политические революции могут происходить независимо друг от друга; катаклизм в политической сфере может сопровождаться сентиментальной, морализирующей литературой, тогда как литературное «восстание» может произойти даже в условиях самого застойного и усыпляющего политического режима [Пушкин 1937–1959: 70]. Подобным несовпадением объясняется рост социологии литературы — специализированной поддисциплины, занимающейся литературным процессом, его участниками и их творчеством как социальным феноменом. Именно в «эпоху застоя» начали появляться работы, в которых ставились вопросы производства, распространения и рецепции литературы в Советском Союзе.

Когда В. Д. Стельмах, заведующую сектором книги и чтения бывшей Библиотеки им. Ленина, одну из тех, кто возрождал эту поддисциплину, попросили дать определение «социологии литературы и чтения», она предложила определение, которое разделили бы многие ее коллеги на Западе:

> Социология в целом призвана «измерить» и объяснить закономерности общественных процессов <...> Литература как социальный институт, ее статус в обществе, во-первых. Затем: писатель и его социальное значение, критика и ее социальные функции. И, конечно, читатель: его история, социально-демографические характеристики и читательское поведение (а оно, в свою очередь, определяется множеством факторов). Все это компоненты единой литературной системы [Стельмах 1985: 92].

В этом определении соединены эмпирический и теоретический проекты, анализ и объяснение, а также предложен исчерпывающий список участников литературного процесса. Но замечательно оно и тем, какие темы в нем игнорируются: полемика вокруг методологических проблем и понятий (включая самую идею «системы»); различные теории, в которых литература рассматривается либо как результат социальной жизни, либо, напротив, как фактор воздействия на нее; наконец, споры о параметрах и фокусе литературно-социологических исследований. В этом определении самое существование единой институции или литературной системы принимается как должное, а возможность иных, часто противостоящих институций (массовая культура, самиздат, тамиздат, эмигрантская литература) не берется в расчет.

На тридцать лет раньше, однако, немыслимым было даже такое нейтральное определение. Социология литературы, как и социология вообще, в сталинскую эпоху попросту исчезла из академических исследований. Слово «социология» находилось под запретом и, подобно слову «общество» при Павле I, воспринималось как опасное иностранное и инородное понятие [Weinberg 1974: 9]. Некоторые функции социологии литературы, в основном те, что связаны с распространением литературы, взяли на себя издатели, библиотекари и литературоведы[14]. Советская литературная критика, подобно другим областям научного знания, должна была продвигать историко-материалистическое учение, которое в каком-то смысле было социологическим, хотя в советском своем изводе начисто лишилось связи с живыми социальными науками. Неудивительно поэтому, что социология литературы воспринималась как область, отмеченная, по словам Ю. Б. Кузьменко, поверхностной описательностью и предрасположенностью к тематическим обзорам, что предполагало наивный подход к роли искусства слова в познании мира [Кузьменко 1977: 184]. Санкционированная XX съездом партии (1956) и признанная как отдельная дисциплина в 1966 году на XXIII партийном съезде, социология призвана была исследовать такие аспекты организации советского общества, как труд, семья, пол, религия, преступность, жизнь деревни, досуг. Литература со временем пополнила этот список в качестве элемента досуга [Стельмах 1978].

Эта возрожденная советская социология потенциально должна была выполнять множество функций: быть оружием в идеологической борьбе с Западом, инструментом более эффективного планирования и контроля, средством для понимания актуальных процессов в советском обществе, столкнувшимся поначалу с «научно-технической революцией», затем — с «развитым социализмом» и, наконец, — с «перестройкой». Для советской социологии литературы первая из указанных функций, идеологическая, была приглушена. Самовосхваления (хотя и заслуженные) и победные реляции о большем проценте читателей в советском обществе, чем в западных демократиях, ссылки на то, что западная социология — всего лишь инструмент капиталистического рынка и коммерциализации культуры, уступили место серьезной библиографической работе, теорети-

---

[14] Эти работы появлялись в различных периодических изданиях, включая «Советскую книготорговлю» (1931–1935) и «Советскую книгу» (1946–1953). Среди вышедших на Западе работ следует выделить кн. [Friedberg 1962; Gorokhoff 1963; Walker 1978]. Однако наиболее глубокая и методологически продвинутая работа в этой области появилась уже после распада Советского Союза: [Добренко 1997].

чески глубоким обзорам западной социологии литературы, трезвой оценке «мифа о самой читающей в мире стране» и рассказов о том, как рабочие и колхозники, отложив в конце трудового дня свои серпы и молоты, берут в руки классиков XIX века [Гудков 1982; Гудков 1986; Шведов 1988].

Вторая функция — быть инструментом планирования и контроля — возникла в послесталинскую эпоху. Поначалу Стельмах обосновывала необходимость опросов советских читателей задачами «эстетического воспитания» и «руководства чтением»; сильная педагогическая тенденция проходит через все исследования 1960–70-х годов, а самое название первого такого труда, «Советский читатель», выдает определенную усредняющую тенденцию [Добынина и др. 1968]. Однако позже начали раздаваться голоса против мифологизации и педагогических тенденций в работах 1920-х и 1960–70-х годов в пользу исследования всего сложного многообразия читающей публики, включая «молчащее большинство» читателей массовой литературы.

Практически все уровни социальных исследований и интерпретаций — эмпирический, конкретно-теоретический и историко-материалистический — были в определенной мере представлены в книге «Литература и социология» (под редакцией Владимира Канторовича и Юрия Кузьменко), ставшей важной вехой в развитии советской социологии литературы. Этот сборник статей (некоторые из них ранее выходили в различных периодических изданиях) заслуживает внимания по нескольким причинам: он включал анализ большинства проблем советской социологии литературы после 1950-х годов и стал форумом для обсуждения большинства ее тенденций и направлений; будучи первым подобным изданием, увидевшим свет в послесталинскую эпоху, он представлял собой важный шаг в направлении официального признания этой литературной поддисциплины.

Из двенадцати участников этой пионерской книги только четверо (включая обоих редакторов) имели соответствующую подготовку в общественных науках; четверо были писателями. Один из участников, Виктор Переведенцев, — признанный демограф и социолог. Присутствие академика Д. С. Лихачева, самого известного в СССР ученого-медиевиста и крупного теоретика литературы, хотя и было несколько неожиданным, придало всему проекту престиж и историческое измерение. Так же как и присутствие В. В. Кожинова, немало сделавшего и в области литературной теории, и в области исследования русской литературы XIX века.

Состав авторов (относительно небольшое количество тех, кто представлял социальные науки, и при этом значительное количество писателей) явился своеобразным отражением состояния советской социологии: нежелание придать ей статус университетской учебной дисциплины свидетельствовало о непреодолимой подозрительности в отношении социологии со стороны партийных иерархов вплоть до конца советской эпохи. В результате возникло то, что Переведенцев назвал «социологией без социологов», имея в виду не только социологию литературы, но и академическую дисциплину в целом[15]. Этот провал заполняли ученые, имевшие подготовку экономистов, историков, философов, педагогов, и, как в данном случае, писатели и литературные критики. Действительно, среди отличительных черт советской литературы 1960–70-х годов (чему посвящена одна из статей сборника) присутствует то, что можно назвать «социологизацией» литературы и критики. Советские очерки и романы на промышленные, деревенские или семейные темы не только давали материал для социологического анализа авторам, представленным в «Литературе и социологии», но и сами опирались на социологические исследования. Следует также отметить, что многие работы по социологии (и отнюдь не только социологии литературы) появились именно в советских литературных пе-

---

[15] [Перевезенцев 1970: 12]. Разумеется, ситуация, когда несоциологи занимаются социологией литературы, нисколько не была уникально советской. Среди участников антологии наиболее важных работ по социологии литературы [Burns 1973] можно найти русского формалиста (Юрий Тынянов), французских семиотиков (Ролан Барт и Клод Леви-Стросс) и американских и европейских литературоведов, представлявших самые различные направления (Рене Жирар, Нортроп Фрай, Франк Кермод, Мартин Прайс, Ренато Поджолли, Гарри Левин и др.).

риодических изданиях — от «Нового мира» до «Литературной газеты». Статьи по социологии литературы активно печатали журналы «Вопросы литературы» и «Литературное обозрение» (в последнем, с привлечением к работе профессиональных социологов, подготовили даже серию статей об урбанизации и читающей публике).

Сам соредактор «Литературы и социологии», Владимир Канторович, был живым примером взаимодействия социологии и литературы. Родившись в 1901 году, он окончил факультет общественных наук МГУ и начал печатать очерки и прозу в конце 1920-х. В первой половине 1930-х инициировал широкую дискуссию об очерке. В это время под руководством Горького он возглавлял отдел критики журнала «Наши достижения» — вплоть до 1937 года, когда был «незаконно репрессирован». «Реабилитированный» девятнадцать лет спустя, он смог продолжить писательскую карьеру и в 1960–70-х напечатал серию статей, где обосновывал необходимость литературно-социологических исследований[16]. Его частые выступления против сугубо количественных методов и грубой типологизации в социальном анализе явились выражением писательской позиции, удивительным образом дополнявшей глубокий скептицизм в отношении самого понятия «система» такого мыслителя, как М. Бахтин. Соредактором Канторовича выступал Кузьменко — инструктор Отдела культуры ЦК, курировавший литературные журналы.

«Литература и социология» открывалась предисловием, которое можно назвать «антиввведением». Вместо обзора теории и методов социологии литературы Канторович и Кузьменко констатировали не только отсутствие общих подходов, но и наличие разногласий между участниками книги; а ссылки на Брежнева, говорившего на XXV съезде партии о «нашей многогранной культуре», позволили им обосновать саму идею междисциплинарного подхода как на теоретическом, так и на практическом уровне.

---

[16] Эти статьи были переизданы посмертно в кн. [Канторович 1984].

Сквозные темы книги: отказ от признания единого метода литературно-социологических исследований, междисциплинарность и многообразие повседневной жизни. В статьях Ю. И. Суровцева и В. Е. Ковского три названные темы ставились в исторический контекст. Главная цель этих исторических экскурсов — отделить себя от так называемых «вульгарных социологов» 1920-х годов, прежде всего В. Ф. Переверзева и В. Ф. Фриче. Для достижения поставленной цели требовалось избегать амбициозных теорий, которые питали претензии социологистов 1920-х годов на создание некоего советского извода иллюзорной «марксистской» теории литературы. Другим, более практическим способом избежать участи «вульгарных социологов» был уход от тем, к которым те обращались (например, от темы непосредственной классовой детерминированности писательского производства и строгой зависимости творчества от социальной структуры). Это была разрешенная полемика не только с советским социологическим литературоведением прошлого, но также с западными теориями (включая социологические исследования музыки Теодора Адорно и социологию романа Люсьена Голдмана), а также со сторонниками наивных «зеркальных» теорий искусства в текущей советской критике, видевшими в произведениях литературы прямое «отражение жизни».

Суровцев и Ковский аккуратно обозначили границы социологии литературы, ее отношения с эстетикой и уровни связей в цепи «художник — произведение искусства — потребитель». Первое звено (художник — произведение искусства) характеризуется особой сложностью и опосредованностью; второе же (произведение искусства — общество) могло исследоваться при помощи количественных параметров. Марксистское понятие «потребительских возможностей» играло здесь ключевую роль, указывая на способности различных социальных групп отвечать на литературное произведение (при анализе групп брался в расчет не только экономический фактор, но и демографические черты, культурный уровень, этнические факторы и т. д.). Что же касается связи между автором и произведением, то из-за опасений быть обвиненным в «вульгарном социологизме» Суровцев ссылался на ленинскую статью о Толстом как на образец, поскольку в ней учтены различные факторы, влияния и традиции, а идеология писателя не рассматривается как некая механическая сумма «классовых интересов».

Характерно, что социологический анализ в рассматриваемых работах нисколько не касался вопросов формы и содержания. Для анализа литературных произведений авторы предпочитали традиционные эстетические категории, оперируя в социологическом анализе такими традиционными понятиями, как жанр, герой, образ, сюжет. Подобно Лукачу и старшему поколению немецких марксистских критиков (включая и самого Маркса), Суровцев утверждал неколебимость и монументальность классики, нисколько не озаботившись ни самим понятием «классического», ни процессом литературной канонизации; не выразил он никакого интереса и к проблеме взаимодействия и конфликта между «высокой» и «массовой» культурами. Ковский же сочетал пиетет перед классикой с немалой долей презрения к массовой литературе (как советской, так и западной), утверждая, что, хотя последняя легче поддается квантитативным методам исследования, чем классика, опора на нее лишает критику связей с эстетикой. Лишь в самом конце советской эпохи подобное отношение к массовой литературе начнет меняться: как заметил в это время Лев Гудков, чтобы условия для развития социологии литературы созрели до того предела, за которым открывается возможность исследовать все многообразие функций литературы в обществе, должен ослабнуть оценочно-педагогический импульс [Гудков 1986].

Истоки возобновления интереса к социологии литературы на Западе и в СССР различны. На Западе возрождение социологии литературы (и, в частности, исследования ее идеологии и рецепции) стало критическим ответом на ограничения, налагавшиеся имманентными литературными теориями, включая «новую критику» и ранний структурализм. В Советском Союзе все обстояло иначе: социология литературы должна была оправиться от эксцессов не только 1920-х годов, но и сталинской эпохи; причем сделать это предстояло в идеологической ситуации, которая мало способствовала (по крайней мере, поначалу) развитию целого ряда аспектов социологических исследований. Кроме того, если на Западе литература воспринималась как эстетический объект, как язык в его эстетической функции или как провокация, то в СССР она должна была выполнять также грубо-инструментальные функции и нередко рассматривалась то как средство пропаганды, то как «учебник жизни». В подобном контексте эстетическая специфика литературы находилась в постоянной опасности. Так что авторы «Литературы и социологии», избегавшие анализа собственно литературных особенностей рассматриваемых книг, были, как представляется, полны решимости защитить эстетическое своеобразие литературы от вторжения социологии.

Одной из важных тем возрожденной социологии литературы, поднятой задолго до гласности и перестройки, была тема «сложности» советской жизни, что служило обоснованием литературно-социологических исследований. Так, Ковский, апеллируя к «сложным и противоречивым последствиям научно-технической революции» для всех сфер культуры, обращал внимание на дифференциацию советской социальной структуры, на рост новых социальных групп, на возникновение проблем в сфере образования и морали, что сопровождало новые социальные отношения.

Едва ли не каждый сюжет «Литературы и социологии» указывал на тенденцию в развитии рассматриваемой поддисциплины. Так, второй раздел книги интересен попыткой авторов спроецировать структуры современной советской культуры на литературную историю. Трезвый социологический подход к советской культуре, намеченный в предисловии, реализовал Кузьменко в статье «Проблемы историко-типологического изучения советской литературы». Он утверждал наличие всего двух периодов в истории советской литературы: «эпохи социалистического преобразования» (с 1917 года до первых послевоенных лет) и «эпохи развитого социалистического общества», которая последовала вскоре после короткого переходного периода. Кузьменко определял эпоху «зрелого социализма» как менее турбулентную; отмеченную постепенностью изменений и развитой системой правительственных и социальных институтов; основанную на законности и порядке; обеспечивающую развитие различных социальных классов и национальных культур. Это различие двух эпох в истории советской литературы сильно напоминает хорошо известную по работам Лукача дихотомию между мирами эпоса и романа [Lukács 1971][17]. Так, если в раннем периоде советской литературной истории на первом плане находились прямые связи между личностью и героическим миром эпического размаха, где социальные силы были видимы и трансформируемы и писатель выступал прямым участником событий, а не наблюдателем, то последующая эпоха сильно напоминает описанный Лукачем европейский роман после 1848 года. В советской литературе протагонист оказывается в более сложных и опосредованных отношениях с социально-историческими процессами; он должен находить выход из вязкой сети обстоятельств и вынужден подчас идти на далеко не героические компромиссы. В этой связи Кузьменко упоминал Айтматова и Распутина, Шукшина и Трифонова. С социологической точки зрения эта историческая схема интересна тем, что в ней могло бы найтись место не только для «Тихого Дона», производственного романа эпохи первой пятилетки и литературы периода Великой Отечественной войны, но и для лирической поэзии Мандельштама, антиутопической сатиры Замятина или модернистской прозы Бабеля и Олеши, а также для объяснения репрессивной литературной политики власти в «эпическую» эпоху. В конце концов, даже Бахтин, творчески переработавший

---

[17] Взгляд на различие между эпосом и романом, развитый в этой работе (впервые вышла в 1918 году), был расширен в более поздних работах Лукача, таких как «К истории реализма» (1939), написанной в Советском Союзе. В ней Лукач негативно оценивал европейский реализм после 1848 года за его пристрастие к частным темам, мелким социальным отношениям, излишней детализации и мертвым ландшафтам.

концепцию «эпоса» и «романа» Лукача, находил элементы официального принуждения во многих произведениях великой эпической литературы[18].

К концу советской эпохи историки литературы оказались подготовленными к пересмотру сложившихся историко-литературных схем с их лакунами. Причем не только на уровне исследований творчества отдельных авторов, но и в противостоянии со сложившейся организацией всего исследовательского поля: архивов, научных институций, издательской политики и т. д.[19]

Заключительный раздел «Литературы и социологии», посвященный исследованиям рецепции литературы, демонстрировал область литературно-социологических исследований, которая станет разрабатываться наиболее плодотворно в поздне- и постсоветскую эпоху. Эти пионерские работы, написанные в основном на материале, связанном с эмпирическими исследованиями Библиотеки им. Ленина, делились на два типа. Первый, теоретический, рассматривал литературную рецепцию как психологический и эстетический феномен (западной параллелью ему мог бы служить «Акт чтения» Вольфанга Изера, также идущего от психологии, социологии и феноменологии). Советские работы этого направления, в отличие от работ Изера или Стэнли Фиша, до последнего времени довольно неохотно обращались к семиотике или теории речевого акта, а тем более — к деконструктивизму или психоанализу. И все-таки серьезные работы этого направления начали появляться почти одновременно с волной исследований подобного же рода на Западе после 1968 года. Второй тип исследований — исторический; он посвящен реконструкции рецептивных моделей из простейших обзоров, намеков в текстах прошлого, «документальных» материалах

---

[18] [Бахтин 1975: 447–483]. Анализ различий между Бахтиным и Лукачем см. [Clark, Holquist 1984: 99, 288; Tihanov 2000]. Как Лукач, так и Бахтин демонстративно избегали обсуждения советской литературы сталинской эпохи.

[19] См., в частности, выступления Мариэтты Чудаковой и Вадима Ковского за круглым столом «Вопросов литературы»: Актуальные проблемы изучения истории русской советской литературы // Вопросы литературы. 1987. № 9, 10.

(письмах и дневниках)[20]. Хотя эти исследования еще основывались на ограниченном числе разрозненных источников, они предлагали ценный материал об ожиданиях, привычках и образе жизни интеллигенции XIX века.

В статье, посвященной формированию социологии литературы, Л. Д. Гудков [Гудков 1986: 192] перечислил несколько критериев для оценки институционализации научной дисциплины: значительный рост исследований и публикаций, систематизация и рецензирование работ (ретроспективная библиография, учебники, семинары, конференции), специализированная периодика, обсуждение методологических проблем, педагогические программы подготовки новых специалистов, научные центры, школы, тенденции. Согласно этим критериям, советская социология литературы к 1991 году находилась на пути к полной институционализации. Задолго до провозглашения гласности и перестройки социология литературы, подобно самой «социологизированной» литературе, оказалась в состоянии довольно трезво оценивать противоречия и конфликты послесталинского общества, используя литературную технику и научные категории, находящиеся за пределами соцреалистической доктрины. Постсоветские условия литературной жизни — экономические, административные, творческие — потребовали дальнейшего переосмысления, а в некоторых случаях и полного обновления принципов и методов литературного анализа. Социология литературы — как эмпирическая, так и теоретическая, как ретроспективная, так и обращенная к текущему процессу — обещала стать одной из главных движущих сил такого обновления.

Глядя сегодня на сборник «Литература и социология» в проекции на последующие советские годы, можно заметить, что изначальная настороженность постепенно уступила место всестороннему и более критическому подходу. Одна из главных причин

---

[20] См. [Ищук 1975; Кривонос 1981]. В 1970–80-х годах Ленинградский институт культуры им. Крупской издавал периодическую серию, посвященную исследованию чтения в XIX веке в Ученых записках института, «Трудах Ленинградского гос. института культуры имени Н. К. Крупской». Там же публиковались и работы по психологии чтения.

такой настороженности в 1977 году — соревнование западных и советских методологий. Причем в последнем случае речь идет как о Московско-тартуской школе семиотики, так и об исключительно плодотворной деятельности двух ученых, начавших свои научные карьеры в 1920-х годах: Лидии Гинзбург и Михаиле Бахтине. Гинзбург и Бахтин понимали литературу как эстетический, лингвистический, социальный и психологический феномен существенно иначе, чем Московско-тартуская школа, и прежде всего Ю. Лотман и Б. Успенский, видевшие в культуре иерархическую систему по-разному формализованных моделей, подобных языку, и анализировали широкий круг социальных сюжетов в этих категориях.

4. По ту сторону формализма, марксизма и семиотики: Лидия Гинзбург и Михаил Бахтин

Формализм и социология литературы в сталинскую эпоху были полностью заглушены, а их лидеры и сторонники оказались вынуждены оставить активные исследования в своих областях и уйти — кто в архивную работу, кто в редактирование, кто в преподавание, кто в историю литературы. Поколение полиглотов, философски образованной молодежи, творчески мыслящих ученых, пришедших в науку в 1920-х, фактически исчезло из поля зрения. Те, кому посчастливилось пережить чистки, не уйти из жизни безвременно, вернулись в науку в 1950–80-х годах, хотя и не всегда полные тех же дерзаний, той же тяги к новизне, какими характеризовались их ранние работы. Два удивительных исключения составляют Лидия Гинзбург (1902–1990) и Михаил Бахтин (1895–1975), филологи, глубоко укорененные в европейской философской, литературной и социальной мысли XIX — начала XX века, проницательные читатели и теоретики литературы, чьи работы не поддаются простым определениям. Масштаб сделанного Гинзбург и Бахтиным позволил им не только подтвердить жизненность советской науки досталинской эпохи, но и перевести ее достижения на уровень науки мировой, и сохранить свое влияние в постсоветское время. Достаточно вспомнить в этой связи широко образованных ученых мирового класса — Михаила Гаспарова (1935–2005) с его исследованиями в области теории и истории стихосложения и Елизара Мелетинского (1918–2005), автора блестящих работ в области фольклора и мифологии; это лишь два ярких имени из поколения, следовавшего за Гинзбург и Бахтиным.

Лидия Гинзбург начала свою карьеру в 1920-х годах как лучшая ученица Тынянова и Эйхенбаума и участница группы молодых формалистов. Однако она шла к исследованию классики по-своему, через нехудожественную прозу, записные книжки П. А. Вяземского. Формалисты в это время оказались под ударом, что сказалось и на ее научной карьере, фактически прервавшейся на десятилетия (хотя она и сумела опубликовать две книги — о Лермонтове, 1940, и Герцене, 1957). Гинзбург пережила ленинградскую блокаду (публикация ее «Записок блокадного человека» станет одним из главных литературных событий 1984 года) и послевоенную антикосмополитическую кампанию; написала, вероятно, лучшую авторскую монографию о русской поэзии («О лирике», 1964, 1974); одну из самых оригинальных и оказавших глубокое воздействие на литературно-критическую мысль русских книг о нарративной прозе («О психологической прозе», 1971, 1977) и яркую книгу «О литературном герое» (1979), где проблема личности в литературе рассматривается в контексте современных направлений в литературной и социальной теории. Теперь, когда стало возможным напечатать ее воспоминания и записные книжки, она приобрела репутацию писателя-новатора, автора «промежуточной» прозы, письма на границе между литературой и нелитературой, хотя в своих критических и теоретических работах, которыми она была известна ранее, Гинзбург стремилась обходить советские темы.

В отличие от многих обсуждавшихся здесь теоретиков, Гинзбург не стеснялась привлекать современных, часто западных философов (Камю, Сартра), психологов (Фрейда, Вильяма Джеймса, Юнга, Выготского), социологов (Мида, Рисмана, Вебера), литературных теоретиков (Ауэрбаха, Барта, «Тель Кель»,

Уэллека). Опираясь на столь различные дисциплины, она исследовала взаимодействие жизни и литературы в русской культуре через такие понятия, как моделирование, характерология, познание, динамическая взаимосвязь между литературой и поведением [Гинзбург 1979]. В качестве материала она использовала в основном прозу и поэзию XIX века, но нередко обращалась то к французской, немецкой и русской литературам XVIII века, то к современной русской поэзии и европейской литературе. В работах Гинзбург интерес к процессам, динамически понятым в духе учителей-формалистов Тынянова и Эйхенбаума, сочетается с вниманием к структурной природе текста и функциональной динамике его элементов. Яснее всего содержание этого подхода, сочетавшего синхронный и диахронный анализ и реализованного в ее работах с 1920-х до 1980-х годов, раскрыто в ее позднем эссе «Об историзме и структурности: теоретические заметки». Здесь сочетание этих двух начал утверждается в качестве теоретического принципа, а в истории усматриваются форма и структура, подобно тому как формой и структурой обладает сознание индивидуального ученого или читателя. Показательно, что Гинзбург указывала на роль в развитии своей позиции не только русских теоретиков (Тынянова, Винокура), но и западных (Мукаржовского, Барта) [Гинзбург 1982: 4–15].

В основных работах 1970–80-х годов этот подход находит дальнейшее развитие. Гинзбург оперирует на среднем уровне теоретизирования, принимая стандартные культурно-исторические схемы и типологии (понятия «реализм»), не ставя проблем каузальности и прямо не противореча марксистско-ленинской доктрине. Однако в двух по крайней мере моментах она игнорировала официально принятый социально-экономический детерминизм: в своем внимании к процессу моделирования (в противовес теориям литературы как «отражению» социальной реальности) и в том, что в создании литературных персонажей она отводила равную роль социальному, психологическому и литературному материалу. Гинзбург развила эту позицию наиболее последовательно в диалоге с Белинским и Добролюбовым, чье влияние на советское литературоведение превосходило влияние марксистских теоретиков, работавших с более диалектической теорией базиса и надстройки. Она суммировала свою позицию следующим образом:

> Литературный герой включен в непрерывно действующую, иногда противоречивую систему ценностных ориентаций. Это сближает художественную модель человека с другими его моделями, вырабатываемыми историей, социологией, психологией. Другим признаком сближения является структурность, представление о формах проявления личности. Уже многое было сказано о неуместном обращении с литературным героем как с живым человеком.
>
> Но дело здесь, в сущности, не в «живом человеке», а в смещении типологии литературной и социально-психологической.
>
> Если размышляли, например, о том, не лучше ли бы поступила Татьяна, бросив нелюбимого мужа и уйдя к Онегину (что вопиюще противоречит ценностным критериям Пушкина), то на месте литературного персонажа оказывалась не *живая* женщина, но социально-психологическая модель *новой* женщины, разумной и свободной. Из литературного материала выводились социальные, моральные, психологические типы. Модель тем самым накладывалась не на жизненный материал, еще подлежащий обработке, а на другую модель — и они разрушали друг друга [Гинзбург 1979: 219][21].

Словом, литература становится процессом моделирования, который опирается на другие модели, обладающие структурностью. Это ни в коем случае не процесс простого «отражения» реальности, но скорее, как говорит Гинзбург в предисловии к своей книге «О психологической прозе», процесс непрерывной эстетической деятельности человечества.

Вызов, который бросает семиотической теории книга «О литературном герое», куда более прямой, чем тот, что представлял собой марксизм. Прежде всего, речь идет о подходе Гинзбург к «автору», которого Барт однажды бесцеремонно отверг как «немощного идола старой критики» [Barthes 1974: 211]. Критику

---

[21] О влиянии «радикальной критики» XIX века на советскую критику см. [Mathewson 1975, ch. 3–5; Terras 1974, ch. 7].

Гинзбург — с ее вниманием к ролевой теории, современным этике и социологии — менее всего можно назвать «старой».

Но в этом вопросе она настойчиво возвращается к романтическому пониманию писателя как творца и даже использует слово «демиург» [Гинзбург 1979: 204][22].

Не меньшим вызовом семиотике является отношение Гинзбург к языку, вернее, отсутствие особого интереса к нему. Хотя ее работы печатались в изданиях московско-тартуской группы и высоко ценились ее участниками, лингво-аналитические процедуры занимают в них демонстративно мало места. В книге «О психологической прозе», где автор ссылается на семиотические исследования по моделированию и типологии, она практически не обращается к лингвистическим методам, быстро переходя к более крупным объектам анализа: нормам, идеалам, структурам, формам, историческим дефинициям, философии, жанрам. Только в конце книги «О литературном герое» Гинзбург переходит к обсуждению проблемы «прямой речи» в качестве способа производства литературного персонажа как менее сложного или интересного фактора, чем ранее обсуждавшиеся моделирующие или типологические системы. Наиболее интересные разделы посвящены речевым жанрам. Вместо «языка» или лингвистической модели здесь используется понятие моделирования в широком культурном смысле — идет ли речь о социальных, психологических, литературных моделях или их различных подтипах (масках, характерах, персонажах, представляющих идеи, и даже — в связи с французским «новым романом» — разрозненных процессах восприятия). «Модель» понимается Гинзбург системно, и, соответственно, литературный персонаж становится для нее не просто суммой черт, закрепленных за тем или иным именем собственным, как при структуралистском подходе к герою Барта или Сеймура Чатмена, но системой отношений между этими чер-

---

[22] См. также ее теорию о ведущей роли великих писателей в решении литературных кризисов [Гинзбург 1979: 138]. Здесь угадывается понятие харизмы, введенное Максом Вебером, на работы которого она позже ссылается.

тами, отношений, обусловленных различными историческими, социальными, научными и философскими соображениями:

> Единство литературного героя — не сумма, а система, со своими организующими ее доминантами. Литературный герой был бы собранием расплывающихся признаков, если бы не принцип связи — фокус авторской точки зрения, особенно важный для разнонаправленной прозы XIX века [Гинзбург 1979: 90].

Этот подход к персонажу возвращает нас к имплицитной полемике, которую Гинзбург вела с теориями литературного процесса, отрицающими автора. Ее приверженность целостности текста в единстве авторской точки зрения идет от понимания целостности литературного персонажа в единстве авторского же взгляда на мир.

Хорошо известно, что критические методы и школы возникают в связи с определенными литературными движениями. Верно, однако, и то, что подобные методы развиваются в связи с определенными произведениями и писателями. Бахтин и Достоевский, Лотман и Пушкин, Шкловский и Лоуренс Стерн приходят на память как наиболее известные примеры таких «счастливых пар». Во внимании к механизмам социального взаимодействия, в критической независимости и упрямой, почти архаической настойчивости на личной ответственности, этике и рациональности — теория и критика Гинзбург, основные разделы которых посвящены Толстому, прочнее всего связаны именно с этим автором.

Однако по широте исследовательского охвата, глубине и оригинальности критической мысли, превратностям научной судьбы и неоднозначности восприятия наиболее сложным и стимулирующим теоретиком советской эпохи был Михаил Бахтин. Начав свою научную деятельность сразу после революции, он прожил большую часть жизни в ссылке, вдалеке от столиц (в основном в Саранске, а до того — в Вильнюсе, Одессе, Невеле и Витебске), а важнейшие его работы увидели свет либо в конце его жизни, либо посмертно. Обозначить границы влияния работ Бахтина куда сложнее, чем в случае с Гинзбург и Московско-тартуской школой, главным образом из-за того, что он внес вклад в различные дисциплины — его мысль простиралась на философию и религию, социальный анализ и культурные исследования, визуальные искусства и, конечно, на теорию литературы и литературную критику. Филологическое и философское образование дало ему культурный кругозор куда более широкий, чем современным ему русским теоретикам, простираясь от классической Античности и европейского Средневековья и Возрождения до актуальных дискуссий 1970-х годов, с особым интересом к неокантианству и социологической, теологической и лингвистической мысли XIX — начала XX века. Сам стиль мысли Бахтина, воплотившийся в идеях полифонии, гетероглоссии и диалога, — незавершенный, временами абстрактный, временами — аллюзивный, иногда — агрессивно-полемический, иногда — завораживающе суггестивный — способствовал тому, что его работы оказались исключительно привлекательными для представителей самых различных направлений современной гуманитарной мысли.

Путь Бахтина к отечественному и зарубежному читателю был мучительным[23]; однако, отягощенный изгнанием, тяжелой болезнью и враждебностью советского академического истеблишмента, в конце концов он пришел к международному признанию, поначалу более широкому на Западе, чем на родине. Только появившись в советской печати, его тексты тут же переводились и становились широко доступными на Западе, способствуя росту международного признания автора. За последние почти полвека на Западе едва ли не каждый сезон открывался новый Бахтин. Анализ «полифонического» дискурса в книге Бахтина о Достоевском, переизданной в 1963 году, предлагал англо-американской «новой критике» динамичный и утонченный подход к стилю, риторике и характерологии, выходящий за пределы предшество-

---

[23] См. [Clark, Holquist 1986; Morson, Emerson 1990; Emerson 1997]. См. также сб. полемических работ русских и зарубежных бахтинистов [Emerson 1999]. Особенно важны работы тех русских ученых — С. Бочарова, В. Кожинова, Г. Гачева, — которые сыграли ведущую роль в открытии и публикации наследия Бахтина.

вавшей традиции. Знаменитая бахтинская «карнавальность» в его книге о Рабле, опубликованной в СССР в 1965 году, была с восторгом встречена политически ангажированными западными учеными в конце 1960-х — начале 1970-х годов, увлеченными ее демократическим пафосом и идеями ниспровержения иерархии. В 1980-х критики, стремившиеся выйти за пределы формализованной нарратологии, приветствовали социолингвистические исследования Бахтина и его работы о романном дискурсе, которые были написаны в 1930–40-х годах и составили книгу «Вопросы литературы и эстетики» (вышла в 1975-м). Работы Валентина Волошинова о фрейдизме и лингвистике и Павла Медведева о формализме, приписываемые Бахтину, связали его с фрейдистским и марксистским дискурсом, чем способствовали развитию западной культурологии. Когда же культурная теория в конце 1980–1990 годов оказалась под неусыпным взором дисциплинарных теорий Фуко, а затем начала дрейфовать к бесконечной деконструктивистской игре со смыслом, свежая порция работ Бахтина, поздних и ранних, вновь возвращала решающую роль личностному началу, ответственности и незавершенности.

Влияние Бахтина в рассматриваемый здесь период, хотя и простиралось на философию и социологию, имело своим центром все же литературную критику (определяемую как анализ и интерпретация литературных текстов), историю литературы и литературную теорию, понимаемые очень широко. В Советском Союзе, где Бахтина пытались присвоить и «физики», и «лирики», это влияние было не менее сложным, чем на Западе. Для В. В. Иванова Бахтин — пионер семиотики, который предвосхитил семиотические работы по коммуникации, информационной теории и непрямому дискурсу, а также бинарный структурный анализ (например, оппозиция высокого и низкого в его книге о Рабле). Даже бахтинская критика соссюровской лингвистики рассматривалась в качестве концептуальной базы структурализма [Иванов 1973]. Юрий Лотман ездил в Москву встречать Бахтина, когда тот вернулся из ссылки в 1970 году, и планировал издание юбилейного сборника статей, посвященного 75-летию со дня его рождения, в котором должна была появиться статья Иванова. Б. Ф. Егоров отмечает, что полемика Бахтина с формалистами в 1920-х годах была куда острее, чем его комментарии о структуралистах в 1960-х[24].

Тем не менее заметки самого Бахтина последних лет жизни показывают, что он оставался настроен весьма скептически не только по отношению к соссюровской лингвистике, но также к таким понятиям, как кодирование, и к тому, что он называл абстрагирующей «диалектикой» семиотического анализа. Эти заметки посвящены концептуальным конструкциям структуралистской коммуникативной теории:

> Семиотика занята преимущественно передачей готового сообщения с помощью готового кода. В живой же речи сообщение, строго говоря, впервые создается в процессе передачи и никакого кода, в сущности, нет <...> Диалог и диалектика. В диалоге снимаются голоса (раздел голосов), снимаются интонации (эмоционально-личностные), из живых слов и реплик вылущиваются в одно абстрактное создание — и так получается диалектика. Контекст и код. Контекст потенциально незавершим, код должен быть завершимым. Код — только техническое средство информации, он не имеет познавательного творческого значения. Код — нарочито установленный, умерщвленный контекст [Бахтин 1979: 352].

Эти критические комментарии находятся в полном соответствии с бахтинским подходом к языку и романному стилю в его книге о Достоевском и работах «Эпос и роман» и «Слово в романе». Героем романа становится «говорящий человек», чья речь обращена к речи других героев и автора, человек, предварительно конструирующий контекст для того, чтобы вступить в критический контакт с ними. Подобно тому как герой для Бахтина воплощает избыток потенциального над социальной ролью и позицией, роман сам отмечен избытком потенциального над любой возможной видовой моделью. Следуя этой установке, Бахтин отвергает структуралистский подход к позициям адре-

---

[24] [Егоров 2009]. Западные структуралисты и постструктуралисты также усваивали работы Бахтина. Один из наиболее известных примеров: [Todorov 1981].

санта и адресата («автора» и «читателя»), поскольку он не позволяет состояться истинному их взаимодействию [Бахтин 1986а: 367]. Как и в более ранних своих полемических работах, он, однако, не обозначает границ их «незавершенности»: идет ли речь о сюжетах Достоевского или Рабле, Бахтин демонстрирует один и тот же критический прием, сознательно игнорируя основные аспекты текстов, которые обсуждает.

Однако бахтинская диалогическая лингвистика, его исследование взаимосвязей романного дискурса с другими литературными и социальными дискурсами, его анализ взаимодействия официального и неофициального дискурсов стимулировали возникновение новаторских проектов социологического изучения литературы и литературных институтов. Его скептицизм в отношении систем и абстракций был серьезным методологическим вызовом доминировавшим подходам к социологии литературы, так же как и этическая ориентация его ранних работ. Неудивительно поэтому, что его ранние рукописи впервые появились в ведущих социологических публикациях и сопровождались комментариями одного из ведущих советских социальных философов Ю. Н. Давыдова[25].

Как можно было видеть, в 1960–80-х годах советская литературная теория изменилась, став куда более зрелой. Московско-тартуская семиотика, неоформализм, социология литературы, творчество таких крупных ученых, как Бахтин и Гинзбург, не принадлежавших ни к одной из групп, но ассимилированных ими, создали систему понятий и взглядов, требовавших все более открытых обсуждений. С 1991 года такие дискуссии начались на невозможном ранее уровне, когда российские и западные ученые смогли совместно работать над сохранением, анализом и критикой этого наследия. Эти дебаты сопровождаются публикацией мемуаров, переписки, записных книжек «эпохи застоя», которые не только служат дополнительному документированию истории советской литературно-теоретической мысли, но и являются свидетельством жизненности наиболее стимулирующих идей послесталинской эпохи.

---

[25] [Давыдов 1986а; Бахтин 1986б; Давыдов 1986б].

Источники

Пушкин 1937–1959 — Пушкин А. С. Полн. собр. соч.: в 17 т. М.; Л.: АН СССР, 1937–1959.

Библиография

Бахтин 1975 — Бахтин М. М. Эпос и роман (О методологии исследования романа) // Бахтин М. М. Вопросы литературы и эстетики: Исследования разных лет. М.: Художественная литература, 1975. С. 391–427.

Бахтин 1979 — Бахтин М. М. Из записей 1970–1971 годов // Бахтин М. М. Эстетика словесного творчества. М.: Искусство, 1979. С. 336–360.

Бахтин 1986а — Бахтин М. М. К методологии гуманитарных наук // Бахтин М. М. Эстетика словесного творчества. М., 1986. С. 361–373.

Бахтин 1986б — Бахтин М.М. Архитектоника поступка // Социологические исследования. № 2, 1986. С. 156–169.

Балашов, Караулов 2005 — Балашов Н. И., Караулов Ю. Н. Путь русского филолога в ХХ веке: К 100-летию со дня рождения академика М. Б. Храпченко // Вестник Российской академии наук. Т. 75. Вып. 12 (2005). С. 1123–1131.

Гинзбург 1976 — Гинзбург Л. Я. О психологической прозе. 2-е изд. Л.: Художественная литература, 1976.

Гинзбург 1979 — Гинзбург Л. Я. О литературном герое. Л.: Советский писатель, 1979.

Гинзбург 1982 — Гинзбург Л. Я. Об историзме и о структурности. Теоретические заметки // Гинзбург Л. Я. О старом и новом. Л.: Советский писатель, 1982. С. 4–15.

Гроссман 1916 — Гроссман Л. П. Композиция в романе Достоевского // Вестник Европы. 1916. Февраль. С. 121–156.

Гроссман 1934 — Гроссман Л. П. Достоевский и правительственные круги 1870-х годов // Лит. наследство. 1934. Т. 15. С. 82–163.

Гудков 1982 — Книга, чтение, библиотека. Зарубежные исследования по социологии литературы: Аннотированный библиографический указатель за 1940–1980 гг. / Под ред. Л. Д. Гудкова и др. М.: ИНИОН АН СССР, 1982.

Гудков 1986 — Гудков Л. Д. Трансформация ценностных оснований исследования в процессе формирования научной дисциплины: Пример социологии литературы // Дисциплинарность и взаимодействие наук / Под ред. Б. М. Кедрова и Б. Г. Юдина. М.: Наука, 1986. С. 192–223.

Давыдов 1986а — Давыдов Ю. Н. У истоков социальной философии М. М. Бахтина // Социологические исследования. 1986. Вып. 2.

Давыдов 1986б — Давыдов Ю. Н. К философии поступка // Философия и социология науки и техники: Ежегодник АН СССР. М.: Наука, 1986.

Добренко 1997 — Добренко Е. Формовка советского читателя: Социальные и эстетические предпосылки рецепции советской литературы. СПб.: Академический проект, 1997.

Добрынина и др. 1968 — Добрынина Н. Е., Чубарьян О. С., Троицкая Е. Е. Советский читатель: Опыт конкретно-социологического исследования. М.: Книга, 1968.

Егоров 1999 — Егоров Б. Ф. Жизнь и творчество Ю. М. Лотмана. М.: Новое литературное обозрение, 1999.

Егоров 2009 — Егоров Б. Ф. Ю. М. Лотман как человек и явление / В. К. Кантор (ред.) // Юрий Михайлович Лотман. М.: РОССПЭН, 2009. С. 54–72.

Иванов 1973 — Иванов В. В. Значение идей М. М. Бахтина о знаке, высказывании и диалоге для современной семиотики // Уч. зап. Тартуского гос. ун-та. Вып. 308: Труды по знаковым системам VI (1973).

Иванов 1976 — Иванов В. В. Очерки по истории семиотики в СССР. М.: Наука, 1976. С. 5–44.

Иовчук и др. — Иовчук М. Т., Харчев А. Г., Ядов В. А. Актуальные теоретические проблемы марксистско-ленинской социологии в СССР // Научные доклады высшей школы. Философские науки. 1970. № 5. С. 7–8.

Ищук 1975 — Ищук Г. Н. Проблема читателя в творческом сознании Л. Н. Толстого: Пособие по спецкурсу для студентов-филологов. Калинин: Калининский гос. университет, 1975.

Канторович 1984 — Канторович В. Литература и социология: Статьи, воспоминания. М.: Советский писатель, 1984.

Корман 2006 — Корман Б. О. Избранные труды. Теория литературы. Ижевск: Институт компьютерных исследований, 2006.

Кривонос 1981 — Кривонос В. Ш. Проблема читателя в творчестве Гоголя. Воронеж: Изд-во Воронежского университета, 1981.

Кузьменко 1977 — Кузьменко Ю. Б. Проблемы историко-типологического изучения советской литературы // Литература и социология: Сб. ст. / Под ред. В. Я. Канторовича и Ю. Б. Кузьменко. М.: Художественная литература, 1977. С. 183–221.

Ланской 1973 — Ланской Л. Р. Письма о Достоевском // Лит. наследство. 1973. Т. 86. С. 349–564.

Лихачев 1983 — Лихачев Д. С. Текстология. На материале русской литературы X–XVII веков. 2-е изд. Л., 1983. Гл. 5.

Лотман 1960 — Лотман Ю. М. К эволюции построения характеров в романе «Евгений Онегин» // Пушкин: Исследования и материалы. Вып. 3. М.; Л.: Наука, 1960. С. 131–173.

Лотман 1966 — Лотман Ю. М. Художественная структура «Евгения Онегина» // Уч. зап. Тартуского гос. ун-та. Вып. 184. Труды по русской и славянской филологии. Вып. 9: Литературоведение. Тарту, 1966. С. 5–32.

Лотман 1973 — Лотман Ю. М. Статьи по типологии культуры: Материалы к курсу теории литературы II. Тарту, 1973.

Лотман 1975а — Лотман М. Ю. Роман в стихах Пушкина «Евгений Онегин». Тарту, 1975.

Лотман 1975б — Лотман М. Ю. Декабрист в жизни (Бытовое поведение как историко-психологическая категория) // Литературное наследие декабристов / Под ред. В. Г. Базанова, В. Э. Вацуро. Л.: Наука, 1975. С. 25–74.

Лотман 1976 — Лотман Ю. М. О Хлестакове // Труды по русской и славянской филологии. Т. XXVI. Литературоведение. Уч. зап. Тартуского гос. ун-та. Вып. 369 (1976). С. 19–53.

Лотман 1995 — Лотман Ю. М. Идейная структура «Капитанской дочки» // Лотман Ю. М. Пушкин. СПб.: Искусство-СПБ, 1995. С. 212–227.

Мейлах 1967 — Мейлах Б. С. Пушкин в восприятии и сознании дореволюционного крестьянства // Пушкин: Исследования и материалы. Вып. V. Л.: Наука, 1967. С. 61–112.

Перевезенцев 1970 — Перевезенцев В. Откуда берутся социологи // Литературная газета. 1970. № 12.

Полоцкая 1971 — Полоцкая Э. А. Человек в художественном мире Достоевского и Чехова // Достоевский и русские писатели. М., 1971. С. 184–254.

Рыклин 2008 — Рыклин М. Свобода и запрет: Культура в эпоху террора. М.: Логос, Прогресс-Традиция, 2008.

Стельмах 1978 — Стельмах В. Д. Исследование литературно-художественных интересов читателей (Современное состояние проблемы) // Творческий процесс и художественное восприятие. Л.: Наука, 1978. С. 90–104.

Стельмах 1985 — Стельмах В. Д. Кто, Где, Почему... Книга и чтение в зеркале социологии // Литературное обозрение. 1985. № 1. С ???

Тамарченко 1977 — Тамарченко Н. Д. Целостность как проблема этики и формы в произведениях русской литературы XIX века. Кемерово: Кемеровский гос. университет, 1977.

Теория литературы 1962–1965 — Теория литературы: Основные проблемы в историческом освещении: в 3 т. М.: Изд-во Академии наук СССР, 1962–1965.

Тоопоров 1930 — Топоров А. М. Крестьяне о писателях: Опыт, методика и образцы крестьянской критики современной художественной литературы. М.; Л.: Госиздат, 1930.

Тюпа 1987 — Тюпа В. И. Художественность литературного произведения: Вопросы типологии. Красноярск: Изд-во Красноярского гос. ун-та, 1987.

Тюпа 2002 — Тюпа В. И. Художественный дискурс (Введение в теорию литературы). Тверь: Тверской гос. университет, 2002.

Уэллек, Уоррен 1977 — Уэллек Р., Уоррен О. Теория литературы. М.: Прогресс, 1977.

Шведов 1985 — Шведов С. Литературная критика и литература читателей (Заметки социолога) // Вопросы литературы. 1988. № 5. С. 3–31.

Шкловский 1923 — Шкловский В. Б. «Евгений Онегин» (Пушкин и Стерн) // Очерки по поэтике Пушкина. Берлин, 1923. С. 199–220.

Barthes 1974 — Barthes R. S/Z / Transl. R Howard. New York: Hill and Wang, 1974.

Belknap 1967 — Belknap R. L. The Structure of the «Brothers Karamazov». The Hague, 1967.

Belknap 1990 — Belknap R. L. The Genesis of «The Brothers Karamazov»: The Aesthetics, Ideology, and Psychology of Making a Text. Evanston, 1990.

Bourdieu 1996 — Bourdieu P. The Rules of Art: Genesis and Structure of the Literary Field / Transl. S. Emanuel. Stanford: Stanford UP, 1996.

Brooks 1984 — Brooks P. Reading for the Plot: Design and Intention in Narrative. New York, 1984.

Brooks 1985 — Brooks J. When Russia Learned to Read: Literary and Popular Culture, 1861–1917. Princeton, 1985.

Burns 1973 — Sociology of Literature and Drama / Eds. E. and T. Burns. Harmondsworth and Baltimore: Penguin, 1973.

Clark, Holquist 1984 — Clark K., Holquist M. Mikhail Bakhtin. Cambridge, MA: Harvard UP, 1984.

Clark, Holquist 1986 — Clark K., Holquist M. Mikhail Bakhtin. Belknap Press, 1986.

Davis 1983 — Davis L. J. Factual Fictions: The Origins of the English Novel. New York, 1983.

Emerson 1988 — Emerson C. Foreword // Russian Views of Pushkin's «Eugene Onegin» / Transl. S. S. Hoisington. Bloomington: Indiana UP, 1988.

Emerson 1997 — Emerson C. The First Hundred Years of Mikhail Bakhtin. Princeton: Princeton UP, 1997.

Emerson 1999 — Critical Essays on Mikhail akhtin / Ed. C. Emerson. New York: G. K. Hall & Co., 1999.

Friedberg 1962 — Friedberg M. Russian Classics in Soviet Jackets. New York: Columbia UP, 1962.

Gorokhoff 1963 — Gorokhoff B. I. Publishing in the USSR. Bloomington: Indiana UP, 1963.

Jakobson 1987 — Jakobson R. Linguistics and Poetics // Jakobson R. Language in Literature. Cambridge: Harvard UP, 1987.

Lotman 2006 — Lotman and Cultural Studies: Encounters and Extensions / Ed. A. Schön le. Madison: Wisconsin UP, 2006.

Lukács 1971 — Lukács G. The Theory of the Novel. Cambridge, MA: MIT Press, 1971.

Maguire 1983 — Maguire R. A. Red Virgin Soil: Soviet Literature in the 1920's. Princeton, 1968.

Mathewson 1975 — Mathewson R. The Positive Hero in Russian Literature. Stanford: Stanford UP, 1975.

McGann 1983 — McGann J. J. A Critique of Modern Textual Criticism. Chicago, 1983.

Morson Saul 1981 — Morson G. Saul. The Boundaries of Genre: Dostoevsky's Diary of a Writer and the Traditions of Literary Utopia. Austin, 1981.

Morson, Emerson 1990 — Morson S., Emerson C. Mikhail Bakhtin: Creation of a Prosaics. Stanford: Stanford UP, 1990.

Fanger 1965 — Fanger D. Dostoevsky and Romantic Realism: A Study of Dostoevsky in Relation to Balzac, Dickens, and Gogol. Cambridge, 1965.

Seyffert 1983 — Seyffert P. Soviet Literary Structuralism: Background, Debate, Issues. Columbus: Slavica Publishers, 1983.

Sutherland 1976 — Sutherland J. A. Victorian Novelists and Publishers. Chicago, 1976.

Terras 1974 — Terras V. Belinskij and Russian Literary Criticism: The Heritage of Organic Aesthetics. Madison: The University of Wisconsin Press, 1974.

Tihanov 2000 — Tihanov G. The Master and the Slave: Lukács, Bakhtin, and the Ideas of Their Time. Oxford: Oxford UP, 2000.

Tillotson 1954 — Tillotson K. Novels of the Eighteen-Forties. Oxford, 1954.

Todd 1991 — Todd, III W. M. Contexts of Criticism: Reviewing «The Brothers Karamazov» in 1879 // Stanford Slavic Studies. 4:1 (1991). P. 293–310.

Todorov 1981 — Todorov Tz. Mikhail Bakhtine: Le Principe dialogique suivi de écrits du cercle de Bakhtine. Paris: éditions du Seuil, 1981.

Waldstein 2008 — Waldstein M. The Soviet Empire of Signs: A History of the Tartu School of Semiotics. Saarbrücken: VDM Verlag Dr. Müller, 2008.

Walker 1978 — Walker G. Soviet Book Publishing Policy. Cambridge: Cambridge UP, 1978.

Weinberg 1974 — Weinberg E. The Development of Sociology in the Soviet Union. London: Routledge and Kegan Paul, 1974.

Именной и предметный указатель

Абрамович С. Л.   56, 63, 290
Аверкиев Д. В.   277
Автобиография   91
   беллетризованная автобиография   34
Аксаков С. Т.   22, 35
Актеон   132
Александр II   22, 193
Анализ   6, 76–77, 106–107, 222–223, 255, 258, 282, 285, 288, 291, 296–298, 300, 303–310, 312, 314, 316–317, 319–321, 323, 325, 327–330
   дискурсивный анализ   48, 291
   классовый анализ   47
   контекстуальный анализ   48
   социолингвистический анализ   56
Английский клуб   276
Англия   26, 54, 150, 165, 172, 180
«Анна Каренина»   6, 21, 33, 39, 224, 272–275, 279, 282–283, 285–286
Антигерой   38
«Антон-Горемыка»   34
Аристократизм   53
Аристотель   250
Архетип   56, 193
Ассамблея (ср. Бал)   128
Ауэрбах Э.   12, 44, 322
Баевский В. С.   123, 132, 144

Байрон Дж.   13, 16, 28–29, 77–79, 81–82, 86, 89, 94–95, 98, 104–105, 110, 121, 126
Бал (ср. Ассамблея)   56–57, 81, 116, 121, 128–129, 130, 133, 139, 140, 286
   деревенский бал   139
   провинциальный бал   139
«Бал»   129
Балет   5, 114–115, 117–124, 126–128, 130–135, 140, 142–144, 308
   крепостной балет   115, 135
Балканы   27, 40, 229
Бальзак О. де   13, 19–20, 34, 148, 154–155, 157, 197
Баратынский Е. А.   81, 95
Барт Р.   20, 250–251, 270, 304, 313, 322–325
Бахтин М. М.   6, 9, 27, 44, 251, 270, 290–291, 295, 299, 306, 314, 319, 321–322, 326–332
«Бедные люди»   34, 146, 157–158, 160, 191, 198
Белинский В. Г.   24, 30, 33, 43, 67, 89, 107, 110, 114, 143, 153–155, 157–161, 187, 268–270, 294
Белкнап Р.   236, 256
Беляева Л. И.   281, 288
Бенедиктов В. Г.   62
«Бесы»   173–174, 178, 199, 224, 226

Бетховен Л. ван 273
«Библиотека для чтения» 26, 150, 154, 168
Бисмарк О. фон 273, 278, 284
Блок Л. Д. 124, 322
«Братья Карамазовы» 9, 19–20, 40, 174, 179, 220, 224, 229–230, 234–235, 247, 249, 253–254, 269–270
Брукс Дж. 59
Булгарин Ф. В. 8, 17, 46, 50, 61–62, 64, 69, 95, 124, 149, 152, 165
Бурдьё П. 8, 280, 289
Вальвиль А. В. 120
Вальс 114, 137–138, 140
Вахтель Э. 35
Вацуро В. Э. 52–53, 55, 63, 144, 292, 333
Веве 203
«Вестник Европы» 26, 168, 254
Ветловская В. Е. 239–240, 247, 255, 270
Виролайнен М. Н. 57–58, 63
Витале С. 56, 63, 66
Вогюэ Э.-М. де 11–12, 42
«Война и мир» 11, 27, 33
Восприятие (ср. Рецепция) 32, 59, 72, 74–75, 86, 112, 116, 253, 266, 334
«Восстание в серале» 119
Востриков А. В. 57, 63
Врангель А. Е. 170, 174, 200
«Время» 23, 26, 35, 164, 168–171, 188, 194–195, 198–199, 254
Гавот 119
Галоп (танец) 114, 140
Гаршин В. М. 20
Гасперетти Д. 15

Гегельянцы 20
Геккерн Л. ван 56, 63
«Герой нашего времени» 28, 30–31, 129
Герцен А. И. 34, 158, 160, 170, 260, 294, 322
Гессен С. И. 55
Гёте И. В. фон 13
Гиллельсон М. И. 52–53, 63
Глушковский А. П. 115
Гнедич Н. И. 47
Гоголь Н. В. 16, 19–21, 28–29, 31–32, 43, 153–154, 187, 193, 196, 304
Голицын В. М. 21, 44, 272–282, 287–288
Голицына Е. А. 274
Гольбейн Г. 214–216
Гомер 31, 277
Гонорар, литературный гонорар, писательский гонорар 16–19, 44, 156, 158, 161, 167, 173–174, 178, 181–182, 198, 200–201
Гонорарная ставка 18, 161, 182, 200
Гончаров И. А. 16–19, 22, 34, 156, 160, 164–165, 195, 277
Гордин Я. А. 57, 63, 106, 293
«Горе от ума» 129
Городецкий Б. П. 48, 63
«Господа Головлевы» 35, 179, 225
«Госпожа Бовари» 198
Готическая проза (ср. готический роман) 197
Гофман Э. Т. А. 13
Грибоедов А. С. 84, 129
Григорович Д. В. 34, 157–158, 160, 166

Гюго В. 13, 197
«Дама с камелиями» 198
Дантес Ж. 56, 63, 273
«Дар» 37
«Двойная жизнь» 35
«Двойник» 41, 146, 159
Двойничество 41
«Дворянское гнездо» 37
Дворянство 57, 60, 91–92, 134, 136, 156, 306
Дебрецени П. 59
Декабристы 54, 64
«Дело» 168, 254
Денди 29, 53, 73, 94, 99, 103–105, 124, 137
Дендизм 53, 103
Деревня 34, 117, 138, 160
«Деревня» 34, 160
Державин Г. Р. 148, 253
«Детские годы Багрова-внука» 35
«Детство. Отрочество. Юность» 35
Дефо Д. 52
Джеймс Г. 192, 322
Диана 132
Дидло Ш. Л. 114, 117, 119, 122–123, 125–127, 130, 132, 143
Диккенс Ч. 13, 19, 25–26, 155, 172, 204, 222, 224–225
Дискурс 8–9, 27, 40, 43, 48–49, 237, 244–245, 250–251, 253, 255, 258, 266, 269, 282, 291, 296, 306, 308, 327–328, 330, 334
  литературный дискурс 255, 296
  научный дискурс 43, 255
  профессиональный дискурс 43, 266

  романный дискурс 255, 282, 328, 330
  социологический дискурс 255
Дискурсивный уровень 244
Дмитров 274
Дневник 21–22, 44, 63, 110, 155, 162, 178, 180–181, 183–185, 187–188, 202, 218, 228, 254, 273, 275, 277–278, 280–282, 287, 320
«Дневник писателя» 162, 185, 254
Добролюбов Н. А. 24, 37, 158, 166, 169, 323
Доде А. 278
Достоевская А. Г. 167, 178, 186
Достоевский М. М. 157, 161, 164, 169, 171, 199
Достоевский Ф. М. 9, 15, 18–19, 22–23, 34–38, 40, 42–44, 58, 146–151, 154–164, 166–188, 191–209, 213–216, 218, 221–227, 229–234, 244–245, 247, 249, 253–254, 262, 264, 269–270, 293, 326, 331, 333
Драйвер С. 53
Дружинин А. В. 17, 34, 160, 165
Дюма-сын А. 198
«Евгений Онегин» 14, 16, 28–29, 33, 63, 67, 76, 91, 95, 109–112, 114, 130, 144, 233, 333–334
«Евгения Гранде» 197
Женева 203
Журнал 9, 14, 18–19, 21–23, 25–27, 30, 34–36, 38–40, 43, 50–51, 55, 60, 68–70, 147–150, 152–153, 155–157, 159–161, 163–164, 168–172, 174–176, 178–182, 184–185, 187–188, 194–195, 197–200, 202–203, 205, 214,

221–232, 235, 240, 245, 253–254, 256, 258, 267, 272, 274–276, 278–281, 286–287, 314
  толстый журнал   25, 168
Журнальная публикация   179
Журнальная редакция   26, 38, 228, 276
Журнальный вариант   276
Загоскин М. Н.   62
Западники   169, 175, 195
«Записки из Мертвого дома»   162, 169, 172, 198
«Записки из подполья»   38, 146, 171–172, 199
«Записки охотника»   34, 160
«Зеленая лампа» (общество)   134
«Зефир»   132
«Зимние заметки о летних впечатлениях»   169, 195
Золя Э.   19–20, 278, 285
«Игрок»   191, 200
Идеология   3–4, 7–9, 43, 59–60, 68, 71, 109, 316
  поведенческая идеология   60
«Идиот»   173–174, 178–179, 190, 193, 196, 198–200, 202, 204, 214, 264
Иезуитова Р. В.   55, 62
Издатель   23, 25, 62, 149–151, 154, 163, 168, 175, 178, 180, 185, 187–188, 224, 281, 319
Изер В.   74, 150, 156, 276, 319
Измайлов Н. В.   48, 63
Иисус Христос   12, 174, 206, 214, 216, 218, 266
Иллюзия сюжетности   213
Ильин-Томич А. А.   58, 63
Ингарден Р.   276
Индивидуальное чтение   282

Институциональные факторы   20
Интерпретация   220, 306, 328
Интерпретативный контекст   39, 49
Иогель П. А.   118
Истина   229, 241
Истомина А. И.   114, 123–125
История (науч. дисциплина)   5, 9, 11, 15, 20, 34, 46–47, 54, 64, 112, 128, 160, 188, 196, 220, 235, 237–238, 241–244, 252–253, 260–261, 267, 274, 289, 292, 310
  интеллектуальная история   52, 54, 144, 305, 306
  история литературы   112
  социальная история   47
Кавказ   54, 64, 229, 260
«Кандид»   207
«Капитанская дочка»   16, 91
Карамзин Н. М.   8, 69, 99, 148, 152, 154, 186, 193, 196
Катков М. Н.   19, 163, 170–171, 173–176, 179, 182, 184–185, 199–200, 224, 229–230, 278, 280
Катон Старший М. П.   56
Катто Ж.   201
Комаров М.   14–15, 44
Констан де Ребек А.-Б.   29, 39, 48, 51, 98, 104, 110, 155, 231
Констанцская школа   48
Корнилович А. О.   128–129, 144
Красовская В. М.   118–119, 124, 135, 144
Красота   28, 72, 88, 217, 257
«Круглый год»   26
«Кто виноват?»   34, 160
Кунин В. В.   55–56, 63

Кутзее Дж.   192
Леви-Стросс К.   129, 313
Левин Г.   12, 39–40, 274, 276–277, 279, 286–287, 313
Левитт М.   58
Левкович Я. Л.   55, 62
Ленин В. И.   15, 23, 64, 188, 194, 291, 305, 310, 316, 319–320, 322–323, 332
Лермонтов М. Ю.   16, 19, 28–30, 32–33, 71, 106, 129, 148, 193, 322
Лесков Н. С.   20
«Лето в Бадене»   192
Литератор, профессиональный литератор   16–19, 22–23, 51, 55, 69, 148, 151–152, 154–156, 165–166, 168, 170, 176, 186, 195, 198, 206, 272, 277
Литературный фонд   165–167, 188
Лихутина А. А.   114
Лотман Ю. М.   6, 53, 55–56, 63–64, 67, 75, 78, 80, 84, 95, 99, 103–104, 106–108, 111, 118, 128, 138, 141, 144, 246–247, 268, 270, 297, 301–302, 304–309, 321, 326, 328, 332–333
Лукач Д.   12, 31, 76, 92, 102, 251, 316, 318–319
Любимов Н. А.   19, 44, 182–183, 185–186, 221–226, 230, 238
Мазурка   114, 138, 140
Майков А. Н.   205
Марков Е. Л.   277, 284
Маркс К.   15, 50, 290–291, 298, 300, 302, 315–316, 321, 323–324, 328, 332
Массовая культура   55, 310
Материализм   37, 292

«Медный всадник»   58, 80
Мейлах Б. С.   48, 53, 58, 63–64, 89, 111, 295, 333
Мемуары   47, 168, 178, 184, 229
Менуэт   119, 129
Менье А.   48, 54, 99, 148
«Мертвые души»   9, 25, 28, 31–32, 129
«Мертвый Христос во гробу»   214
Миккельсон Дж.   54
Милан   203
Миллер Р.   193, 224
Минк Л.   237, 252
Модзалевский Б. Л.   55
Москва   33, 58, 117, 118, 127, 140, 273–275, 281, 299, 328
Московско-тартусская школа   6, 48, 55, 295, 299, 301–304, 309, 321, 325, 327, 330
Набоков В. В.   5, 13, 37, 67, 86, 97, 105, 133, 197
Надеждин Н. И.   46, 70, 95
«Накануне»   37, 165
Наполеон III   27, 38, 92, 273
Народники   20, 184
Нарратив   3–4, 7, 9, 27, 29, 31, 40, 196, 234–239, 241–247, 250, 252, 256, 260, 262–264, 267–269, 293–295, 307, 322
  дисфункция нарратива   234, 245
  истинный нарратив, истинность нарратива   238
  исторический нарратив   237
  критика нарратива   269
  ложный нарратив   237
  медицинский нарратив   235, 260

профессиональный нарратив 235
психологический нарратив 235, 260
риторический нарратив 235
юридический нарратив 234, 262
Нарративная дистанция 244
Нарративная конструкция 263
Нарративная маска 196
Нарративная стратегия 262
Нарративная этика 244, 268
Нарративный изъян 245
Нарративный уровень 29
Нарратология 236, 250, 252, 296
этическая нарратология 246
Натурализм 11, 13, 92
Натуральная школа 35, 159
Нигилисты 20, 37, 170, 175, 211, 275
Никитенко А. В. 22–23, 44, 151, 165, 188, 194, 218
Николай I 119
Ницше Ф. 236–237, 247
Новиков Н. И. 100, 149, 193
Новый историзм 281
«Обрыв» 17
Общество 4, 8, 13, 18, 46–48, 50–52, 55, 60, 74, 76, 79, 87–88, 92–93, 104–105, 129, 142, 152, 155, 157, 165–166, 181, 209, 242, 308, 310, 315
«Обыкновенная история» 34, 160
Овчинникова С. Т. 56, 64
Оден У. Х. 36, 161, 272
Опекушин А. М. 58
«Осень в Петербурге» 192

Осповат А. Л. 58, 64
«Отечественные записки» 19, 26, 30, 35, 159, 160, 163, 168, 179, 182, 225, 230, 254
«Отрывки из путешествия Онегина» 136
«Отцы и дети» 24, 37, 179
Павлова К. К. 35
Паперно И. А. 59, 108
Париж 260, 273
Петербург 3, 5, 33, 36, 75, 82, 89, 94, 99, 114, 117–118, 120–121, 123, 127, 133, 137–138, 140, 162–166, 168, 170, 175, 179–180, 192, 196, 207, 216, 273, 279, 283
Пикареска 31
«Пиковая дама» 153
Пируэт 122
Писарев Д. И. 24–25, 37, 44
Писемский А. Ф. 19
По Э. А. 13
Победоносцев К. П. 180, 185, 221, 238
Повествователь 9, 42, 152, 174, 191, 193, 208, 210, 212–213, 216, 222, 250, 267–268
Повествовательный код 250
Повесть 14, 22, 30, 64, 160, 171
авантюрная повесть 30
светская повесть 30
«Повесть о приключениях английского милорда Георга» 14
«Подросток» 179, 182
«Полинька Сакс» 160
Полонский Я. П. 20
Попкин К. 252
Поуп А. 127
«Похищение локона» 127

Почвенничество   169
Поэма   31, 230, 235, 242
    поэма в прозе   235
    эпическая поэма   31
Поэтика   110, 112, 220, 243, 247, 250, 270, 289, 341
    негативная поэтика   247, 267
    положительная поэтика   247, 267
    поэтика дистанцирования   246
    поэтика эгоизма   248
Правдоподобие   80, 235, 258
Прагматика   243, 306
    прагматика нарратива   239
    прагматика повествования   247, 252, 268
Предисловие   5, 64, 239, 314
«Преступление и наказание»   27, 173, 175, 226
Принцип причинности   237
Пропп В. Я.   250
Просвещение, эпоха Просвещения   63, 144
Профессионализация   8, 152
    профессионализация литературы   16–17, 153, 164, 198
Психологизм   36
Психология   212, 216, 250, 258, 263–264
Пушкин А. С.   4, 8, 11, 14, 16, 19, 25, 28–33, 44, 46–64, 66–92, 94–98, 100–106, 108–112, 114–134, 136–145, 148–150, 152–154, 165, 173, 180, 184–186, 193, 196, 233, 273, 281, 290, 292–294, 304, 306, 308–309, 324, 326, 331, 333–334
Пушкинистика   48, 56, 64, 76
Радклиф А.   13

Райс Дж.   192, 313
Рассказчик   28–29, 31–33, 70–75, 77–85, 89–92, 94–95, 97, 99–100, 103–109, 115–117, 122–123, 125, 127, 133, 136–137, 141–142, 162, 174, 196, 216, 239–241, 243, 245–247, 252, 255–256, 258–259, 261–262, 264, 268–269
    автор-рассказчик   29, 31, 73, 77, 81, 89, 91–92, 99–100, 103–104, 106, 108–109, 115, 117, 122, 125, 127, 133, 136–137
Рассказывание   236, 239, 249, 250, 262, 269
    этика рассказывания   241
Раут   141, 282
Реализм   11–12, 21, 36, 278, 282, 285, 290, 318, 323
Рейтблат А. И.   19, 44, 61, 64, 161, 173, 188
Рейфман И.   57
Рецензия   53, 98, 157, 168
    газетная рецензия   168, 273, 280
    журнальная рецензия   168, 273
Рецептивная эстетика   48
Рецепция (*ср.* Восприятие)   57–59, 272, 309, 312, 316, 319
Речь (публичное словесное выступление)   52–53, 60, 84, 88, 93, 97–98, 134, 174, 184–185, 203, 215–218, 237, 239, 247, 251, 264–265, 268, 273, 300, 321, 324–325, 329–330
Розен Н.   244
Роман   4–6, 8–44, 53, 55, 63, 67–68, 71–79, 82–99, 102–104, 106–112, 114–116, 118, 121–122, 126,

128–130, 133–136, 138–144, 146, 149–150, 154–162, 167–171, 173–174, 176–179, 182–186, 190–194, 196–211, 213–218, 221–232, 234–236, 238–240, 242–247, 249, 251–260, 262, 264–270, 272–287, 289–290, 294, 305–306, 313, 315, 318–319, 325, 328–331, 333

    готический роман (*ср.* Готическая проза) 204

    исторический роман 16, 88–89

    комический роман 31

    плутовской роман 14, 31

    роман в стихах 16, 29, 71, 94, 111, 143, 333

    роман-фельетон 25, 225

    русский роман 11, 13, 43

    социальный роман 32, 34

Романист 8, 12–14, 16–19, 21–22, 25, 28, 32, 35–36, 104, 109, 142, 149, 156, 168, 177, 200–201, 224, 244, 265, 279–280

Романный сюжет 251

Романтизм 34, 53, 68, 86, 90, 154, 157, 160, 204

    русский романтизм 56

    социальный романтизм 157, 204

    французский романтизм 34

Россия 8, 14–15, 138

«Рудин» 37

«Руслан и Людмила, или Низвержение Черномора, злого волшебника» 115

«Русский вестник» 19, 21, 26, 163, 168, 174, 177, 184, 199, 205, 221, 231, 235, 272, 286

«Русское богатство» 26, 254

«Русское слово» 26, 168

Руссо Ж.-Ж. 13, 28, 78, 85, 90, 96, 104

Салон 8, 29, 50, 57, 68–69, 73, 77, 99–100, 103, 141–142, 148, 151, 157, 168, 193, 195, 275, 284

Салтыков-Щедрин М. Е. 9, 16, 35, 156

Санд Ж. 8, 13, 16–17, 19, 22, 34, 58–59, 63, 92, 118, 127, 149, 155, 160, 165, 168, 177, 180, 184, 187, 193, 197–198, 274, 337

Сандлер С. 58

Святополк-Мирский Д. П. 20

«Семейная хроника» 35

Семиотика 48, 50, 299, 301, 329–330

    семиотика культуры 48

Сенковский О. И. 8, 62, 149, 153–154

Сервантес М. де 204

Серийное издание 28, 221–223, 228

Серов В. А. 273

Сидяков Л. С. 55

Синявский А. Д. — *см.* Терц А.

Скандал, сцена скандала 41–42, 129, 211–212, 239, 287

Скотт В. 13, 28, 155

Славянофилы 169, 195

Слонимский Ю. И. 84–85, 101, 111, 119–120, 122–124, 134, 138, 144

Смирдин А. Ф. 21, 149–150, 152–154, 187

«Современник» 23, 26, 159–161, 163, 168, 172, 254

Социализм 34, 36–38, 311, 318

утопический социализм 34, 38
Социология 3–4, 47, 49, 110, 288, 292, 309–312, 314, 317, 320–321, 330, 332–333
социология литературы 4, 49, 309–311, 317, 320–321, 330
Сталь А. де 5–6, 20, 22, 51, 72, 78, 84, 229, 241, 255
Стелловский Ф. Т. 176–177, 179, 201
Стерн Л. 5, 13, 28, 74, 91, 112, 233, 326, 334
Стилман Л. 73, 77–78, 111, 116
Страхов Н. Н. 84, 164, 167, 169–171, 196, 276
Сциентизм 37
Сю Э. 13, 155, 278
Талия (*миф.*) 128
Танец 75, 81, 117, 125, 127, 130, 134–135, 138–140, 142
  балетный танец 127
  бальный танец 115, 118, 120, 139
  крестьянский танец 135
  народный танец 134
  светский танец 118–119, 130, 133
Терпсихора 132
Терц А. — *см.* Синявский А. Д. 46
Тименчик Р. Д. 58, 64
Титюс А. 119
Толстая С. А. 274, 288
Толстой Л. Н. 9, 11, 16, 19, 27, 33, 36–40, 44, 156, 174–175, 179, 184, 194, 275, 283–284, 290
Томашевский Б. В. 120, 125, 144

Троллоп Э. 19–20, 25, 173, 199, 222
Тургенев И. С. 11, 16–20, 24–25, 33–34, 36–37, 41, 58, 119, 144, 156–157, 160, 164–167, 171, 174, 178–179, 182, 184, 188, 192, 194, 275, 277
Уайльд О. 275
Уайт Х. 237
Уровень текста 115
  уровень вымысла 115
  фикциональный уровень 115
Успенский Б. А. 55–56, 64, 297, 305, 307, 321
Факт 13, 20, 23, 46, 48, 54, 57, 59, 64, 76, 78, 91–92, 97, 119, 133, 160, 170–171, 173, 190, 194, 221, 234–235, 242, 250, 254, 263–264, 297–298, 300, 310, 316, 321–322, 325
Фангер Д. 22
Феминизм 37
Фёйе О. 279–280
Филдинг Г. 31
Фиш С. 276, 319
Флобер Г. 198, 280
Флора (*миф.*) 132
«Флора» 132
Флоренция 203
Формалисты 54, 322
Франк Дж. 156, 190, 196, 313
Фрейд З. 143, 190, 232, 322, 328
Фуко М. 22, 48, 328
Хабермас Ю. 51, 105
Харди Т. 19
Хвощинская Н. Д. 20
Хелфант Я. 57
Хоровод 114, 134–136

Хроникер   42, 213
Хьюз Р.   58
Цензор   13, 15, 21–23, 25, 92, 151, 164, 194, 279
Цензура   22, 187, 200, 297
Цензурный устав   151
Цыпкин Л. Б.   192
Черейский Л. А.   56, 63, 118, 144
Чернышевский Н. Г.   24–25, 43, 158, 166–167
«Что делать?»   23, 37, 170, 194, 206
Чулков М.   14–15, 101
Шатобриан Ф. Р. де   51, 77, 155
Шашков С. С.   17, 164, 173, 187, 194, 218

Швейцария   78
Шиллер Ф.   13, 197, 221
Штридтер Ю.   15
Эберхардт И. Ф.   119–120
Эйдельман Н. Я.   54, 64
Эйхенбаум Б. М.   8, 38, 44, 46–49, 64, 298, 322–323
Эмин Ф.   14–15
Эннекен Э.   191
Эол   124–125
«Эпоха»   171–172, 199, 254
Эскарпи Р.   274
Эстетизация социальной жизни   56
Dandy — *см.* Денди   66, 122
Entrechat   121–122

Содержание

Предисловие 5

Русский контрапункт в истории романа 11
   «...лишен европейского вкуса и метода...» 11
   Авторы, читатели, цензоры, критики 15
   Толстый журнал 25
   Первая волна: Пушкин, Лермонтов, Гоголь 28
   В поисках большой формы: социальный роман
      середины века 32
   Тургенев, Толстой, Достоевский 37

Пушкин и общество. Перспективы после 1966 года 46

«Евгений Онегин». Роман жизни
Пер. М. Кутеевой 67
   Две реальности или одна? 71
   Сфера культуры в «Евгении Онегине» 76
   Творческая условность 88

«Русской Терпсихоры душой исполненный полет» 114

Достоевский как профессиональный писатель:
   профессия, занятие, этика
Пер. Е. Канищевой и С. Силаковой 146

«Идиот» Ф. М. Достоевского как вызов условностям
   романного жанра 190

«Братья Карамазовы» и поэтика сериализации 220

О функциях и дисфункциях романного нарратива
   в «Братьях Карамазовых» Ф. М. Достоевского 234

Личность в рассказах «других»: создание многослойной
   характеристики персонажа в романе
   Ф. М. Достоевского «Братья Карамазовы» 249

Владимир Михайлович Голицын читает «Анну Каренину»:
   как воспринимал роман сослуживец Каренина 272

Открытия и прорывы советской теории литературы
   в послесталинскую эпоху
Пер. Е. Купсан 289
   1. Институциональные контексты 289
   2. Московско-тартуская школа: открытие культуры ... 295
   3. Социология литературы: открытие социальных
      реалий 309
   4. По ту сторону формализма, марксизма и семиотики:
      Лидия Гинзбург и Михаил Бахтин 321

Именной и предметный указатель 338

Научное издание

**Уильям М. Тодд III
СОЦИОЛОГИЯ ЛИТЕРАТУРЫ:
идеология, институты, нарратив**

Директор издательства *И. В. Немировский*

Ответственный редактор *И. Знаешева*
Дизайн *И. Граве*
Редактор *М. Булаева*
Корректоры *Л. Виноградова, А. Нотик*
Верстка *Е. Падалки*

Подписано в печать 29.02.2020.
Формат издания 60 × 90 $^1/_{16}$. Усл. печ. л. 22,0.
Тираж 500 экз.

Academic Studies Press
1577 Beacon Street, Brookline, MA 02446 USA
https://www.academicstudiespress.com

ООО «БиблиоРоссика».
190005, Санкт-Петербург, 7-я Красноармейская ул., д. 25а

Эксклюзивные дистрибьюторы:
ООО «Караван»
ООО «КНИЖНЫЙ КЛУБ 36.6»
http://www.club366.ru
Тел./факс: 8(495)9264544
email: club366@club366.ru

Знак информационной продукции согласно
Федеральному закону от 29.12.2010 № 436-ФЗ

www.ingramcontent.com/pod-product-compliance
Ingram Content Group UK Ltd.
Pitfield, Milton Keynes, MK11 3LW, UK
UKHW022229200326
4878IPUK00006B/15